Angewandte Wirtschaftsinformatik

Herausgegeben von:

Thomas Barton
Hochschule Worms
Worms, Deutschland

Christian Müller
Technische Hochschule Wildau
Wildau, Deutschland

Christian Seel
Hochschule Landshut
Landshut, Deutschland

Die Reihe Angewandte Wirtschaftsinformatik wird herausgegeben von Prof. Dr. Thomas Barton, Prof. Dr. Christian Müller und Prof. Dr. Christian Seel.

Die Buchreihe Angewandte Wirtschaftsinformatik bereitet das Themengebiet Wirtschaftsinformatik anhand grundlegender Konzepte, praxisnaher Anwendungen und aktueller Themen auf. Dabei wird auf der einen Seite die Perspektive der betrieblichen Anwendungsentwicklung beleuchtet, welche die Erstellung von betriebswirtschaftlicher Software und deren Einsatz in Unternehmen zum Gegenstand hat. Auf der anderen Seite stellt die Perspektive der Organisationsgestaltung sicher, dass die eingesetzte Software auch eine bestmögliche Einbindung in die betriebliche Organisation erfährt. Das Ziel der vorliegenden Reihe besteht darin, angewandte Wirtschaftsinformatik in Form von betrieblichen Szenarien, Best Practices und anwendungsorientierter Forschung aufzubereiten und in kompakter und verständlicher Form darzustellen. Zielgruppe sind sowohl Studierende und Lehrende als auch Praktiker.

Prof. Dr. Thomas Barton ist Professor an der Hochschule Worms. Seine Schwerpunkte liegen in den Bereichen Entwicklung betrieblicher Anwendungen, E-Business und Cloud Computing. Prof. Dr. Christian Müller ist Professor an der Technischen Hochschule Wildau. Seine Schwerpunkte liegen in den Bereichen Operations Research, Simulation von Geschäftsprozessen und Internet-Technologien. Prof. Dr. Christian Seel ist Professor an der Hochschule Landshut und Leiter des Instituts für Projektmanagement und Informationsmodellierung (IPIM). Seine Schwerpunkte liegen in den Bereichen Geschäftsprozessmanagement, Informationsmanagement und Mobile Computing.

Weitere Bände in dieser Reihe: http://www.springer.com/series/13757

Thomas Barton • Christian Müller
Christian Seel
Herausgeber

Geschäftsprozesse

Von der Modellierung zur Implementierung

Springer Vieweg

Herausgeber
Thomas Barton
Hochschule Worms
Worms, Deutschland

Christian Müller
Technische Hochschule Wildau
Wildau, Deutschland

Christian Seel
Hochschule Landshut
Landshut, Deutschland

Angewandte Wirtschaftsinformatik
ISBN 978-3-658-17296-1 ISBN 978-3-658-17297-8 (eBook)
DOI 10.1007/978-3-658-17297-8

Die Deutsche Nationalbibliothek verzeichnet diese Publikation in der Deutschen Nationalbibliografie; detaillierte bibliografische Daten sind im Internet über http://dnb.d-nb.de abrufbar.

Springer Vieweg
© Springer Fachmedien Wiesbaden GmbH 2017

Gedruckt auf säurefreiem und chlorfrei gebleichtem Papier

Springer Vieweg ist Teil von Springer Nature
Die eingetragene Gesellschaft ist Springer Fachmedien Wiesbaden GmbH
Die Anschrift der Gesellschaft ist: Abraham-Lincoln-Strasse 46, 65189 Wiesbaden, Germany

Inhaltsverzeichnis

Autorenverzeichnis

Prof. Dr. Sascha Alda
Professor für Informatik, Hochschule Bonn-Rhein-Sieg, Sankt Augustin

Prof. Dr. Sascha Alda arbeitet seit 2010 als Professor für Informatik an der Hochschule Bonn-Rhein-Sieg. Er arbeitete von 2007 bis 2009 bei der Firma Accenture, wo er als Consultant in den Bereichen Anforderungsanalyse, Konzeption von Software-Architekturen sowie Technologieberatung tätig war. Zuvor war er von 2001 bis 2007 als wissenschaftlicher Mitarbeiter an der Universität Bonn tätig und promovierte dort im Fach Informatik. Von 2000 bis 2001 war er als Software-Entwickler bei der Firma IBM beschäftigt. Herr Alda studierte Wirtschaftsinformatik an der Universität Koblenz. Seine Tätigkeitsschwerpunkte liegen in den Bereichen Software-Architekturen, Workflow-Systeme sowie Complex Event Processing.

E-Mail: sascha.alda@h-brs.de
Web: http://sascha-alda.de

Prof. Dr. Thomas Barton
Professor für Informatik mit Schwerpunkt Wirtschaftsinformatik, Studiengangleiter Master Wirtschaftsinformatik, Hochschule Worms

Prof. Barton studierte und promovierte an der TU Kaiserslautern. Anschließend war er ca. 10 Jahre bei der SAP AG tätig mit Schwerpunkt Anwendungsentwicklung, auch Beratung, Schulung und Projektleitung. Seit 2006 ist er Professor für Wirtschaftsinformatik an Hochschule Worms. Seine Tätigkeitsschwerpunkte liegen in den Bereichen Entwicklung betrieblicher Informationssysteme, E-Business und Cloud Computing. Prof. Barton ist Sprecher der GI-Fachgruppe AKWI (Arbeitskreis Wirtschaftsinformatik an Fachhochschulen). Er ist Autor und Herausgeber zahlreicher Publikationen.

E-Mail: barton@hs-worms.de
Web: www.prof-barton.de

Prof. Dr. Frank Bensberg

Professor für Wirtschaftsinformatik, Hochschule Osnabrück

Prof. Dr. Frank Bensberg ist seit 2015 Hochschullehrer für Wirtschaftsinformatik an der Fakultät Wirtschafts- und Sozialwissenschaften der Hochschule Osnabrück. Vorher leitete er das Department Wirtschaft der Hochschule für Telekommunikation in Leipzig und war als Senior Expert Personalentwicklung bei der Deutsche Telekom AG tätig. Er promovierte und habilitierte an der Westfälischen Wilhelms-Universität Münster. Forschungsgebiete sind Big Data, Data Mining und Text Analytics zur Unterstützung sowie Automatisierung betrieblicher Entscheidungsprozesse. Aktuelle Forschungsarbeiten fokussieren Informationssysteme für das Arbeitsmarktmonitoring mithilfe von Big Data.

E-Mail: F.Bensberg@hs-osnabrueck.de
Web: http://www.hs-osnabrueck.de/de/prof-dr-frank-bensberg/

Prof. Dr. Rüdiger Buck-Emden

Professor für Wirtschaftsinformatik, Hochschule Bonn-Rhein-Sieg, Sankt Augustin

Prof. Dr. Buck-Emden studierte Wirtschaftsingenieurwesen, Industriebetriebslehre und Informatik an den Universitäten Hamburg und Braunschweig und promovierte 1988 am Institut für Betriebssysteme und Rechnerverbund der TU Braunschweig über ein Thema zur Speicherorganisation multidimensionaler Daten. Anschließend hatte er über 20 Jahre leitende Positionen bei der Nixdorf Computer AG und der SAP AG inne, lange als Prokurist im Bereich Architektur und Technologie betrieblicher Anwendungssysteme. Seit 2010 ist er Professor für Wirtschaftsinformatik an der Hochschule Bonn-Rhein-Sieg. Die Tätigkeitsschwerpunkte von Prof. Buck-Emden umfassen betriebliche Anwendungssysteme und -landschaften, Geschäftsprozessmanagement unter Einbeziehung wissensintensiver Geschäftsprozesse sowie Business Intelligence.

E-Mail: ruediger.buck-emden@h-brs.de
Web: https://www.h-brs.de/de/inf/prof-dr-ruediger-buck-emden

Gandalf Buscher, M.Sc.

Ambassador der Deutschen Telekom AG, Produkt Integrations-Manager; Hochschule für Telekommunikation Leipzig

Gandalf Buscher studierte Wirtschaftsinformatik an der Hochschule für Telekommunikation in Leipzig (HfTL) und arbeitet als Produkt Integrations-Manager bei der Deutsche Telekom AG. Zentrale Arbeitsgebiete sind Business Analytics, Big Data und Job Mining. Darüber hinaus stehen auch neue, agile Arbeitsweisen zur Effizienzsteigerung der Produktentwicklung im Rahmen der Digitalisierung im Fokus. Gandalf Buscher ist Autor zahlreicher Publikationen und Tagungsbeiträge. Darüber hinaus ist er als Ambassador der Deutsche Telekom AG tätig und gibt seine Erfahrungen an den akademischen Nachwuchs im Rahmen von Fachvorträgen weiter.

E-Mail: gandalf.buscher@hft-leipzig.de

Prof. Dr. Jörg Courant
Professor für Wirtschaftsinformatik, Hochschule für Technik und Wirtschaft Berlin

Prof. Courant studierte Wirtschaftsingenieurwesen an der TU Dresden und promovierte dort zu einem Thema der Produktionsplanung und -steuerung. Anschließend arbeitete er 10 Jahre bei SAP im Consulting und Presales vor allem in den Branchen Automotive und Utilities. Seit 2000 ist er Professor für Wirtschaftsinformatik an der HTW Berlin. Seine Tätigkeitsschwerpunkte liegen in den Bereichen Geschäftsprozessmanagement, ERP-Systeme und Produktionswirtschaft/Logistik.

E-Mail: joerg.courant@htw-berlin.de
Web: http://wi.f4.htw-berlin.de/users/courant/joomla/

PD Dr. Patrick Delfmann
Leiter der Vertretungsprofessur für Betriebliche Kommunikationssysteme, Institut für Wirtschafts- und Verwaltungsinformatik, Universität Koblenz-Landau

Patrick Delfmann studierte Wirtschaftsinformatik an der Westfälische Wilhelms-Universität Münster. Nach seiner Promotion im Jahre 2006 habilitierte er sich im Jahre 2011 ebendort zum Thema Informationssystemanalyse. Seine Tätigkeitsschwerpunkte liegen in den Bereichen Betriebliche Kommunikationssysteme, Informationsmodellierung, Geschäftsprozessmanagement und -compliance, Informationssystemanalyse, Process Mining und Predictive Analytics. Zu diesen Themen war er Leiter zahlreicher Forschungsprojekte und ist Autor zahlreicher Publikationen.

E-Mail: delfmann@uni-koblenz.de
Web: https://www.uni-koblenz-landau.de/de/koblenz/fb4/iwvi/p_delfmann

Julian Dörndorfer, M.Sc.
Wissenschaftlicher Mitarbeiter am Institut für Projektmanagement und Informationsmodellierung (IPIM), Hochschule für Angewandte Wissenschaften Landshut

Herr Dörndorfer schloss sein Studium der Wirtschaftsinformatik an der Hochschule München mit einem B.Sc. ab und absolvierte anschließend den Masterstudiengang Informatik an der Hochschule Landshut. Er arbeitete bei der ARITHNEA GmbH München in verschiedenen agilen Projekten im CMS-Bereich als Softwareentwickler im Java-Umfeld. Seit 2015 ist er am IPIM der Hochschule Landshut als wissenschaftlicher Mitarbeiter beschäftigt. Seine Themenschwerpunkte liegen in den Bereichen Informationsmodellierung, Geschäftsprozessmanagement und Mobile Computing. Zu diesen Themen publiziert er regelmäßig in Fachzeitschriften und auf Konferenzen.

E-Mail: julian.doerndorfer@haw-landshut.de
Web: doerndorfer.ipim.institute

Prof. Dr.-Ing. Herbert Fischer

Professor für Wirtschaftsinformatik, Technische Hochschule Deggendorf

Herbert Fischer, Jahrgang 1957, ist seit 1999 Professor für Wirtschaftsinformatik an der Technischen Hochschule Deggendorf (THD). Nach dem Studium der Informatik und Betriebswirtschaft war er in der Softwareentwicklung tätig. Nach der Promotion im Bereich der Fertigungsautomatisierung hat er bei deutschen und internationalen Unternehmen zahlreiche Projekte mit den Schwerpunkten Geschäftsprozessmanagement und ERP-Systeme, geleitet. Als Geschäftsführer der „IV-Beratung Dr. Fischer" fördert er die Vorbereitung und Durchführung studentischer Forschungs- und Entwicklungsprojekte in enger Zusammenarbeit mit Partnern namhafter Unternehmen. Als Berater, Trainer und Dozent ist er laufend in verschiedenen Unternehmen tätig. Weiterhin ist er als Gutachter tätig und ist aktives Mitglied im ASQF und in der Gesellschaft für Informatik e.V. Er ist Autor zahlreicher Veröffentlichungen und Bücher. Das Buchprojekt „Geschäftsprozesse realisieren" ist in der 2. Auflage 2014 bei Springer Vieweg erschienen. Seine Lehr- und Forschungsschwerpunkte liegen in den Bereichen Geschäftsprozessmanagement, Softwareentwicklung, Anwendungssysteme sowie Management- und IT-Beratung. Er führt zu diesen Themenbereichen laufend Lehrveranstaltungen in verschiedenen Bachelor-, Master- und virtuellen Studiengängen (Vollzeit und berufsbegleitend) durch. Am 01.05.2013 wurde er zum behördlichen Datenschutzbeauftragten der THD bestellt.

E-Mail: herbert.fischer@th-deg.de
Web: https://www.th-deg.de/de/bwl-wi/contacts/professors/1015-prof-dr-ing-herbert-fischer

Prof. Dr. Andreas Heberle

Professor an der Hochschule Karlsruhe – Technik und Wirtschaft

Andreas Heberle arbeitete viele Jahre als Software-Architekt und Projektmanager in unterschiedlichen Branchen. Seit 2008 ist er Professor an der Fakultät für Informatik und Wirtschaftsinformatik der Hochschule Karlsruhe. Er hält bei der Wirtschaftsinformatik Vorlesungen zu Integration und Automatisierung von Geschäftsprozessen sowie Architektur von Geschäftsanwendungen. Außerdem führt er mit Teams von Studierenden Anwendungsprojekte mit Partnern aus der Wirtschaft durch. Seine aktuellen Themenschwerpunkte sind Serviceorientierung, Cloud Computing und die Digitalisierung von Geschäftsprozessen.

E-Mail: andreas.heberle@hs-karlsruhe.de

Nico Herzberg
Ausbildungsleiter bei SAP SE und assoziierter wissenschaftlicher Mitarbeiter am Hasso-Plattner-Institut Potsdam

Nico Herzberg studierte Informationstechnik an der Dualen Hochschule Baden-Württemberg. Anschließend folgte eine Anstellung bei SAP in der Softwareentwicklung, später in der Beratung und heute im Personalbereich im In- und Ausland. Seit 2011 beschäftigt er sich im Zuge seiner Dissertation mit Geschäftsprozessmanagement und im Konkreten mit dem Themengebiet der Prozessintelligenz speziell in nicht-automatisierten Prozessumgebungen. Zu diesem Thema sind zahlreiche Artikel in Zeitschriften und auf Konferenzen veröffentlicht. Nico Herzberg leitete verschiedene wissenschaftliche Projekt und ist Organisator verschiedener Workshops.

E-Mail: nico.herzberg@sap.com
Web: https://www.xing.com/profile/Nico_Herzberg

Marc Jehle, M.Sc.
BPM Solution Architect, Credit Suisse AG

Marc Jehle studierte Wirtschaftsinformatik an der Hochschule Karlsruhe – Technik und Wirtschaft und schloss das Studium mit dem M.Sc. ab. Zuvor arbeitete er bei 7 Business-Consulting AG mit den Schwerpunkten Prozessmanagement, Business Intelligence und Cloud Transformation. Seit 2013 ist er als BPM Solution Engineer und Solution Architect im Bereich Business Process Automation tätig und begleitet Projekte in diversen Bereichen wie beispielsweise Regulatory, Risk, Private Banking und Information Technology.

E-Mail: marc.jehle@credit-suisse.com

Martin Jung, Master of Engineering
Projektmanager/Wissenschaftlicher Mitarbeiter, Forschungsgruppe Verkehrslogistik, Technische Hochschule Wildau

Martin Jung studierte Technisches Management und Logistik an der TH Wildau. Seit 2014 arbeitet er in der Forschungsgruppe Verkehrslogistik (Professor Sonntag) der Technischen Hochschule Wildau. Seine Tätigkeitsschwerpunkte liegen im Bereich der GIS Analyse, der Makrologistik und der Elektromobilität.

E-Mail: martin.jung@th-wildau.de
Web: https://www.th-wildau.de/forschungsgruppen/verkehrslogistik/home.html

Prof. Dr. Timo Kahl
Professor für Wirtschaftsinformatik, Studiengangsleiter E-Government, Leiter des E-Government-Labors, Hochschule Rhein-Waal

Prof. Kahl studierte Wirtschaftsingenieurwesen an der TU Kaiserslautern und promovierte am Institut für Wirtschaftsinformatik(IWi) im Deutsche Forschungszentrum für Künstliche Intelligenz (DFKI) in Saarbrücken zu einem Thema der Informationsmodellierung. Anschließend war er von 2008 bis 2015 in mehreren Führungspositionen bei einem internationalen Technologiekonzern tätig, bevor er im Jahr 2015 den Ruf auf die Professur für Wirtschaftsinformatik an der Hochschule Rhein-Waal annahm. Seine Tätigkeitsschwerpunkte liegen in den Bereichen Informationsmodellierung, Geschäftsprozessmanagement, betriebliche Informationssysteme und E-Government. Zu diesen Themen ist er Autor zahlreicher Publikationen.

E-Mail: Timo.Kahl@hochschule-rhein-waal.de

Prof. Dr. Kathrin Kirchner
Professorin für Wirtschaftsinformatik, Fachbereich 2, Hochschule für Wirtschaft und Recht Berlin

Prof. Kirchner studierte Informatik an der Friedrich-Schiller-Universität Jena. Nach einer freiberuflichen Tätigkeit promovierte sie in Jena am Lehrstuhl Wirtschaftsinformatik über räumliche Entscheidungsunterstützungssysteme. Anschließend arbeitete sie am Universitätsklinikum Jena in Forschungs- und Entwicklungsprojekten im Bereich klinische Behandlungspfade. Seit 2014 ist sie Professorin für Wirtschaftsinformatik an der HWR Berlin. Ihre Forschungsschwerpunkte liegen in den Bereichen Geschäftsprozessmanagement (insbesondere Prozessmodellierung) und Social Media im Unternehmenskontext. Zu diesen Themen hat sie zahlreiche Artikel in Zeitschriften und auf Konferenzen veröffentlicht.

E-Mail: kathrin.kirchner@hwr-berlin.de
Web: http://www.hwr-berlin.de/en/service/contacts/staff/contact-info/2664/

Wilhelm Koop, M.Sc.
Wissenschaftlicher Mitarbeiter am Lehrstuhl für Software Engineering insb. mobile Anwendungen, Universität Duisburg-Essen

Wilhelm Koop studierte Angewandte Informatik an der Fachhochschule Südwestfalen und an der Universität Duisburg-Essen mit Schwerpunkt Systems Engineering. Seit 2014 ist er wissenschaftlicher Mitarbeiter an der Universität Duisburg-Essen. Seine Forschungsschwerpunkte in liegen in der semantischen Analyse von Geschäftsprozessmodellen und dem Software Engineering für mobile Systeme.

E-Mail: wilhelm.koop@uni-due.de
Web: se.wiwi.uni-due.de/wilhelm-koop

Prof. Dr. Ralf Laue
Professor für Software Engineering, Westsächsische Hochschule Zwickau

Prof. Laue studierte Mathematik an der Universität Leipzig. 1994–1999 arbeitete er als Systemprogrammierer in Rechenzentrum Leipzig der Deutschen Rentenversicherung, danach bis 2003 als Administrator bei der Virbus AG, einer auf Zahlungsdienstleistungen spezialisierten Internetfirma. 2003–2011 arbeitete er an der Universität Leipzig, wo er zum Thema der Qualitätsprüfung von Geschäftsprozessmodellen promovierte. Seit 2011 ist Prof. Laue als Professor für Software Engineering an der Westsächsischen Hochschule Zwickau tätig. Seine Arbeits- und Interessenschwerpunkte sind die Verständlichkeit und Qualität grafischer Modelle in der Informatik.

E-Mail: ralf.laue@fh-zwickau.de

Fabian Ludacka, M.Sc.
Product Manager, TIM Solutions GmbH; Lehrbeauftragter, Technische Hochschule Deggendorf

Fabian Ludacka, geb. 1987, beschäftigt sich seit 2010 mit dem Thema Prozessmanagement und arbeitet seit 2013 im Bereich Workflowmanagement. Bereits während seines Studiums der Wirtschaftsinformatik (B.Sc.) konnte er an der Hochschule Regensburg (OTH) als Mitarbeiter im Bereich Qualitätsmanagement 2,5 Jahre Erfahrung im Prozessmanagement sammeln. Nach seinem Masterabschluss in Wirtschaftsinformatik (M.Sc.) an der Technischen Hochschule Deggendorf bildete diese Erfahrung das Fundament für die Spezialisierung im Bereich Workflowmanagement. Seit 2014 arbeitet der Autor nun bei der Firma TIM Solutions als Product Manager und bringt diesen Erfahrungsschatz in dieses Buch ein. Im Jahre 2016 erhielt er darüber hinaus einen Lehrauftrag an der Technischen Hochschule Deggendorf im Bereich Geschäftsprozessmanagement.

E-Mail: fabian.ludacka@gmail.com

Dipl.-Ing. Philip Michalk
Teamleiter/Wissenschaftlicher Mitarbeiter, Forschungsgruppe Verkehrslogistik, Technische Hochschule Wildau

Philip Michalk studierte Verkehrswesen an der TU Berlin. Seit 2010 arbeitet er in der Forschungsgruppe Verkehrslogistik (Professor Sonntag) der Technischen Hochschule Wildau. Seit 2011 ist er außerdem als freiberuflicher Unternehmensberater im Logistiksektor aktiv. Seine Tätigkeitsschwerpunkte liegen im Bereich des Geschäftsprozessmanagements, der City-Logistik und der Makrologistik.

E-Mail: michalk@th-wildau.de
Web: https://www.th-wildau.de/forschungsgruppen/verkehrslogistik/home.html

Prof. Dr. Christian Müller

Professor für Wirtschaftsinformatik, Technische Hochschule Wildau

Christian Müller studierte Mathematik an der Freien Universität Berlin und promovierte über Netzwerkflüsse mit Nebenbedingungen. Später arbeitete er bei der Schering AG und bei den Berliner Verkehrsbetrieben (BVG) im Bereich Fahr- und Dienstplan Optimierung. Jetzt ist er Professor im Studiengang Wirtschaftsinformatik an der Technische Hochschule Wildau.

E-Mail: christian.mueller@th-wildau.de

Filippos Santas

Business Architect, Credit Suisse AG; SOA & Cloud Trainer, Arcitura

Filippos Santas befasst sich seit 30 Jahren sowohl mit der Architektur und der Integration von Softwaresystemen als auch mit dem Thema Big Data. Er hat BPM in zahlreichen Bereichen der Finanzindustrie angewendet und arbeitet seit etwa 5 Jahren verstärkt mit dem Business an Definition, Reorganisation und Optimierung von Services. Darüber hinaus berät er zahlreiche Unternehmen aus den Bereichen Finanzen, öffentliche Verwaltung, Gesundheit, und Industrie in den Gebieten SOA, Cloud Computing, BPM und Security.

E-Mail: filippos.santas@credit-suisse.com

Dipl.-Verk.-wirtsch. Conrad Schmidt

Projektmanager/Wissenschaftlicher Mitarbeiter, Forschungsgruppe Verkehrslogistik, Technische Hochschule Wildau

Conrad Schmidt studierte Verkehrswirtschaft an der TU Dresden. Seit 2010 arbeitet er in der Forschungsgruppe Verkehrslogistik (Professor Sonntag) der Technischen Hochschule Wildau. Seine Tätigkeitsschwerpunkte liegen im Bereich des Fernbusverkehres und der Elektromobilität.

E-Mail: conrad.schmidt@th-wildau.de
Web: https://www.th-wildau.de/forschungsgruppen/verkehrslogistik/home.html

Prof. Dr. Christian Seel

Professor für Wirtschaftsinformatik, Leiter des Instituts für Projektmanagement und Informationsmodellierung (IPIM), Hochschule für Angewandte Wissenschaften Landshut

Prof. Seel studierte Wirtschaftsinformatik an der Westfälische Wilhelms-Universität Münster und promovierte am Institut für Wirtschaftsinformatik (IWi) in Saarbrücken zu einem Thema der Informationsmodellierung. Anschließend leitete er bei IDS Scheer AG und Software AG mehrere Forschungs- und Entwicklungsprojekte. Seit 2011 ist er Professor für Wirtschaftsinformatik an der Hochschule für Angewandte Wissenschaften Landshut. Seine Tätigkeitsschwerpunkte liegen in den Bereichen Informationsmodellierung, Geschäftsprozessmanagement, hybrides Projektmanagement und Mobile Computing. Zu diesen Themen ist er Autor zahlreicher Publikationen und Patentinhaber.

E-Mail: christian.seel@haw-landshut.de
Web: seel.ipim.institute

Prof. Dr. Frank Zimmer

Professor für Informatik und Softwaretechnik, Leiter des Labors für Computational Intelligence und Visualisierung, Studiengangsleiter Medien- und Kommunikationsinformatik, Hochschule Rhein-Waal

Prof. Zimmer studierte Physik an der Universität Bonn und promovierte zu einem Thema der theoretischen Astrophysik. Anschließend war er in der Telekommunikationsbranche als Projektmanager und Softwarearchitekt tätig, bevor er im Jahr 2008 den Ruf auf die Professur für Wirtschaftsinformatik und Mathematik an der Europäischen Fachhochschule (EUFH) annahm. Mit Gründung der Hochschule Rhein-Waal wurde er Ende 2009 zum Professor für Informatik und Softwaretechnik berufen. Seine fachlichen Schwerpunkte sind Mathematik, Software Engineering, Modellierung, Simulation und Visualisierung inklusive VR/AR-Technologien.

E-Mail: Frank.Zimmer@hochschule-rhein-waal.de

Trends im Geschäftsprozessmanagement

Christian Seel, Christian Müller und Thomas Barton

Zusammenfassung

Das Management von Geschäftsprozessen wird in der Wirtschaftsinformatik bereits seit Beginn der 1990er-Jahre untersucht. Während früher verschiedene Modellierungssichten und Ebenen und deren Zusammenhänge in Form von in Enterprise Architecture Frameworks (EAF) diskutiert wurden, haben sich gerade durch Trends, wie Digitalisierung und Individualisierung, auch neue Forschungsfragen im Geschäftsprozessmanagement ergeben. So stehen nun neue Formen der Cloud-Nutzung, wie Business Process-as-a-Service (BPaaS), neue Standards, wie Case Management Model and Notation (CMMN) oder Decision Model and Notation (DMN) im Fokus der Untersuchung. Einen weiteren Einflussfaktor bilden mobile Endgeräte oder Geräte aus dem Internet der Dinge (IoT), die mit ihren Daten eine Adaption von Geschäftsprozessen an den aktuellen Kontext ermöglichen.

C. Seel (✉)
Hochschule für Angewandte Wissenschaften Landshut, Landshut, Deutschland
E-Mail: christian.seel@haw-landshut.de

C. Müller
Technische Hochschule Wildau, Wildau, Deutschland
E-Mail: christian.mueller@th-wildau.de

T. Barton
Hochschule Worms, Worms, Deutschland
E-Mail: barton@hs-worms.de

© Springer Fachmedien Wiesbaden GmbH 2017
T. Barton et al. (Hrsg.), *Geschäftsprozesse*, Angewandte Wirtschaftsinformatik,
DOI 10.1007/978-3-658-17297-8_1

Schlüsselwörter

Trends • Geschäftsprozessmanagement • DMN • CMMN • Wissensintensive
Geschäftsprozesse • Kontextsensitive Geschäftsprozesse

Seit Beginn der Diskussion zu Anfang der 1990er-Jahre hat sich das Geschäftsprozessmanagement (GPM) als eines der Kernthemen der Wirtschaftsinformatik etabliert. [1] Die
frühere Diskussion betraf vor allem den Geschäftsprozesslebenszyklus, das Zusammenspiel verschiedener Aspekte [2] wie Prozesse, Daten und Aufbauorganisation in Enterprise
Architecture Frameworks (EAF) [3] oder auch die Automatisierung von Geschäftsprozessen [4]. Während diese Themenbereiche inzwischen weitgehend in der Praxis flächende-
ckende Verbreitung gefunden haben, hat das Geschäftsprozessmanagement insbesondere
seit 2011 durch die Einführung der BPMN 2.0 [5] als internationalen Standard neue
Impulse erhalten. Durch die Ausweitung der BPMN (Business Process Model and Notation) auf die fachliche Modellierung sowie das einheitliche XML-Format zum Austausch
von BPMN-Modellen findet die BPMN 2.0 inzwischen starke Verbreitung.

Aktuell entstehen aber durch Trends, wie Digitalisierung und Individualisierung auch
neue Forschungsfragen und Standards im Geschäftsprozessmanagement, denen dieser
Band gewidmet ist. Die zunehmende Digitalisierung durch die Verwendung mobiler Endgeräte und das Internet der Dinge beeinflusst ebenfalls den gesamten Geschäftsprozesslebenszyklus. So lässt sich z.B. aus Daten, die von mobilen Endgeräten oder aus dem
Internet der Dinge stammen, ein aktueller Kontext eines Anwenders und des Geschäftsprozesses, den er ausführen möchte, ermitteln. Beispielsweise können so aus der Lokalisierung der aktuellen geografischen Position eines Wartungsmitarbeiters und dem Zustand
einer Produktionsmaschine ein Kontext abgeleitet werden, der die Wahl des nächsten auszuführenden Schrittes im Wartungsprozess beeinflusst.

Ferner befördert gerade auch die Verbreitung von Thin-Clients, die beispielsweise auf
mobilen Endgeräten zu finden sind, einen Trend zu Cloud-basierten GPM-Werkzeugen
und auch zum Business Process-as-a-Service (BPaaS) [6].

Ein weiterer Trend ist die zunehmende Betrachtung von schwachstrukturierten und
wissensintensiven Geschäftsprozessen, wie Prozesse zur Behandlung von Patienten im
Krankenhaus. Als Reaktion darauf hat die Object Management Group (OMG) mit der
Case Management Model and Notation (CMMN) [7] bereits einen Standard zur Modellierung von Fällen veröffentlicht.

Ein weiterer Standard, der das Geschäftsprozessmanagement beeinflusst, ist die Decision Model and Notation (DMN) [8]. Durch diesen Ansatz sollen komplexe Entscheidungen aus Prozessen ausgelagert werden und separat dargestellt werden, um eine größere
Übersicht und größere Wartbarkeit zu erreichen.

Neben diesen neu hinzugekommenen Themen bleiben auch weiterhin Fragen zur
Simulation und Implementierung und zur praktischen Umsetzung in Unternehmen relevant. So ist beispielsweise die Entscheidung, ob eine Telefongesellschaft einen Kunden

ein Telefonat führen lässt, abhängig von Faktoren, wie seinem Vertrag oder seinem Guthaben. Diese Zusammenhänge lassen sich schon gut mit neuen Standards, wie DMN, modellieren. Aber durch die immense Anzahl der Ausführungen vor jedem einzelnen Gespräch – ohne das Kunde eine Wartezeit in Kauf nehmen muss – sind dennoch nicht einfach zu implementieren.

In dem vorliegenden Band werden diese Trends rund um das Geschäftsprozessmanagement von 21 Autoren und in 11 Beiträgen aus unterschiedlichen, anwendungsorientierten Blickwinkeln beleuchtet. Das Buch ist in Abschnitte zur Analyse von Geschäftsprozessen, zu kontextsensitiven und zu wissensbasierten Geschäftsprozessen, sowie zur Implementierung von Geschäftsprozessen und zu Fallstudien unterteilt.

Im Teil I zur **Analyse von Geschäftsprozessen** befassen sich Ralf Laue, Patrick Delfmann und Wilhelm Koop unter dem Titel „Analyse natürlichsprachlicher Beschriftungen in Geschäftsprozess-modellen" mit Namenskonventionen bei der Beschriftung und mit den Möglichkeiten, die sich bei der Verifikation der Modelle daraus ergeben. In dem Beitrag „Simulation von Geschäftsprozessen" vergleichen und klassifizieren Christian Müller und Ralf Laue Werkzeuge zur Simulation von Geschäftsprozessen und stellen den BPSim Standard vor, der auf BPMN aufbaut. Abschließend wird dieser Standard aufgrund von Anforderungen aus realen Modellen bewertet.

Im Teil II **Kontextsensitive Geschäftsprozesse** beschäftigen sich Julian Dörndorfer und Christian Seel mit der „Modellierung Kontextsensitiver Geschäftsprozesse". Dabei stellt sich die Frage, wie bestehende Standards erweitert werden können, um z. B. Mobile Informationen wie Standort und Geschwindigkeit in Geschäftsprozesse zu integrieren. Auf der anderen Seite lässt sich aus Geschäftsprozessen eine Vielzahl von Kennzahlen ableiten. Timo Kahl und Frank Zimmer befassen sich mit der dynamischen und „Kontextspezifischen Visualisierung von Prozesskennzahlen". Dies wird anschließend an einem Dienstleistungsprozess verdeutlicht.

Im Teil III **Wissensbasierte Geschäftsprozesse** geben Rüdiger Buck-Emden und Sascha Alda einen Überblick über Ansätze zur Systemunterstützung wissensintensiver Geschäftsprozesse. Dabei wird die Bedeutung des deklarativen im Gegensatz zum prozeduralen Modellierungsansatz hergeleitet. Implementierungsansätze werden am Beispiel des ProSyWis Projektes diskutiert. Im Gegensatz dazu nähern sich Katrin Kirchner und Nico Herzberg dem Thema über den CMMN Standard mit einem Ansatz für Modellierung und Monitoring flexibler Prozesse am Beispiel von medizinischen Behandlungsabläufen.

Im Teil IV über die **Implementierung von Geschäftsprozessen** werden BPMN-basierte prozedurale Modelle betrachtet. Dazu entwickeln Fabian Ludacka und Herbert Fischer ein praxisorientiertes Workflowmanagement im Sinne eines kontinuierlichen Verbesserungsprozesses, das sie am Beispiel eines wissensintensiven Produktentstehungsprozesses erläutern. Dieser Beitrag stellt somit eine direkte Beziehung zum vorigen Abschnitt her. Mark Jehle, Filipos Santas und Andreas Heberle suchen in realen BPM-Anwendungen Transaktionsmuster, die sie klassifizieren und anhand von Fallbeispielen verdeutlichen. Ziel ihres Ansatzes ist es, anhand von Bibliotheken die Erstellung von Geschäftsprozessanwendungen im Sinne einer Orchestrierung zu vereinfachen.

Abschließend werden im Teil V drei **Fallstudien** vorgestellt. Jörg Courant präsentiert eine Projekt-Lehrveranstaltung, in der am Beispiel eines komplexen Ersatzteilbeschaffungs-Szenarios die Themen BPM und ERP verbunden werden. In dem Beitrag beschreibt er, wie er mit Studierenden mittels NetWeaver ein ERP-System mit einem geeigneten BPM-System in Sinne einer Orchestrierung verbindet. In einer weiteren Fallstudie befassen sich Philip Michalik, Conrad Schmidt und Martin Jung mit der Prozessoptimierung, um die Kapazitäten eines Fernbusterminals zu maximieren. Abschließend untersuchen Frank Bensberg und Gandalf Buscher in einer Studie den Arbeitsmarkt im Bereich Geschäftsprozessmanagement mit einer Analyse der Berufsbilder, Kompetenzen und Tätigkeitsfelder. Diese Analyse basiert auf einer großflächigen automatisierten Auswertung von Stellenanzeigen.

Literatur

1. Schmelzer HJ, Sesselmann W (2013) Geschäftsprozessmanagement in der Praxis: Kunden zufrieden stellen – Produktivität steigern – Wert erhöhen, 8., überarb. und erw. Aufl. Hanser, München
2. Scheer A-W (2001) ARIS – Modellierungsmethoden, Metamodelle, Anwendungen, 4. Aufl. Springer, Berlin
3. Matthes D (2011) Enterprise Architecture Frameworks Kompendium: Über 50 Rahmenwerke für das IT-Management. Xpert.press. Springer, Heidelberg
4. Leymann F, Roller D (2000) Produktion workflow: concepts and techniques. Prentice Hall, Upper Saddle River
5. OMG BPMN 2.0 FTF Business Process Model and Notation (BPMN), Version 2.0. http://www.omg.org/spec/BPMN/2.0/PDF. Zugegriffen am 03.01.2017
6. Barton T, Seel C. Business process as a service – status and architecture. In: Mutschler B, Otjacques B, Feltz F (Hrsg) Enterprise modelling and information systems architectures (EMISA 2014). GI, Bonn, S 145–158
7. Object Management Group (2016) Case management model and notation (CMMN). http://www.omg.org/spec/CMMN/1.1/PDF/. Zugegriffen am 06.01.2017
8. Object Management Group Decision Model and Notation (DMN). http://www.omg.org/spec/DMN/1.1/PDF/. Zugegriffen am 06.01.2017

Teil I

Analyse von Geschäftsprozessen

Analyse natürlichsprachlicher Beschriftungen in Geschäftsprozessmodellen

2

Ralf Laue, Patrick Delfmann und Wilhelm Koop

Zusammenfassung

Geschäftsprozessmodelle müssen korrekt und verständlich sein. Nur dann können sie die Kommunikation zwischen Projektbeteiligten unterstützen oder die Grundlage für eine automatisierte Ausführung von Workflows bilden. Die Bedeutung von Geschäftsprozessmodellen ist auch durch die Beschriftung ihrer Modellelemente gegeben. Diese erfolgt in der Regel in natürlicher Sprache. Wir zeigen, wie Werkzeuge und Methoden der automatischen Sprachverarbeitung genutzt werden können, um die Qualität von Modellen zu prüfen oder sogar (teil-)automatisiert zu verbessern. Zum einen helfen diese Methoden, eine einheitliche Bezeichnungsweise von Modellelementen (Namenskonventionen) durchzusetzen. Zum anderen können aber auch Fehler im Modell oder im modellierten Prozess durch eine Analyse der Beschriftungen von Modellelementen erkannt werden.

Schlüsselwörter

Geschäftsprozessmodellierung • Modellanalysen • Modellbeschriftungen • Namenskonventionen • Ontologien • Semantische Netze

R. Laue (✉)
Westsächsische Hochschule Zwickau, Zwickau, Deutschland
E-Mail: ralf.laue@fh-zwickau.de

P. Delfmann
Universität Koblenz-Landau, Koblenz, Deutschland
E-Mail: delfmann@uni-koblenz.de

W. Koop
Universität Duisburg-Essen, Duisburg-Essen, Deutschland
E-Mail: wilhelm.koop@uni-due.de

© Springer Fachmedien Wiesbaden GmbH 2017
T. Barton et al. (Hrsg.), *Geschäftsprozesse*, Angewandte Wirtschaftsinformatik,
DOI 10.1007/978-3-658-17297-8_2

2.1   Einleitung

Voraussetzung für die Entwicklung eines qualitativ hochwertigen Datenverarbeitungssystems sind qualitativ hochwertige Anforderungsdokumente. Da solche Anforderungsdokumente häufig Geschäftsprozessmodelle (GPM) beinhalten, muss der Qualitätsprüfung von GPM eine hohe Aufmerksamkeit gewidmet werden.

Das heißt insbesondere, dass Missverständnisse bei der Arbeit mit den Modellen möglichst ausgeschlossen werden sollen und dass alle relevanten Informationen im Modell zu finden sein müssen.

Die Analyse der Modelle auf Qualität und Regeltreue ist eine Aufgabe für erfahrene Experten. Sie erfordert hohes Modellierungs- und Domänenwissen und ist nur teilweise automatisierbar. Jedoch kann die Arbeit dieser Experten durch eine automatische Analyse der Modelle unterstützt werden. Dies gilt auch für eine zweite Aufgabe für Prozess-Experten: die Prüfung der Korrektheit von Abläufen in Bezug auf externe Compliance-Regeln. Eine solche frühzeitige Prüfung am Modell verhindert, dass unzulässige Abläufe implementiert werden.

Soll ein Verfahren für derartige Analysen entworfen werden, ist zu beachten, dass die Bedeutung eines Geschäftsprozessmodells einerseits durch einen Graphen, dessen Knoten und Kanten eine formale Bedeutung haben, gegeben ist, andererseits durch die Beschriftung der Knoten und Kanten in diesem Graphen.

Zur Untersuchung der Eigenschaften, die sich aus der Struktur des Graphen ergeben, stehen Techniken etwa aus dem Bereich der Analyse von Petrinetzen zur Verfügung. Zur Analyse der Beschriftungen der Modellelemente ist ein inhaltliches Verständnis dieser Beschriftungen nötig. Für eine Automatisierung muss dieses Wissen auch in maschinell verarbeitbarer Form vorliegen. Hierbei können etablierte Methoden der automatischen Sprachverarbeitung angewendet werden. Dadurch können z. B. Widersprüche sowie unklare oder fehlende Informationen im Modell identifiziert werden. Solche fehlenden Informationen sind in der Praxis häufig anzutreffen. Oft wurden nämlich GPM, die Anforderungen dokumentieren sollen, ursprünglich für einen anderen Zweck erstellt.

Unter Umständen fehlen in solchen Modellen wesentliche Informationen, da selten vorkommende Abläufe, Fehlerzustände und Ausnahmen bewusst nicht modelliert wurden, da sie für den ursprünglichen Verwendungszweck unwichtig waren.

Die bei einer automatischen Analyse von GPM mit Beschriftungen in natürlicher Sprache entstehenden Herausforderungen beschreiben Mendling et al. in [43]. Von den dort diskutierten 25 Herausforderungen für semantische Geschäftsprozess-Modellierung betreffen 7 die Knotenbeschriftungen. Beispiele sind die Erkennung von Wortarten und der Wortsemantik im gegebenen Kontext. Um solche Probleme zu lösen, können etablierte Methoden und Werkzeuge der automatischen Sprachverarbeitung genutzt werden. Gute Übersichten hierzu finden sich in [38] und [46].

Methoden der automatischen Sprachverarbeitung sind jedoch nicht nur zur Analyse fertiger Modelle nützlich. Sie können auch zur Modellierungszeit angewendet werden. Dabei kann etwa der Modellierer daran erinnert werden, bei der Modellbeschriftung sprachliche Konventionen einzuhalten und im Modell nicht verschiedene Wörter für die Bezeichnung desselben Konzepts zu verwenden. Durch diese Techniken erhöht sich die Modellqualität, was eine Implementierung vereinfacht.

2.2   Namenskonventionen

Sollen GPM effektiv für die Kommunikation zwischen verschiedenen Beteiligten einge-setzt werden, müssen die Beteiligten ein einheitliches Verständnis des Vokabulars entwickeln, das für die Beschriftung von Modellelementen verwendet wird. Es ist anzustreben, dass jedes Konzept der realen Welt durch genau ein Wort beschrieben ist und dass umgekehrt jedes Wort für genau ein Konzept steht. Als einzelnen Wörtern (z. B. „Einbürgerungsantrag" oder „kassieren") gleichgestellt betrachten wir dabei zusammenhängende Wortgruppen (z. B. „vorläufige Aufenthaltsgenehmigung").

Insbesondere für die automatisierte Analyse von GPM ist ein eindeutig definiertes Verständnis der zugrunde liegenden natürlichen Sprache essenziell. Ohne eine solche Eindeutigkeit kann ein automatisiertes Analyseverfahren nicht unmissverständlich erkennen, welche Bedeutung sich hinter verwendeten Wörtern verbirgt, welche Bedeutungen ähnlich oder sehr verschieden sind. So bestünde in Abwesenheit eines eindeutig definierten Sprachverständnisses die Gefahr fehlerhafter Analyseresultate.

Eindeutigkeit natürlichsprachlicher Beschriftungen von GPM-Elementen hat mehrere Aspekte: Zunächst ist zu klären, welche Bedeutung einem natürlichsprachlichen Wort im Anwendungskontext des Geschäftsprozessmodells zuzuordnen ist. So kann das Wort „Dokument" in unterschiedlichen Kontexten unterschiedliche Bedeutungen haben. In einem solchen Fall ist „Dokument" ein Homonym, und „Dokument" kann ggf. missverstanden werden. Während im umgangssprachlichen Gebrauch „Dokument" so viel wie „Schriftstück" bedeutet, wird im Rahmen finanzieller Transaktionen im Bankenbereich nur dann von „Dokumenten" gesprochen, wenn Versicherungspolicen im internationalen Handel gemeint sind (Dokumentengeschäft, vgl. [19]). Nur wenn Bedeutungen geklärt sind, kann eine Analyse auch das gewünschte Ergebnis liefern. Sucht ein Analyst einer Bank in deren Prozessmodellen das Wort „Dokument", sollte er tatsächlich als Ergebnis nur diejenigen Bereiche eines Prozessmodells erhalten, die sich auf Versicherungspolicen im internationalen Handel beziehen. Voraussetzung dafür ist, dass die Bedeutung aller verwendeten Wörter (bzw. Wortgruppen) bereits vor der Modellierung der Prozesse eindeutig geklärt ist. Ist eine solche Klärung nicht erfolgt, führt dies unweigerlich zu inkorrekten Analyseergebnissen. Probleme ergeben sich bei der Verwendung von Synonymen sowie Über- und Unterbegriffen.

Da zur Bezeichnung von Modellelementen in GPM darüber hinaus meist nicht nur Einzelwörter, sondern auch Satzfragmente (Phrasen) verwendet werden, sind weiterhin die Beziehungen zwischen Wörtern innerhalb einer Phrase zu klären. So hat die Phrase „Rechnung für Bestellung identifizieren" eine andere Bedeutung als „Bestellung für Rechnung identifizieren", obwohl beide Phrasen die gleichen Wörter enthalten. Im Rahmen einer Analyse muss also die syntaktische Beziehung der Wörter untereinander berücksichtigt werden.

Liegen Regeln für die Beschriftung von Modellelementen vor, die die oben beschriebenen Aspekte teilweise oder vollständig berücksichtigen, so wird von Namenskonventionen gesprochen. Die Definition von Namenskonventionen sowie deren automatisiert unterstützte Umsetzung war in der Vergangenheit Gegenstand zahlreicher akademischer Untersuchungen.

Ursprünge der Definition und Nutzung von Namenskonventionen finden sich bereits in Arbeiten der 1980er-Jahre, die sich mit der Integration von Datenbankschemata beschäftigen [2, 3]. Dem Problem wird im Rahmen der Beiträge dadurch begegnet, dass zunächst die den Schemata zugrunde liegenden Datenmodelle – meist Dialekte des Entity-Relationship-Modells – konsolidiert werden. Zu diesem Zweck werden u. a. die Beschriftungen der Modellelemente verglichen, was im Rahmen der genannten Ansätze jedoch manuell geschieht. Teilautomatisierte Ansätze machen sich den Umstand zunutze, dass in Datenmodellen zur Bezeichnung der Modellelemente häufig einzelne Substantive verwendet werden. Deren Vergleich ist vergleichsweise einfach, da größtenteils Synonym- und Homonymbeziehungen ausgewertet werden müssen [6, 35].

Bei Prozessmodellen gestaltet sich das Problem komplexer, da nicht nur Einzelwörter, sondern auch Phrasen zur Bezeichnung von Modellelementen verwendet werden [55]. Auch für deren Aufbau sollte es Regeln geben. So vereinfacht es eine Suche in einem Modellrepository deutlich, wenn bekannt ist, dass immer nach „Wareneingang protokollieren" gesucht werden muss und die Aktivität nicht auch alternativ „Protokolliere Wareneingang" oder „Wareneingang wird protokolliert" heißen könnte.

Die automatisierte Überprüfung von Namenskonventionen umfasst somit zwei Teilaufgaben: Zunächst ist sicherzustellen, dass nur Wörter bzw. Wortgruppen verwendet werden, über deren Bedeutung man sich geeinigt hat. Zum zweiten sollen diese Wörter in einheitlichen Phrasenstrukturen verwendet werden.

Frühe Ansätze zur Spezifikation von Namenskonventionen für Prozessmodelle finden sich überwiegend in der deutschsprachigen Literatur und gehen auf die 1990er-Jahre zurück. So werden in [49] und [32] konkrete Phrasenstrukturkonventionen vorgeschlagen, die bei der Benennung von Prozessmodellen zur sprachlichen Vereinheitlichung eingehalten werden sollen. Diese Konventionen unterscheiden sich je nach Typ des Modellelements. Beispielsweise sollen Aktivitäten nach dem Muster < Substantiv > < Verb Infinitiv > beschriftet sein, Ereignisse nach dem Muster < Substantiv > < Verb Partizip Perfekt>. Die Konventionen sind hier als Richtlinien zu verstehen; es gibt keine Werkzeugunterstützung zur Umsetzung der Konventionen. Die im Rahmen einer einheitlichen Bezeichnung zu verwendenden Einzelwörter werden in Form sogenannter Fachbegriffsmodelle – eine vereinfachte Form formaler Ontologien [50] – zur Verfügung gestellt. [30] und [52] schlagen entsprechend vor, zur Festlegung des in GPM erlaubten Vokabulars allgemein akzeptierte, domänenorientierte Wörterbücher zu verwenden. Im Unterschied zu domänenorientierten Wörterbüchern wird in [8] vorgeschlagen, *allgemeine* elektronische Wörterbücher zur vereinheitlichten Bezeichnung zu verwenden und so den Prozess der Vereinheitlichung von Modellen zumindest teilweise automatisiert zu unterstützen.

Neben der Verwendung allgemeiner Lexika wird in der wissenschaftlichen Literatur auch die Verwendung bereits existierender, domänenorientierter formaler Ontologien vorgeschlagen.[1] Dabei muss jedes Modellelement mit Ontologiekonzepten verknüpft werden. Die Bedeutung eines Knotens wird damit nicht mehr durch seine Beschriftung, sondern durch die verknüpften Ontologiekonzepte gegeben. Da innerhalb eines Ontologiekonzepts eindeutig beschrieben ist (bzw. beschrieben sein sollte), welche Bedeutung dem Konzept zukommt, kann über das Modellelement und seine Verknüpfung zur Ontologie seine eindeutige Bedeutung ermittelt werden.

In [21] wird vorgeschlagen, die zur Beschriftung von Modellelementen genutzten Wörter und Wortgruppen (das Vokabular) manuell aus Ontologien zu entnehmen. Eine ähnliche Strategie wird in [7] verfolgt, jedoch wird hier zusätzlich eine semiautomatische Übernahme des Vokabulars vorgesehen. [25] spezifiziert zusätzlich ein Analyseverfahren, das auf Ontologiekonzepten setzt. So können Bereiche in Prozessmodellen automatisch identifiziert werden, die mit bestimmten Ontologiekonzepten verknüpft sind.

Pittke et al. [48] nutzen die in WordNet [15] festgehaltenen Homonym- und Synonym-Beziehungen, um Modellierer über potenzielle Synonym- und Homonym-Probleme zu informieren. In ähnlicher Weise wird WordNet auch in [18] zur Erkennung von Synonymen genutzt. Außerdem nutzt [18] den Hypernym-Baum von WordNet, um zu bewerten, wie allgemein bzw. wie spezifisch ein Wort ist. Dem liegt die Vermutung zugrunde, dass spezifischere Worte einen Sachverhalt treffender beschreiben als allgemeinere Oberbegriffe (z. B. enthält „kaufen" mehr Information als „beschaffen").

Bei der Suche nach dem im Kontext treffendsten Wort gehen Koschmider et al. [31] noch einen Schritt weiter: Ausgehend davon, welche Wörter in einem gegebenen Kontext am häufigsten gemeinsam auftreten (man spricht von Kookkurrenzen in einem Korpus) wird bei mehreren möglichen Synonymen das „treffendste" und am leichtesten verständliche Wort empfohlen.

Ein Verfahren, das Modellierer während des Modellierungsprozesses automatisiert anleitet, Namenskonventionen einzuhalten, wurde in [11, 5] entwickelt. Namenskonventionen bestehen in diesem Ansatz zum einen aus einem Glossar zu verwendender Einzelwörter (Substantive, Verben, Adjektive etc.). Das Glossar gibt den in einem Unternehmen üblichen Sprachgebrauch wieder. Zu jedem Einzelwort sind eindeutig beschriebene Bedeutungen hinterlegt. Zum anderen werden Regeln für die Phrasenstrukturen vorgegeben, d. h. es wird festgelegt, mit welcher Art von Satzfragmenten unterschiedliche Modellelemente bezeichnet werden dürfen (vgl. auch [49]). Ein Modellierer kann eine Bezeichnung für ein Modellelement frei eingeben. Diese Bezeichnung wird linguistisch analysiert. Entspricht sie nicht den Namenskonventionen, so wird dem Modellierer automatisch eine den Konventionen entsprechende Alternativbezeichnung angeboten (vgl. Abb. 2.1).

---

[1] Wegen des zusätzlichen Aufwands haben sich solche Methoden jedoch in der Praxis bisher kaum durchsetzen können.

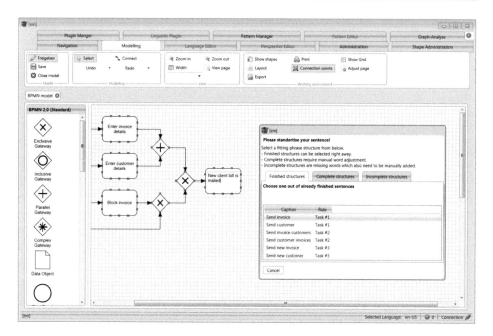

Abb. 2.1 Durchsetzung von Namenskonventionen durch ein Modellierungswerkzeug [24]

Für den Ansatz liegt ein Werkzeugprototyp vor [24], der zudem um die Möglichkeit der automatischen Annotation formaler Ontologien erweitert wurde. Eine Analyse der Phrasenstrukturen erfolgt auch in anderen Arbeiten, etwa [40] oder [55].

Restriktivere Ansätze geben eine beschränkte Anzahl an möglichen Phrasenstrukturen vor. Hierzu gehört beispielsweise die objektorientierte ereignisgesteuerte Prozesskette [44]. Die Aktivitäten dieses EPK-Dialekts verweisen auf Geschäftsobjekte und Tätigkeiten. Aus dem Blickwinkel der Bezeichnungen wird hier also immer ein Substantiv (das Objekt) mit einem Verb (Tätigkeit) kombiniert. So wird ausgedrückt, welche Aktion auf welchem betriebswirtschaftlichen Objekt ausgeführt wird (z. B. „Rechnung" + „prüfen").

Ähnlich verfährt der icebricks-Ansatz [10], eine einfach gehaltene Prozessmodellierungssprache ohne logische Verknüpfungsoperatoren. Auch hier werden die Beschriftungen von Modellelementen aus Geschäftsobjekten und Verrichtungen zusammengesetzt, die aus einem Glossar zu entnehmen sind. Da keine anderen Bezeichnungen erlaubt sind, wird die Gefahr von Mehrdeutigkeiten verringert.

Die domänenorientierte Sprache PICTURE [4] kann sogar weitgehend auf Elementbeschriftungen, die vom Modellierer einzugeben sind, verzichten. Sie wurde für die Modellierung von Verwaltungsprozessen entwickelt und sieht an Stelle der Beschriftung von Modellelementen die standardisierte Verwendung von 26 verschiedenen, vordefinierten Aktivitätstypen vor. Konventionsverletzungen sind damit von vornherein ausgeschlossen. Die Möglichkeit, eine solche Sprache überhaupt zu entwickeln, beruht auf empirischen

Untersuchungen von Verwaltungsprozessen. Es wurde festgestellt, dass in solchen Prozessen 26 verschiedene Aktivitätstypen zu finden sind. Zu diesen Aktivitätstypen gehören etwa „Dokument erstellen" oder „inhaltlich prüfen".

Einen analogen Ansatz verfolgt die Modellierungsmethode *SAGE* [53] mit der medizinische Prozesse (sog. klinische Pfade) modelliert werden. Auch dort ist nur eine wohldefinierte Menge von Aktionen vorgesehen. Dazu gehören „erfragen", „empfehlen", „informieren" oder „schlussfolgern".

Wenn bei der Modellierung konsequent Namenskonventionen eingehalten werden, reduziert das mögliche Missverständnisse zwischen Modellierer und Leser des Modells. Ebenso werden automatisierte Auswertungen vereinfacht. Das betrifft zum Beispiel die Analyse von Modellen auf Ähnlichkeit. Sollen zwei Modelle verglichen werden, ist im ersten Schritt herauszufinden, welche Knoten des einen Modells inhaltlich welchen Knoten des anderen Modells entsprechen.

Wurden bei der Modellierung keine Namenskonventionen genutzt, so muss diese Analyse der Übereinstimmung zwischen Beschriftungen von Modellelementen im Nachhinein erfolgen. Entsprechende Analyseverfahren, die auf Ontologien aufsetzen, werden in [14, 30, 52] vorgestellt. Dort werden Ähnlichkeitsmaße für Beschriftungen von Modellelementen entwickelt, die sowohl syntaktische als auch semantische Eigenschaften einer Elementbeschriftung berücksichtigen. Van Dongen et al. [58] analysieren Synonyme in Elementbeschriftungen und berechnen ebenfalls ein Ähnlichkeitsmaß. [20] verwendet zu ebendiesem Zweck die von WordNet bereitgestellte Taxonomie. Einen Überblick über weitere Analyseansätze dieser Art bietet [16].

2.3   Erkennen von Problemen durch Analyse der Modellbeschriftung

Die Sprache, die zur Beschreibung von Geschäftsprozessmodellen genutzt wird, weist eine Besonderheit auf: Sie ist eine Kombination von formaler Sprache und natürlicher Sprache. Der formale Anteil ist durch Standards wie BPMN vorgegeben. Dort ist die Bedeutung der Sprachkonstrukte (etwa der Gateways) und ihrer Zusammensetzungen formal beschrieben.[2] Auf diesen formalen Definitionen basierend, können nun die Modelle auf Eigenschaften wie Soundness [57] getestet werden.

Außerdem sind einzelne Knoten aber auch mit natürlichsprachlichen Beschriftungen versehen, wodurch sie eine inhaltliche, fachlogische Bedeutung erhalten. Wegen des Variantenreichtums der natürlichen Sprache sind diese natürlichsprachigen Beschriftungen einer automatischen Analyse nur beschränkt zugänglich. Um diesem Problem entgegenzuwirken, sind verschiedene Ansätze möglich (die auch gemeinsam genutzt werden

---

[2] Modellierungssprachen unterscheiden sich im Grad der Formalisierung. Sicher lässt auch der BPMN-Standard hier noch Wünsche offen, während man auf Petrinetzen basierende Modellierungsmethoden ohne Einschränkungen als „mathematisch exakt definiert" bezeichnen kann.

können). Im vorangehenden Abschnitt haben wir die Möglichkeit kennengelernt, das Vokabular und die in der Beschriftung erlaubten grammatischen Strukturen einzuschränken oder vom Modellierer zu fordern, neben dem Prozessmodell auch Zusatzinformationen in Form einer Ontologie zu modellieren.

Methoden der natürlichen Sprachverarbeitung können auch genutzt werden, wenn keine Namenskonventionen oder Verbindungen mit Ontologiekonzepten genutzt werden. Es sind dann aber Ergebnisse von geringerem Umfang und geringerer Qualität zu erwarten.

Sofort einsichtig ist, dass inhaltliche Analysen im Modell besonders einfach sind, wenn domänenspezifische GPM-Modellierungssprachen genutzt werden. In diesen werden wichtige Konzepte der Fachdomäne durch die Knotentypen der Modellierungssprache selbst abgedeckt. Es ist etwa in einem Modell in der in Abschn. 2.2 beschriebenen Sprache PICTURE unmittelbar zu erkennen, wenn eine Aktivität „drucke Dokument" von einer Aktivität „scanne Dokument" gefolgt wird (was auf ein Problem im modellierten Prozess hindeutet). Beide genannten Aktivitäten entsprechen nämlich einer der 26 bekannten Aktivitätstypen [26].

Wir stellen im Folgenden Verfahren vor, die eine Analyse der Modellqualität ermöglichen, ohne die Nutzung einer domänenspezifischen Sprache oder Verweise auf Ontologie-Elemente vorauszusetzen.

Im vorangehenden Abschnitt wurden bereits Modellierungsprobleme diskutiert, die sich durch die Analyse der Phrasenstruktur von Elementbeschriftungen mittels natürlicher Sprachverarbeitung finden lassen. Der Gewinn liegt dabei nicht nur in einer Vereinheitlichung der Bezeichnung. Durch eine Analyse der von Pittke in [46] eingeführten Bedingung der *Atomarität* lassen sich auch notwendige Präzisierungen im Modell erkennen. Atomarität fordert, dass die Beschriftung eines Modellelements nicht mehr als eine Aktion und nicht mehr als ein Geschäftsobjekt enthält. Ist die Atomarität verletzt, soll das Modellelement in mehrere Elemente aufgeteilt werden. Diese Forderung kann den Modellierer dazu zwingen, den modellierten Ablauf präziser zu modellieren. So ist beispielsweise die Beschriftung „Werkzeug herstellen oder kaufen" nicht atomar, da sie zwei Verben (Aktionen) enthält. Eine Aufteilung in zwei Aktivitäten „Werkzeug herstellen" und „Werkzeug kaufen" macht es notwendig, den Entscheidungsprozess zwischen „herstellen" und „kaufen" mit zu modellieren. Dadurch wird das Modell um fehlende Informationen ergänzt.

[37] weicht die Forderung nach Atomarität an einer Stelle auf: Sind zwei Verben, die sich auf das selbe Geschäftsobjekt beziehen, mit „und" verknüpft, so wird keine Aufteilung einer Aufgabe in zwei Aufgaben verlangt, wenn die beiden Verben in einer „zeitlich-vor"-Beziehung [9] stehen. Diese besagt, dass immer die durch das Verb vor dem *und* bezeichnete Tätigkeit vor der durch Verb nach dem *und* bezeichnete Tätigkeit ausgeführt wird. Die Beschriftung „Vertrag drucken und unterschreiben" wäre somit unproblematisch, da bekannt ist, dass „drucken" immer vor „unterschreiben" erfolgt und somit die Beschriftung eindeutig interpretiert werden kann.

Pittke [46] stellt verschiedene Beschriftungs-Muster vor, bei denen die Atomaritätsbedingung verletzt wird. Sie lassen sich durch die Suche nach regulären Ausdrücken im Beschriftungstext finden. Neben dem Finden problematischer Muster enthält die Arbeit von Pittke auch ein Verfahren, um Modellverbesserungen vorzuschlagen. Vor Pittke wurde das Problem von Beschriftungen, die mehr als ein Tätigkeitsverb enthalten, bereits in [12] unter dem Begriff der „aggregierten Bezeichnungen" diskutiert. Eine weitere Art, auf die die Atomaritätsbedingung verletzt werden kann, fasst [12] unter der Bezeichnung „Metainformationen" zusammen. Hier werden Informationen wie „Prozessende" in die Beschriftung der Modellelemente eingebaut, obwohl sie durch die formalen Elemente der grafischen Modellierungssprache ausgedrückt werden sollten. Pittke et al. [47] gehen ausführlich verschiedenen Fällen solcher Metainformationen im Beschriftungstext nach und stellen dar, wie die zu modellierenden Sachverhalte besser durch formale Konstrukte der Modellierungssprache ausgedrückt werden können.

Weitere Fehlermuster, die in Modellierungssprachen wie EPK oder BPMN dank sprachlicher Analyse der Beschriftungen erkannt werden können, beschreiben Gruhn und Laue in [22, 23]. Beispielsweise neigen unerfahrene Modellierer in der Modellierungssprache der *Ereignisgesteuerten Prozessketten* dazu, ein „oder" in einer textuellen Prozessbeschreibung mit dem Modellierungskonstrukt „oder-Konnektor" zu modellieren. Dieser bildet aber das *einschließende* Oder ab. Wird nun erkannt, dass sich in einem Modell die Beschriftungen der Ereignisse, die einem *oder*-Split folgen, widersprechen („Kunde ist kreditwürdig"/„Kunde ist nicht kreditwürdig"), liegt offenbar ein Modellierungsfehler vor. Dieser Sachverhalt ist mit einem Exklusiv-Oder zu modellieren. Ebenso kann nach einer Entscheidungsfrage („Ist der Kunde kreditwürdig?") oder einem Test („Testen, ob der Kunde kreditwürdig ist") keine Verzweigung mit einschließendem Oder, sondern nur mit Exklusiv-Oder stehen.

Zur Erkennung der genannten Fälle muss analysiert werden, ob Beschriftungen gleichbedeutend sind und ob sie einander widersprechen. Hierfür hilft die Kenntnis von Synonym- und Antonym-Relationen. Ist zusätzlich eine „zeitlich-vor"-Beziehung zwischen Verben bekannt, können Modellfehler gefunden werden, wo etwa fälschlicherweise „Beratung durchführen" und „Beratung planen" als parallele Vorgänge modelliert werden, obwohl offensichtlich die Planung vor der Durchführung erfolgen muss [36, 37].

In [36, 37] werden darüber hinaus weitere Situationen diskutiert, für deren Erkennung Informationen über *Wortklassen* erforderlich sind. Beispielsweise gibt es verschiedene Verben, die für eine Entscheidung oder eine Prüfung stehen (kontrollieren, testen, checken,...). Wenn nach einer entsprechenden Aktivität im Modell keine Verzweigung folgt, bedeutet das, dass das Modell unvollständig ist. Zur Vermeidung komplexer Modelle kann es durchaus gewollt sein, dass nur der „normale, gutartige" Ablauf im Modell zu sehen ist. Soll jedoch ein Computerprogramm zur Unterstützung des Prozesses entwickelt werden, muss ein Anforderungsanalyst an solchen Stellen nachfragen. Das in [36, 37] vorgestellte Verfahren hilft, solche Nachfragen automatisiert zu erstellen („Und was ist zu tun, wenn der Test fehlschlägt?"). Abb. 2.2 zeigt ein Bildschirmfoto, das mit einem Add-On für das Modellierungswerkzeug bflow* Toolbox erstellt wurde. Dieses Add-on [36] erkennt Aktivitäten, nach denen eine Verzweigung im Modell folgen sollte. Fehlt eine solche Verzweigung, wird der Modellierer darüber informiert.

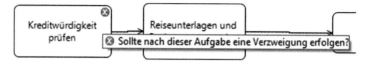

Abb. 2.2 Erkennung möglicher Modellierungsprobleme in der bflow* Toolbox

In ähnlicher Weise werden in [27] Modelle identifiziert, in denen Daten genutzt werden, bevor sie erzeugt wurden. Auch hier ist die Kenntnis von Wortklassen nötig, um „Eintreffen bzw. Erzeugen von Daten" und „Arbeit mit Daten" zu erkennen.

Verschiedene Ansätze für Wortklassifikationen, die die Grundlage für die Analyse von GPM bilden, werden im folgenden Abschnitt vorgestellt.

2.4 Wort-Klassifikationen als Grundlage für Modellanalysen

Um die natürlichsprachigen Beschriftungen analysieren zu können, muss klar sein, was die Worte im Kontext von GPM *bedeuten*. Für viele Analysezwecke ist dabei allerdings nicht das exakte Wort interessant, sondern die allgemeinen Konzepte, die durch das Wort ausgedrückt werden. In Mustern zur Erkennung potenzieller Modellierungsprobleme sollte nicht mit konkreten Wörtern gearbeitet werden, sondern mit abstrakteren Konzepten.

Nehmen wir etwa an, dass es in einem Prozessmodell die Aktivität „Ware versenden" gibt. Auf diese folgt eine weitere Aktivität „Ware einpacken". Waren einzupacken, nachdem sie versendet worden sind, dürfte in der Regel nicht möglich sein und wahrscheinlich ist dem Modellierer ein Flüchtigkeitsfehler unterlaufen. Um diesen Fehler zu erkennen, könnte man als Fehlermuster definieren, dass eine Aktivität „Ware einpacken" immer vor „Ware versenden" geschehen muss.

Ein solcher Ansatz wird in Peters und Weidlich [45] genutzt. In einem ersten Schritt werden Beziehungen zwischen den vollständigen Beschriftungen von Elementen in einem vorhandenen Modell-Repository analysiert. Ist dies geschehen, können die vorhandenen Informationen genutzt werden, um dem Modellierer während des Modellierens automatisch Vorschläge zu generieren. Voraussetzung ist also, dass bereits hinreichend viele Modelle vorhanden sind und dass bei deren Beschriftung Namenskonventionen eingehalten wurden.

Muster wie „Ware einpacken vor Ware versenden" berücksichtigt allerdings nur diesen einen bestimmten Fall. Wenn wir annehmen, dass es grundsätzlich nicht möglich ist, Dinge zu verpacken, nachdem sie versandt worden sind, können wir das Objekt in unserer Fehlermusterbeschreibung weglassen. Daraus ergibt sich ein Muster *„einpacken* immer vor *versenden"*, welches auch für „Geschenk versenden" und „Geschenk einpacken" zutreffen würde. Problematisch ist immer noch, dass man das Objekt ja auch „verschicken" oder „verpacken" könnte, ohne dass es dem Modellprüfsystem auffallen würde. Hier muss man auf einen Thesaurus zurückzugreifen und in einer Regel kein spezielles Wort, sondern eine Menge von synonymen Wörtern (ein sog. Synset) angeben.

Durch diese Abstraktion ist man in der Lage, generische Muster zu definieren: Eine Aktivität mit dem Verb aus dem Synset „versenden" muss vor einer anderen Aktivität mit einem Verb aus dem Synset „verpacken" erfolgen, sofern sich beide Verben auf dasselbe Objekt beziehen.

Bei der Verwendung von Synsets steht man vor zwei Herausforderungen: Erstens müssen die Einträge im Thesaurus passend zur Domäne definiert sein. Bei einem Modell aus dem Bildungsbereich sollte beispielsweise als Synonym zu „zensieren" das Verb „benoten", nicht aber das Verb „verbieten" im Thesaurus verzeichnet sein.

Und zweitens fassen Synsets immer nur Wörter gleicher Bedeutung zusammen. Zur Definition von Fehlermustern möchte man auch Hypernym-Beziehungen beachten: Nehmen wir an, im Prozessmodell würde eine Aufgabe „Ware versenden" gefolgt von der Aufgabe „Ware reinigen". Dann müssten wir bei bisherigem Vorgehen eine zweite Fehlerklasse definieren, welche angibt, dass Dinge nicht gereinigt werden dürfen, nachdem sie versendet worden sind.[3] An diesem Beispiel ist leicht zu sehen, dass das Grundproblem nicht das Reinigen oder Einpacken ist, sondern dass das Objekt nach einem Versand nicht mehr zur Verfügung steht. Wir möchten also jegliche Verarbeitung/Interaktion mit dem Objekt verbieten, nachdem es nicht mehr zur Verfügung steht. Dabei ist es egal, ob das Objekt zerstört, versendet oder aufgebraucht wurde. Wir brauchen die Information, welche Aktivitäten dazu führen, dass sich der Zustand eines Objekts ändert (im vorliegenden Falle, dass ein Objekt nicht mehr zur Verfügung steht). Mit dieser Information kann aus einem kontrollflussorientierten GPM den Lebenszyklus von Objekten bestimmt werden. Diese Aufgabe hat in den letzten Jahren auch im Zusammenhang mit der artefakt-zentrierten Geschäftsprozessmodellierung Bedeutung erlangt [34, 51].

Um das notwendige Wissen über die verwendeten Wörter (insbesondere Verben und Objekte) zu erhalten, müssen also Klassifizierungen der Wörter nach ihrer Bedeutung verwendet werden. Dabei ist eine Klassifizierung von Objekten und Aktionen in Form einer einzelnen (baumförmigen) Taxonomie nicht ausreichend und würde zu viele Anwendungsfälle ausschließen. Man könnte Verben zum Beispiel einerseits im Hinblick darauf kategorisieren, dass sie den Zustand eines Objektes verändern, andererseits danach, dass sie bestimmte Formen der Kommunikation bedingen. Für verschiedene Anwendungsfälle sind damit unterschiedliche Klassifizierungen notwendig. Durch diese Klassifizierungen entsteht ein semantisches Netz. Es besteht aus verschiedenen Klassifizierungen, welche aufeinander aufbauen können und nicht frei von Überschneidungen und Redundanzen sein müssen. Im Folgenden werden einige existierende Systeme zur Klassifizierung von Verben/Objekten aufgezeigt und auf deren Anwendbarkeit in GPM betrachtet.

Für natürliche Sprachen wie Deutsch und Englisch gibt es Wortklassifizierungen, die unabhängig vom speziellen Anwendungsfall „Geschäftsprozessmodellierung" erstellt wurden. Beispiele sind die semantischen Netze wie WordNet [15] oder GermaNet [33] oder der Wortschatz der Uni Leipzig (http://wortschatz.uni-leipzig.de). Diese enthalten

---

[3] Diese Forderung bezieht sich auf einen bestimmten Akteur. Ein anderer Akteur (der Empfänger der Ware) darf die genannten Aktivitäten natürlich ausführen.

unter anderem Synonymbeziehungen, die aber nicht spezifisch für Prozessbeschreibungen sind. So werden im Wortschatz Uni Leipzig „senden", „übertragen" und „wählen" als Synonyme angegeben. Aus Prozesssicht sind aber „senden" und „wählen" Aktivitäten mit unterschiedlicher Bedeutung. Aufgrund fehlender GPM-spezifischer Synonymdatenbanken wird gegenwärtig vor allem WordNet für Prozessvergleiche und Beschriftungsstilanalysen verwendet (etwa in [39, 46]).

Ein ähnliches Problem gibt es auch bei anderen Kategorisierungen, die nicht speziell Geschäftsprozesse betrachten, sondern sich allgemein auf gesprochene oder geschriebene Sprache beziehen. So werden bei Dornseiff [13] Wörter in Bedeutungsgruppen wie zum Beispiel „menschliches Zusammenleben", „Finanzen", „Sport und Freizeit", „Technik" etc. zusammengefasst. Diese Gruppen sind noch weiter in Untergruppen unterteilt. Viele dieser Gruppen spielen in Geschäftsprozessen keine oder eine eher untergeordnete Rolle. Die für GPM interessanten (Unter-)Sachgruppen wie „Unternehmertum" sind hingegen nicht feingranular genug und erlauben lediglich die Einordnung von Begriffen in verschiedene Themenkontexte, nicht aber die Ableitung semantischer Konzepte.

Ein ähnliches Werk ist „Verben in Feldern" [54] Die Arbeit an diesem Valenzwörterbuch der deutschen Sprache wurde 1986 abgeschlossen, daher fehlen neuere Wörter wie „digitalisieren", so dass der Wortumfang im GPM-Kontext nicht ausreichend ist. Die eigentliche Kategorisierung in [54] ist allerdings sehr interessant. Die Kategorien beziehen sich nicht auf bestimmte Themengebiete, wie das bei Dornseiff der Fall ist, sondern auf die Bedeutung für das Objekt, auf die das Verb angewendet wird. (Teil-)Verbfelder sind zum Beispiel „Kausative Verben der allgemeinen Existenz" wie ‚herstellen' oder ‚vernichten' und „Verben des Besitzwechsels" wie ‚schenken' oder ‚stehlen'. Anders als bei den anderen vorgestellten Arbeiten werden hier allerdings keine Objektkategorien und deren übliche Verwendung angegeben.

Gleiches gilt für die Klassifizierung englischer Verben nach Levin [41]. Die Verbklassen sind hier ein wenig anders definiert, aber auch hier müssen je nach Anwendungsfall die Verbklassen erweitert und fehlende Verben ergänzt werden [29].

Ergänzend zu einer Kategorisierung von Wörtern nach verschiedenen Schemata sind weitere inhaltliche Beziehungen zwischen den Wörtern relevant. Am Beispiel „senden nicht vor prüfen" sieht man, dass es nicht nur notwendig ist, verschiedene Kategorien von Wörtern zu haben. Man muss auch wissen, wie diese Kategorien zusammenhängen können. Dabei gibt es verschiedene Beziehungen, die von Interesse sind. In parallelen Abläufen deuten Antonyme (gleichzeitig „ablehnen" und „genehmigen") auf mögliche Modellierungsfehler hin, ebenso „nicht gleichzeitig möglich"-Beziehungen. Für die Beschreibung von Aktionssequenzen in GPM sind vor allem „zeitlich-vor"-Beziehungen interessant. Damit lässt sich zum Beispiel beschreiben, dass „prüfen" vor „senden" passieren muss. In einer höheren Abstraktionsstufe kann man feststellen, dass Verben der Kategorie „etwas benutzen" vor Verben der Kategorie „etwas aus dem Zugriffsbereich entfernen" stehen müssen.

Bei der Verwendung solcher Beziehungen zwischen Verben kann man zwischen zwei Ansätzen wählen, die wir als „sichere Beziehungen" und „wahrscheinliche Beziehungen" bezeichnen wollen: Bei der Verwendung sicherer Beziehungen berücksichtigt man nur

Beziehungen, die in Geschäftsprozessen immer (bzw. zumindest fast immer) richtig sind. Beim Ansatz „wahrscheinliche Beziehungen" berücksichtigt man die Häufigkeit, mit der bestehende Beziehungen zwischen Tätigkeiten in einem Korpus (bzw. einem Modell-Repository) vorkommen. Im zweiten Falle könnte man etwa die Beziehung „bezahlen" vor „liefern" ermitteln, wenn das in der Mehrzahl der untersuchten Fälle in dieser Reihenfolge geschehen ist. Im Ansatz „sichere Beziehungen" dagegen gibt es keine „zeitlich-vor"-Beziehung zwischen diesen Verben, da sowohl der Fall „Bezahlung vor Lieferung" wie auch „Bezahlung nach Lieferung" möglich ist.

Sichere Beziehungen scheinen besser geeignet zu sein, um Fehlermuster zu definieren, da die Anzahl der falschen Verbesserungsvorschläge („false positives") geringer ist. Allerdings ist diese Möglichkeit auch anfällig für Unvollständigkeit und abhängig vom Verständnis des Erstellers des Verb-Beziehungsnetzes. Das Finden von wahrscheinlichen Beziehungen kann vollständig automatisiert durchgeführt werden, eignet sich aber eher für unterstützende Techniken wie automatische Vervollständigung [56]. Sie hat den Vorteil, dass das Wissen über Beziehungen kontinuierlich ausgebaut werden kann, ist aber anfälliger für Fehler, wenn die Trainingsdaten nicht sehr sorgfältig ausgesucht werden.

Ein Beispiel generierter wahrscheinlicher Beziehungen ist das Projekt *VerbOcean* [9]. Dort wurden „zeitlich-vor"-Beziehungen zwischen Verben aus einem Korpus von Zeitschriftenartikeln ermittelt.

Wie wahrscheinliche Beziehungen zur GPM-Validierung genutzt werden können, zeigen Lincoln und Gal [42]. Notwendig hierfür ist die korrekte Wortartenerkennung (in diesem speziellen Fall sind vollständige und korrekte Sätze notwendig). Aus den in Beschriftungen in einem Modellrepository vorkommenden Wörtern werden eine Aktions- und eine Objekthierarchie gebildet. Die Hierarchien bilden dabei Generalisierungsstufen: Höhere Ebenen enthalten allgemeinere Wörter mit weniger spezifischen Eigenschaften (z. B. „Schriftstück"), tiefere Ebenen sehr spezifische Wörter (z. B. „Quartalsbericht"). Die Grundidee ist, dass für vorgegebene Objekte nur eine bestimmte Menge an Aktionen möglich und sinnvoll ist. Es wird die Verwendung von Aktionen auf verschiedene Objekte analysiert. Daraus entstehen gelernte Informationen über Objektlebenszyklen. In unserer Sprechweise sind das „wahrscheinliche Beziehungen". Unregelmäßigkeiten (also Abweichungen vom üblichen Objektlebenszyklus) können dann erkannt und gemeldet werden. Wird dieses Verfahren auf ein einzelnes Modellrepository angewendet, werden auf diese Weise auch unternehmensspezifische Eigenschaften gelernt, die nicht für die Allgemeinheit der Geschäftsprozessmodelle gelten.

Beziehungen zwischen verschiedenen Konzepten lassen sich auch mit den Prinzipien der Frame-Semantik nach Fillmore [17] beschreiben. Ein semantischer Frame beschreibt dabei einen Zustand oder eine Aktivität mit allen dabei vorkommenden Beteiligten und Eigenschaften. So gehören zum semantischen Frame für ‚senden' der Sender, der Empfänger, das zu sendende Objekte, ein Sendungspfad u. a. Nützlich ist hier auch die Unterteilung in Kern-Frameelemente und Nicht-Kern-Frameelemente. Kern-Frameelemente (obligatorische Verb-Ergänzungen) sind dabei solche, ohne die die Aktivität nicht ausreichend beschrieben ist. Beim „Senden" gehören zu den Kern-Informationen das versendete

Objekt und der Empfänger. Fehlt eine dieser Informationen in einer Beschriftung einer GPM-Aktivität, ist das Modell in der Regel unvollständig. Für die englische Sprache liegt mit FrameNet [1] eine frei verfügbare Frame-Datenbank vor.

Speziell für die Zwecke von Anforderungsdokumenten wurde die Idee der semantischen Frames von Körner genutzt. Er stellt in [28] und der zugehörigen Online-Quelle www.prozessworte.de eine Kategorisierung von Verben vor, die typischerweise in Anforderungsdokumenten und GPM verwendet werden. Die Kategorisierung basiert auf der Annahme, dass die in Geschäftsprozessen verwendeten Verben in wenige Kategorien eingeteilt werden können. Oberkategorien sind sehr allgemeine Verben wie „bekannt geben" und „verarbeiten". Die Kategorien werden hierarchisch weiter unterteilt und genauer beschrieben. Zu jeder Kategorie/jedem Verb werden auch detaillierte Verwendungsbeschreibungen angegeben.

2.5   Zusammenfassung

Wir haben in diesem Kapitel gesehen, dass Methoden der natürlichen Sprachverarbeitung genutzt werden können, um die Qualität von GPM zu verbessern.

Werden restriktive Vorschriften in Form von Namenskonventionen gemacht, erhöht das die Möglichkeiten, Modelle automatisiert zu vergleichen oder nach Problemen zu durchsuchen. Wurden Modelle ohne die konsequente Nutzung von Namenskonventionen erstellt, ist für deren Analyse ein umfangreiches Wissen über Beziehungen zwischen Wörtern (bzw. den durch sie ausgedrückten Konzepten) erforderlich.

Literatur

1. Baker CF, Fillmore CJ, Cronin B (2003) The structure of the framenet data base. Int J Lexicogr 16(3):81–296
2. Batini C, Lenzerini M (1984) A methodology for data schema integration in the entity relationship model. IEEE Trans Softw Eng 10(6):650–663
3. Batini C, Lenzerini M, Navathe SB (1986) A comparative analysis of methodologies for database schema integration. ACM Comput Surv 18(4):323–364
4. Becker J, Algermissen L, Pfeiffer D, Räckers M (2007) Bausteinbasierte Modellierung von Prozesslandschaften mit der PICTURE-Methode am Beispiel der Universitätsverwaltung Münster. Wirtschaftsinformatik 49(4):267–279
5. Becker J, Delfmann P, Herwig S, Lis L, Stein A (2009) Formalizing linguistic conventions for conceptual models. Proceedings of the 28th international conference on conceptual modeling (ER 2009). LNCS, Bd 5829, S 70–83
6. Bhargava HK, Kimbrough SO, Krishnan R (1991) Unique name violations, a problem for model integration or you say tomato, I say tomahto. ORSA J Comput 3(2):107–120
7. Born M, Dörr F, Weber I (2007) User-friendly semantic annotation in business process modeling. Proceedings of the international workshop on human-friendly service description, discovery and matchmaking at the 8th international conference on web information systems engineering, S 260–271

8. Bögl A, Kobler M, Schrefl M (2008) Knowledge acquisition from EPC models for extraction of process patterns in engineering domains. Multikonferenz Wirtschaftsinformatik (MKWI 2008)
9. Chklovski T, Pantel P (2004) VerbOcean: mining the web for fine-grained semantic verb relations. Proceedings of the 2004 conference on empirical methods in natural language processing, S 33–40
10. Clever N (2016) icebricks. Konstruktion und Anwendung eines Prozessmodellierungswerkzeugs. Dissertation, Universität Münster
11. Delfmann P, Herwig S, Lis L (2009) Unified enterprise knowledge representation with conceptual models – capturing corporate language in naming conventions. Proceedings of the 30th international conference on information systems
12. Delfmann P, Herwig S, Lis L (2009) Konfliktäre Bezeichnungen in Ereignisgesteuerten Prozessketten -Linguistische Analyse und Vorschlag eines Lösungsansatzes. 8. GI-Workshop Geschäftsprozessmanagement mit Ereignisgesteuerten Prozessketten
13. Dornseiff F, Quasthoff U (2004) Der deutsche Wortschatz nach Sachgruppen. de Gruyter-Verlag, Berlin
14. Ehrig M, Koschmider A, Oberweis A (2007) Measuring similarity between semantic business process models. Proceedings of the 4th Asia-Pacific conference on conceptual modelling
15. Fellbaum C (Hrsg) (1998) WordNet: an electronic lexical database. MIT Press, Cambridge
16. Fellmann M, Delfmann P, Koschmider A, Laue R, Leopold H, Schoknecht A (2015) Semantic technologies in business process modeling and analysis. Part 1: matching, modeling support, correctness and compliance. EMISA Forum 35(1):15–31
17. Fillmore CJ (1968) The case for case. In: Bach E, Harms RT (Hrsg) Universals in linguistic theory. Holt, Rinehart & Winston, New York, S 1–88
18. Friedrich F (2009) Measuring semantic label quality using WordNet. 8. GI-Workshop Geschäftsprozessmanagement mit Ereignisgesteuerten Prozessketten
19. Gabler Wirtschaftslexikon, Stichwort: Auslandsgeschäft, Springer Gabler http://wirtschaftslexikon.gabler.de/Archiv/1240/auslandsgeschaeft-v10.html. Zugegriffen am 19.11.2016
20. Gacitua-Decar V, Pahl C (2009) Automatic business process pattern matching for enterprise services design. Proceedings of the 2009 IEEE world congress on services, S 111–118
21. Greco G, Guzzo A, Pontieri L, Saccà D (2004) An ontology-driven process modeling framework. In: Galindo F, Takizawa M, Traunmüller R (Hrsg) Proceedings of the 15th international conference on database and expert systems applications (DEXA 2004). Zaragoza, Spain, S 13–23
22. Gruhn V, Laue R (2009) Ein einfaches Verfahren zur Erkennung häufiger Fehler in EPKs, 8. GI-Workshop Geschäftsprozessmanagement mit Ereignisgesteuerten Prozessketten
23. Gruhn V, Laue R (2011) Detecting common errors in event-driven process chains by label analysis. EMISA 6(1):3–15
24. Havel JM, Steinhorst M, Dietrich HA, Delfmann P (2014) Supporting terminological standardization in conceptual models – a plugin for a meta-modelling tool. Proceedings of the 22nd European conference on information systems
25. Höfferer P (2007) Achieving business process model interoperability using metamodels and ontologies. Proceedings of the 15th European conference on information systems, S 1620–1631
26. Höhenberger S, Delfmann P (2015) Supporting business process improvement through business process weakness pattern collections. 12. Internationale Tagung Wirtschaftsinformatik, S 378–392
27. Humm BG, Fengel J (2012) Assessing semantic consistency of business process models. Int J Soc Behav Educ Econ Bus Ind Eng 66(6)
28. Körner B (2009) Prozessverben analysieren – Hin zu vollständigen Anforderungen und Modellen, Objekt-Spektrum 6/2009
29. Korhonen A, Briscoe T (2004) Extended lexical-semantic classification of English verbs. Proceedings of the HLT-NAACL workshop on computational lexical semantics. Association for computational linguistics

30. Koschmider A, Oberweis A (2005) Ontology based business process description. Proceedings of the open interop workshop on enterprise modelling and ontologies for interoperability, co-located with CAiSE'05 conference
31. Koschmider A, Ulrich M, Heine A, Oberweis A (2015) Revising the vocabulary of business process element labels. 27th international conference on advanced information systems engineering (CAiSE)
32. Kugeler M (2000) Informationsmodellbasierte Organisationsgestaltung. Modellierungskonventionen und Referenzvorgehensmodell zur prozessorientierten Reorganisation. Logos, Berlin
33. Kunze C, Wagner A (1999) Anwendungsperspektiven des GermaNet, eines lexikalisch-semantischen Netzes für das Deutsche. In: Schröder B, Storrer A, Lemberg I (Hrsg) Probleme und Perspektiven computergestützter Lexikographie. Niemeyer, Tübingen
34. Kunchala J, Yu J, Sheng QZ, Han Y, Yongchareon S (2015) Synthesis of artifact lifecycles from activity-centric process models. Enterprise distributed object computing conference
35. Lawrence R, Barker K (2001) Integrating relational database schemas using a standardized dictionary. Proceedings of the 2001 ACM symposium on applied computing
36. Laue R (2016) Qualität von Geschäftsprozessmodellen aus dem Blickwinkel der Anforderungsanalyse, Workshop requirements engineering & business process management
37. Laue R, Koop W, Gruhn V (2016) Indicators for open issues in business process models. 22th international working conference on requirements engineering: foundation for software quality
38. Leopold H (2013) Natural language in business process models – theoretical foundations, techniques, and applications. LNBIP, Bd 168
39. Leopold H, Smirnov S, Mendling J (2011) Recognising activity labeling styles in business process models. Enterp Model Inform Syst Archit 6(1):6–29
40. Leopold H, Eid-Sabbagh RH, Mendling J, Azevedo LG, Baião FA (2013) Detection of naming convention violations in process models for different languages. Decis Support Syst 56:310–325
41. Levin B (2003) English verb classes and alternations: a preliminary investigation. University of Chicago Press, Chicago
42. Lincoln M, Gal A (2011) Content-based validation of business process modifications. Conceptual modeling – ER 2011, LNCS, Bd 6998
43. Mendling J, Leopold H, Pittke F (2015) 25 challenges of semantic process modeling. Int J Inform Syst Softw Eng Big Companies 1(1):78–94
44. Nüttgens M, Zimmermann V (1999) Geschäftsprozessmodellierung mit der objektorientierten Ereignisgesteuerten Prozesskette (oEPK). In: Maicher M, Scheruhn HJ (Hrsg) Informationsmodellierung – Branchen, Software- und Vorgehensreferenzmodelle und Werkzeuge. Gabler-Verlag, Wiesbaden, S 23–36
45. Peters N, Weidlich M (2009) Using glossaries to enhance the label quality in business process models. 8. GI-Workshop Geschäftsprozessmanagement mit Ereignisgesteuerten Prozessketten, S 75–90
46. Pittke F (2015) Linguistic refactoring of business process models. Dissertation, Wirtschaftsuniversität Wien
47. Pittke F, Leopold H, Mendling M (2014) When language meets language: anti patterns resulting from mixing natural and modeling language. Business Process Management Workshops 2014, LNBIP, Bd 201, S 118–129
48. Pittke F, Leopold H, Mendling J (2015) Automatic detection and resolution of lexical ambiguity in process models. IEEE Trans Softw Eng 41(6):526–544
49. Rosemann M (1996) Komplexitätsmanagement in Prozeßmodellen. Methodenspezifische Gestaltungsempfehlungen für die Informationsmodellierung. Gabler, Wiesbaden

50. Rosemann M (2003) Preparation of process modeling. In: Becker J, Kugeler M, Rosemann M (Hrsg) Process management. A guide for the design of business processes. Springer, Berlin, S 41–78
51. Ryndina K, Küster JM, Gall H (2006) Consistency of business process models and object life cycles, workshop on quality in modeling, LNCS, Bd 4364, S 80–90
52. Sabetzadeh M, Nejati S, Easterbrook S, Chechik M (2007) A relationship-driven framework for model merging. Workshop on modeling in software engineering at the 29th international conference on software engineering
53. Samson W et al (2007) The SAGE guideline model: achievements and overview. J Am Med Inform Assoc 14(5):589–598
54. Schumacher H (Hrsg) (1986) Verben in Feldern, Valenzwörterbuch zur Syntax und Semantik deutscher Verben. deGruyter, Berlin
55. Storch A, Laue R, Gruhn V (2015) Flexible evaluation of textual labels in conceptual models. 6th international workshop on enterprise modeling and information systems architectures
56. Smirnov S, Weidlich M, Mendling J, Weske M (2012) Action patterns in business process model repositories. Comput Ind 63(2):98–111
57. van der Aalst WMP (1997) Verification of workflow nets. 18th international conference on application and theory of petri nets, S 407–426
58. van Dongen BF, Dijkman RM, Mendling J (2008) Measuring similarity between business process models. 20th international conference on advanced information systems engineering (CAiSE), LNCS Bd 5074, S 450–464

Simulation von Geschäftsprozessen: Werkzeuge, Standards und Fallstricke

3

Christian Müller und Ralf Laue

Zusammenfassung

In diesem Kapitel werden Standards und Werkzeuge zur Geschäftsprozess-Simulation untersucht. Wir diskutieren insbesondere den Standard BPSim, der als Erweiterung von BPMN um simulationsspezifische Informationen vorgeschlagen wurde. Weiterhin werden Kriterien vorgestellt, nach denen Geschäftsprozess-Simulationswerkzeuge bewertet werden können. Aufbauend auf diesen Kriterien werden die Ergebnisse eines Werkzeugvergleichs dargestellt. Allgemeine Hinweise zu potenziellen Fehlern, die häufig bei der Anwendung von Geschäftsprozess-Simulation gemacht werden, beschließen das Kapitel.

Schlüsselwörter

Geschäftsprozessmodellierung • Simulation • Simulationswerkzeuge • BPMN • BPSim

C. Müller (✉)
Technische Hochschule Wildau, Wildau, Deutschland
E-Mail: christian.mueller@th-wildau.de

R. Laue
Westsächsische Hochschule Zwickau, Zwickau, Deutschland
E-Mail: ralf.laue@fh-zwickau.de

© Springer Fachmedien Wiesbaden GmbH 2017
T. Barton et al. (Hrsg.), *Geschäftsprozesse*, Angewandte Wirtschaftsinformatik,
DOI 10.1007/978-3-658-17297-8_3

3.1 Die Werkzeuge

Aufbauend auf einer Analyse von Mühlbauer und Bartmann [1] wurden im Jahr 2014 in einer Lehrveranstaltung an der TH Wildau im Masterstudiengang Wirtschaftsinformatik einige Werkzeuge zur Simulation von Geschäftsprozessen verglichen [2]. Es wurden sowohl klassische Simulationswerkzeuge als auch Werkzeuge aus dem Bereich der Geschäftsprozessmodellierung und Geschäftsprozessautomatisierung betrachtet. Die Werkzeuge werden in der Regel kommerziell von Unternehmen vertrieben und unterstützt. In dem Vergleich ist auch ein Vertreter aus dem Open-Source-Bereich vertreten.

Folgende Werkzeuge wurden betrachtet (in alphabetischer Reihenfolge): AnyLogic [3], Bizagi [4], EPC-Simulator [5], GBTech [6], Innovator for Business Analysts [7], Inubit [8], IYOPRO [9] sowie jBPM [10]. Aus Zeitgründen bzw. wegen fehlender Lizenzen konnten einige relevante Werkzeuge leider nicht berücksichtigt werden.

Die hier aufgeführten Werkzeuge unterstützen meist den Standard *Business Process Model and Notation* (BPMN) [11]. Kurz vor dem Vergleich wurde im Februar 2013 der *Business Process Simulation Interchange Standard* (BPSim) in der Version 1.0 veröffentlicht. Dieser erweitert den BPMN-Standard um simulationsspezifische Eigenschaften. Der Vergleich berücksichtigt, ob die Modellierungswerkzeuge diesen BPSim-Standard unterstützen. Im Dezember 2016 erschien die Version 2.0 des BPSim-Standards.

3.1.1 Die Auswahl der Evaluationskriterien

An der TH Wildau wurde der EPC Simulator [5] entwickelt. Dieser unterstützt die Simulation von Geschäftsprozessen, die als ereignisgesteuerte Prozessketten modelliert sind. Die betrachteten Evaluationskriterien orientierten sich an diesem Werkzeug. Im Folgenden stellen wir die im Vergleich genutzten Kriterien vor.

Ein wesentliches Kriterium ist die Differenzierung zwischen aktiven und passiven Entitäten in einem Simulationsmodell. Im informationstechnischen Kontext ist eine Entität grundsätzlich ein materielles oder immaterielles abstraktes Objekt wie beispielsweise Kunden, Produkte oder Dokumente. Aktive Entitäten sind Objekte, die die Tätigkeiten in einem Modell ausüben. Metaphorisch betrachtet, bewegen sie sich aktiv in der Simulation. Passive Entitäten hingegen werden für die Abarbeitung von Tätigkeiten gebraucht, bedienen also die aktiven Entitäten. Sie sind nicht aktiv und werden in einem Simulationsmodell als Ressource betrachtet. In einem Model, das das Einkaufsverhalten von Kunden in einem Supermarkt modelliert, werden die Kunden meist als aktive und die Kassierer als passive Entitäten modelliert.

Ein zweites Vergleichskriterium betraf die Möglichkeiten, in einer Simulation aktive Entitäten erzeugen zu können. Dies sollte auf der Basis von stochastischen Verteilungen der Zwischenankunftszeiten, auf der Basis von Zeitplänen oder mit konstanten Zeitangaben möglich sein.

Für passive Entitäten (Ressourcen) müssen die vorhandenen Kapazitäten angegeben werden. Dazu muss bekannt sein, wie viele Ressourcen die aktiven Entitäten zum Ausführen von Tätigkeiten benötigen. Ferner sind Kostenangaben zur Nutzung der Ressourcen sinnvoll.

Informationsobjekte dienen zur Speicherung von Informationen. Unter diesem Stichwort wird betrachtet, ob das Werkzeug mit komplexen Datenstrukturen in Simulationsmodellen umgehen kann.

Zur Beschreibung von Parallelität und Entscheidungen in einem Modell werden Gateways verwendet. Sie beschreiben die Reihenfolge, in der die Entitäten die Aktivitäten des Modells durchlaufen. Es gibt Gateways vom Typ *und*, *entweder-oder (xor)* sowie *oder*. Die Gateways vom Typ *und* bzw. *oder* werden zur Modellierung paralleler Abläufe eingesetzt. Die Gateways vom Typ *xor* nutzt man zur Modellierung von Entscheidungen.

Diese Entscheidungen werden in einem Simulationsexperiment auf der Basis von Zufallsexperimenten, einer Menge von Regeln und dem aktuellen Zustand von Informationsobjekten getroffen. Bei unserem Vergleich wurde untersucht, inwiefern die Werkzeuge solche Entscheidungen unterstützen.

Ein weiteres Kriterium ist die Synchronisation von aktiven Entitäten. Dabei wird untersucht, inwiefern eine zeitliche Abstimmung zwischen Entitäten im Simulationsmodell möglich ist.

Unter dem Vergleichskriterium „ereignisbasierte und funktionsbasierte Kennzahlen (KPI)" wird untersucht, in welchem Umfang die Werkzeuge die Erhebung von modellspezifischen Kennzahlen unterstützen. Solche Kennzahlen können über Optimierungspotenziale und Schwachstellen des modellierten Systems Aufschluss geben.

Weiterhin wird geprüft, ob die Möglichkeit besteht, Simulationsmodelle zu parametrisieren. Damit lassen sich verschiedene Szenarien durch die Modifikation von Parameterwerten ohne direkte Änderung der Werte in den Modellen simulieren.

Die Unterstützung paralleler Modellsimulationen mit unterschiedlichen Einstellungen ist ein weiteres Evaluationskriterium.

3.1.2 Die Ergebnisse der Evaluation

Zum Zeitpunkt der Untersuchung (2014) wurden alle Werkzeuge weiterentwickelt und genügten, mit Ausnahme von AnyLogic und dem EPC-Simulator, dem BPMN-2.0-Standard. Die Ergebnisse sind in Tabelle 3.1 dargestellt. Die Werkzeuge lassen sich im Wesentlichen in drei Gruppen einteilen:

Klassische Simulationswerkzeuge, die zur Bearbeitung allgemeiner Simulationsaufgaben konzipiert wurden. Zu dieser Gruppe gehört AnyLogic. AnyLogic unterstützt alle Evaluationskriterien, enthält aber keine geschäftsprozessspezifischen Eigenschaften.

Werkzeuge zur Geschäftsprozessmodellierung, -analyse und -automatisierung, die auch Simulationsfunktionalitäten unterstützen. Zu dieser Gruppe gehören Bizagi, IYOPRO und jBPM. Solche Werkzeuge beherrschen z. b. das Erzeugen aktiver Entitäten mittels konfigurierbarer Verteilungen der Zwischenankunftszeiten sowie eine Berechnung selbstdefinierter Kennzahlen.

Werkzeuge zur Geschäftsprozessmodellierung, -analyse und -automatisierung, die teilweise Geschäftsprozessanimationen zur Verdeutlichung von Zusammenhängen innerhalb der betrachteten Prozesse einsetzen. Zu dieser Gruppe gehören z. b. GBTEC, Innovator for Business Analytics und Inubit. Diese unterstützen keine Erzeugung aktiver Entitäten mit konfigurierbaren Zwischenankunftszeiten.

Eine Ausnahme stellt der EPC-Simulator da, der an der TH Wildau zur Simulation von Geschäftsprozessen entwickelt wurde. Der EPC-Simulator ist ein Add-on für das Modellierungswerkzeug bflow* Toolbox [12]. Alle über die Simulation hinausgehenden Eigenschaften sind Eigenschaften der bflow* Toolbox. Diese unterstützt z. b. die Analyse von Geschäftsprozessen. Da die Evaluationskriterien anhand des EPC-Simulators entwickelt wurden, verwundert es nicht, wenn er alle Kriterien erfüllt (Tab. 3.1).

Die Entwickler von Bizagi und jBPM gehören zum Unterstützerkreis des BPSim-Standards. Das Werkzeug jBPM unterstützt eine kleine Teilmenge des Standards. Im Handbuch von Bizagi ist eine Unterstützung postuliert. Dies war jedoch anhand der von Bizagi erzeugten Dateien nicht zu erkennen. Die Entwicklung von IYOPRO begann vor der Veröffentlichung von BPSim, so dass hier eigene Datenstrukturen entwickelt wurden, um die simulationsspezifischen Erweiterungen zu speichern.

Der BPSim-Standard wird im folgenden Abschnitt in seinen Grundzügen vorgestellt.

3.2 Der Business Process Simulation (BPSim)-Standard

Geschäftsprozesse werden in der Regel mit grafischen Notationen spezifiziert. Dazu wird meist der Standard *Business Process Model and Notation* (BPMN) [13] verwendet. Dieser liegt in der Version 2 (BPMN2) vor. Für die Formulierung von Simulationsmodellen werden die BPMN-Modelle um simulationsrelevante Zusatzinformationen erweitert. Der *Business Process Simulation Interchange Standard* (BPSim) [11] ist eine solche Erweiterung. An der Entwicklung dieses Industrie-Standards waren Vertreter von BizAgi, CACI, DCMO, FedEx, IBM, KnowProcess, Lanner, NIST, Open Text, Process Analytica, Process Sphere, Red Hat, Simul8, SIM4BPM, Tibco, Trisotech, Why What How und W4 vertreten. Die Version 1.0 erschien 2013, ein Implementation Guide mit Beispielen 2014 und die Version 2.0 2016. Implementationen sind z. b. von Trisotech, Lanner, Sparx und RedHat (jBPM) bekannt.

Tab. 3.1 Zusammenfassung der Evaluationsergebnisse

Werkzeuge Evaluationskriterien	EPC-Simulator	AnyLogic	Bizagi	GBTEC (BIC Design)	Innovator for Business Analysts	Inubit	IYOPRO	jBPM
Unterscheidung zwischen aktiven und passiven Entitäten	ja	(ja)	ja	ja	(ja)	ja	ja	ja
Einstellungen zur Häufigkeit des Auftretens der aktiven Entitäten (Verteilungen der Zwischenankunftszeiten)	ja	ja	ja	nein	nein	nein	ja	(ja)
Einstellungen zur Verfügbarkeit der passiven Entitäten (Mengen und Schedules)	ja	ja	ja	nein	(ja)	ja	ja	nein
Unterstützung von xor-, or- und and-Gateways	ja	(ja)	ja	ja	ja	kein OR	ja	ja
Entscheidungen auf der Basis von Zufall-experimenten und Informationsobjekten	ja	ja	nur Zufall-exp.	nein	nein	ja	ja	ja
Informationsobjekte zur Nutzung komplexer Datenstrukturen in dem Simulationsmodell	ja	ja	nein	ja	ja	ja	nein	ja
Trigger zur Synchronisation von aktiven Entitäten	ja	(ja)	teilweise	(nein)	nein	nein	teilweise	nein
Möglichkeiten, aus dem Simulationsmodell Kennzahlen (KPI) zu generieren	ja	ja	ereignis-basiert	nein	(nein)	ja	ereignis-basiert	(ja)

(Fortsetzung)

Tab. 3.1 (Fortsetzung)

Werkzeuge Evaluationskriterien	EPC-Simulator	AnyLogic	Bizagi	GBTEC (BIC Design)	Innovator for Business Analysts	Inubit	IYOPRO	jBPM
Möglichkeit, die Simulationsmodelle zu parametrisieren	ja	ja	nein	nein	nein	nein	nein	nein
Möglichkeit, mehrere Simulationsexperimente parallelisiert auszuführen	ja	(ja)	nein	nein	nein	nein	nein	nein
Möglichkeit, das Simulationsexperiment zu animieren	ja	ja	ja	nein	zu Präsentationszwecken	zur Visualisation von Kennzahlen	nein	nein
Produkt wird aktuell weiterentwickelt Jahr der letzten Version	Ja 2014	Ja 2014	Ja 2014	Ja 2014	Ja 2014	Ja 2014	Ja 2014	Ja 2014
Version des unterstützten BPSim-Standards	nein	nein	(nein)	nein	nein	nein	nein	Teilmenge von 1.0

Eine BPSim-Engine ist nicht nur eine einfache Erweiterung einer BPMN-Engine, da bei der Entwicklung andere nichtfunktionale Anforderungen bestehen. Mit einer BPMN-Engine zur Automatisierung von Geschäftsprozessen müssen die Daten in einer Datenbank gespeichert werden. Hier ist die Sicherheit der Daten wichtiger als die Ausführungsgeschwindigkeit. Bei einer BPSim-Engine zur Simulation von Geschäftsprozessen kommt es mehr auf die Laufzeit an (und weniger auf die Speichersicherheit der Daten), da ein Simulationslauf bei Bedarf relativ einfach wiederholt werden kann. Aus Laufzeitgründen wird hier oft eine Speicherung der Daten im Hauptspeicher bevorzugt.

3.2.1 BPMN-Modelle

Bevor wir uns mit BPSim-Modellen als Erweiterung von BPMN2-Modellen befassen, sollen hier die Grundideen von BPMN2-Modellen beschrieben werden (Abb. 3.1).

BPMN2 beschreibt eine grafische Notation sowie ein XML-basiertes Speicherformat für Geschäftsprozessmodelle. Dazu betrachten wir den Ausschnitt aus einem Modell mit einem Startereignis, einer Aufgabe und einem Gateway, in dem sich der Prozessablauf in Abhängigkeit von einer Bedingung verzweigt. Dieses Teilmodell ist in der graphischen Notation und in einer vereinfachten XML-basierten Dateistruktur dargestellt. Ein *definitions*-Element beschreibt das gesamte Modell und enthält *resource*-, *process*- und *bpmndi*-Elemente. Das *resource*-Element beschreibt eine modellweit verfügbare Ressource. Dies kann z. B. ein Mitarbeiter oder eine Abteilung sein. Das *process*-Element beschreibt die logische Struktur des Prozesses und das *bpmndi*-Element die grafische Anordnung der Prozesselemente. Das *process*-Element enthält wiederum mehrere Elemente. Die *property* ist eine Variable, deren Gültigkeitsbereich auf eine Prozess-Instanz beschränkt ist. Der *sequenceFlow* verbindet je zwei Knoten in einem Prozess. Das *task*-Element beschreibt eine auszuführende Aufgabe. Mit dem Element *performer* wird beschrieben, welche Ressourcen diese Aufgabe ausführen dürfen.

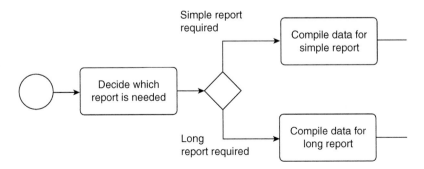

Abb. 3.1 BPMN-Beispiel

```
<definitions xmlns="...">
        <resource id="resource_id" />
        <process id="process_id" >
                <property id="property_id" name="report"/>
                <startEvent id="start_id" />
                <sequenceFlow sourceRef="start_id" targetRef="task_id"/>
                <task id="task_id">
                        <performer id="performer_id" >
                                <resourceRef>resource_id</resourceRef>
                        </performer>
                </task>
                <sequenceFlow sourceRef="task_id" targetRef="gatw_id"/>
                <exclusiveGateway id="gatw_id" />
                <sequenceFlow sourceRef="gatw_id" targetRef="task2_id">
                        <conditionExpression>
                                <![CDATA[report == 'simple_report';]]>
                        </conditionExpression>
                </sequenceFlow>
                <sequenceFlow sourceRef="gatw_id" targetRef="task3id">
                        <conditionExpression>
                                <![CDATA[report == 'long_report';]]>
                        </conditionExpression>
                </sequenceFlow>
                .....
        </process>
        <bpmndi:BPMNDiagram>
                <!--Refers to graphical diagram layout-->
        </bpmndi:BPMNDiagram>
</definitions>
```

Der Prozess enthält ein xor-exclusiveGateway, in dem sich jede Prozessinstanz für genau eine ausgehende Kante entscheiden muss. Dafür enthalten die *sequenceFlow*-Elemente, die die ausgehenden Kanten repräsentieren, eine *conditionExpression*. Die Kante, deren Bedingung wahr ist, wird ausgewählt.

3.2.2 BPSim-Erweiterung

Der BPMN2-Standard ist grundsätzlich erweiterbar. Dazu wird für jede Erweiterung in das *definitions*-Element ein Element *relationship* eingefügt. Das Element *BPSimData* aus dem Namensraum http://www.bpsim.org/schemas/1.0 ist das Wurzelelement für die BPSim-Erweiterung.

```
<definitions>
        <resource />
        <process> .. </process>
        <bpmndi:BPMNDiagram> .. </bpmndi:BPMNDiagram>
        <relationship type="BPSimData">
                <extensionElements>
                        <bpsim:BPSimData xmlns:bpsim=
                                "http://www.bpsim.org/schemas/1.0">
                                ...
                        </bpsim:BPSimData>
                </extensionElements>
        </relationship>
</definitions>
```

Die BPSim-Modelle werden in Szenarien unterteilt. Die Eigenschaften von Szenarien sind vererbbar. Einer Simulations-Engine muss mitgeteilt werden, welches Szenario simuliert werden soll. Das Szenario enthält ein Element *ScenarioParameters* und mehrere Elemente *ElementParameters*. In den *ScenarioParameters* können unter anderem Angaben zur Anzahl der Simulationsläufe, dem zu verwendenden Startwert (seed) für den Zufallsgenerator, dem Simulationsbeginn, der Simulationsdauer und zur Einschwingdauer (warmup) angegeben werden. Die *ElementParameters* enthalten die simulationsspezifischen Erweiterungen für die einzelnen BPMN-Knoten. In unserem Beispiel ist der BPMN-Aufgabe mit der id=„task_id" eine Prozessdauer von einer Stunde zugeordnet. Der BPSim-Standard unterstützt auch diverse Wahrscheinlichkeitsverteilungen, so dass auch zufällige Prozesszeiten angegeben werden können.

```
<bpsim:Scenario id="default" name="Scenario" ....>
        <bpsim:ScenarioParameters replication="2" seed="999" ... >
                <bpsim:Start>
                        <bpsim:DateTimeParameter value=
                                        "2016-01-01T00:00:00"/>
                </bpsim:Start>
        </bpsim:ScenarioParameters>

        <bpsim:ElementParameters elementRef="task_id">
                <bpsim:TimeParameters>
                        <bpsim:ProcessingTime>
                                <bpsim:DurationParameter value="PT1H"/>
                        </bpsim:ProcessingTime>
                </bpsim:TimeParameters>
        </bpsim:ElementParameters>
</bpsim:Scenario>
```

In einem klassischen Simulationsmodell haben die Ressourcen eine Kapazität und die Aufgaben einen Kapazitätsbedarf. In dem folgenden Beispiel sind von der Ressource mit der id = „resource_id" 10 Stück vorhanden. Während der Abarbeitung einer Aufgabe werden dem Performer mit der id = „performer_id", der dieser Aufgabe zugeordnet ist, 2 Stück der Ressource zugeordnet.

```
<ElementParameters elementRef="resource_id">
        <ResourceParameters>
                <Quantity><NumericParameter value="10"/></Quantity>
        </ResourceParameters>
</ElementParameters>

<ElementParameters elementRef="performer_id">
        <ResourceParameters>
                <Selection>
                        <ExpressionParameter value=
                                "bpsim:getResource('resource_id', 2)" />
                </Selection>
        </ResourceParameters>
</ElementParameters>
```

In einer ähnlichen Weise können den Startknoten auch Zeitabstände zwischen dem Erzeugen neuer Prozessinstanzen zugewiesen werden.

Für die Zusammenfassung der Simulationsergebnisse über die einzelnen Prozessinstanzen können ResultRequests verwendet werden. Die Einzelwerte können mit den Operatoren min, max, mean, sum und count zusammengefasst werden. Somit lassen sich in Berichten zu den Simulationsläufen z. B. die Summe aller aufgetretenen Wartezeiten an einer Aufgabe oder deren mittlere Prozesszeit angeben.

```
<ElementParameters elementRef="task_id">
        <TimeParameters>
                <WaitTime>
                        <ResultRequest>sum</ResultRequest>
                </WaitTime>
                <ProcessingTime>
                        <ResultRequest>mean</ResultRequest>
                </ProcessingTime>
        </TimeParameters>
</ElementParameters>
```

Mit diesem Ansatz lassen sich viele einfach strukturierte Simulationsmodelle von Geschäftsprozessen behandeln. Mit den Grenzen dieses Ansatzes beschäftigt sich der Abschnitt 3.3.

Bei praktischen Tests mit BPSim-Implementierungen mussten wir feststellen, dass z. B. jBPM nur eine kleine Teilmenge des Standards in der Version 1.0 unterstützt. Das Unternehmen Trisotech bietet ein hervorragendes BPMN-Modellierungswerkzeug, das auch die Eingabe der Modelldaten für die BPSim-Erweiterungen komfortabel ermöglicht. Für die Simulationsläufe wurde die Engine von Lanner verwendet. Bei Tests, die 2015 durchgeführt wurden, traten Inkompatibilitäten zwischen den Implementierungen des Standards in beiden Werkzeugen auf. Es ist aber davon auszugehen, dass dieses Problem inzwischen behoben ist.

3.3 Die Fallstricke

„Gibt es in Ihren Prozessen Flaschenhälse? Wie ist die Auslastung der Ressourcen? Welche Folgerungen ergeben sich für die Kosten? Mit einem dynamischen Geschäftsprozess-Simulator, der Ihnen erlaubt, Ihre Geschäftsprozesse schnell zu analysieren und zu verbessern, können Sie diese Fragen leicht beantworten." ([14], übersetzt durch die Autoren)

Mit diesen Worten wirbt ein Anbieter von Prozessmodellierungswerkzeugen für seine Simulationssoftware. Dieser Beschreibung halten wir entgegen, dass erfahrene Modellierungs- und Simulationsexperten Projekte zur Geschäftsprozess-Simulation wohl selten mit den Adjektiven „schnell" und „leicht" beschreiben würden. Oder umgekehrt: Wenn Simulation als schnell und leicht erscheint, ist nicht unwahrscheinlich, dass zu sehr vereinfacht wurde und das Ergebnis folglich von nur eingeschränktem Wert ist. Solche übermäßigen Vereinfachungen sind in der Praxis durchaus anzutreffen. Dies veranlasste Bruce Silver in einem Blog-Beitrag dazu, Geschäftsprozess-Simulation als ein „Fake Feature" zu bezeichnen [15].

Wir wollen in diesem Abschnitt untersuchen, welche Anforderungen an Modellierungswerkzeug, Modell und Interpretation der Simulationsergebnisse zu stellen sind, um solche unzulässigen Vereinfachungen auszuschließen.

Betrachten wir zunächst das Modellierungswerkzeug: Wir müssen fragen, ob die zur Formulierung der Eingaben verwendete Sprache mächtig genug ist, die zu simulierende Situation abzubilden. Modellierungswerkzeuge, mit denen man bei der Simulation schnell zu ersten Ergebnissen kommt, erweisen sich bei näherer Betrachtung häufig als ungeeignet, die in der Praxis vorgefundene Situation detailliert genug abzubilden.

Die von einem Werkzeug akzeptierte Eingabesprache beschränkt die Modellbildung. Fakten, die in der Eingabesprache nicht ausgedrückt werden können, können nicht ins Simulationsmodell eingehen. Auch BPMN als die heute am häufigsten verwendete Modellierungssprache für Geschäftsprozesse hat Beschränkungen: Insbesondere sobald räumliche Beziehungen zu berücksichtigen sind (etwa ein Fabrik-Layout), kann sich BPMN als ungeeignete Wahl erweisen, da Angaben zu Ortsabhängigkeit und Ortsveränderungen in BPMN nicht vorgesehen sind. Auch die Notwendigkeit, in BPMN-Diagrammen durch den

Abb. 3.2 Eingabe der
Bearbeitungszeit – hier nur als
fester Wert möglich

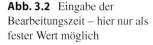

Sequenzfluss zeitlich-logische Beziehungen zwischen Aufgaben zu formulieren, kann sich als problematisch erweisen. In manchen Prozessen ist der tatsächliche Ablauf nämlich eher flexibel. Es ist beispielsweise denkbar, dass im realen Prozess beim Auftreten von Verspätungen zusätzliche Ressourcen genutzt werden oder Arbeitsschritte übersprungen werden. Eine andere Art von Variabilität wäre etwa in einem medizinischen Prozess zu finden, in dem drei Untersuchungen auszuführen sind, wobei deren Reihenfolge egal ist. Die Festlegung einer Reihenfolge führt demnach zu einem überspezifizierten Prozess, dessen Simulation ungenaue Ergebnisse zur Folge haben kann.[1]

Auch dann, wenn sich ein Prozess durch ein BPMN-Modell realitätsgetreu abbilden lässt, können Einschränkungen an die mögliche Parametrisierung dieses Modells durch das Simulationswerkzeug zu Problemen führen. Als Beispiel betrachten wir das Eingabefenster eines sehr einfachen Werkzeugs zur Geschäftsprozess-Simulation in Abb. 3.2.

Wie man sieht, kann man im Simulationsmodell die Dauer einer Aufgabe nur mit festen Werten definieren. Wenn aber in der Realität die Dauer keine Konstante ist, sondern durch eine Zufallsgröße ausgedrückt werden muss, kann der Modellierer bei Verwendung eines solchen Simulationswerkzeugs keine brauchbaren Ergebnisse erwarten. Besser ist es, wenn Zeitdauern als Zufallsgröße mit einer gegebenen Wahrscheinlichkeitsverteilung (deren Parameter der Modellierer wählt) angegeben werden können. Während eines Simulationslaufs werden zur Simulation der Dauer von Aufgaben Zufallszahlen erzeugt, die der angegebenen Verteilung unterliegen. Hier ist zu beachten, dass eine brauchbare Auswahl an möglichen Verteilungsfunktionen zur Verfügung stehen sollte. Manche Werkzeuge bieten lediglich die Auswahl aus symmetrischen Verteilungsfunktionen (zu denen etwa die

---

[1] Der BPMN-Standard sieht zwar die Möglichkeit vor, solche Variabilität mittels ad-hoc-Unterprozessen auszudrücken, diese werden jedoch vergleichsweise selten in der Modellierung genutzt und auch nicht immer von Simulationswerkzeugen unterstützt. Noch schlechter sehen Nutzung und Werkzeugunterstützung für CMMN aus, dem Standard der OMG für variabel ausführbare Prozesse.

gleichmäßige Verteilung oder die Normalverteilung gehören). Damit enthält das Simulationsmodell dann automatisch die Annahme, dass der wahrscheinlichste Wert (der Modus der Verteilung) mit der gleichen Wahrscheinlichkeit über- wie unterschritten wird. Die tägliche Projektarbeit lehrt uns aber, dass in der Realität Überschreitungen wahrscheinlicher sind, also eine schiefe Verteilung anzunehmen ist. Die Netzplantechnik arbeitet daher seit langem mit der Beta-Verteilung, die sich für die Modellierung der Zeitdauer von Projektschritten bewährt hat [22]. Auch in Werkzeugen zur Geschäftsprozess-Simulation sollte sich also eine solche Wahrscheinlichkeitsverteilung nutzen lassen.

Darüber hinaus ist es wünschenswert, historische Daten für die Parametrisierung von Eingabegrößen (z. B. Zeitdauern oder Häufigkeiten von Entscheidungen) verwenden zu können. Diese können aus Protokollen bisheriger Abläufe gewonnen werden. Damit kann dann die Frage beantwortet werden, wie vergangene Prozessausführungen mit geänderten Prozessparametern verlaufen wären. Man kann beispielsweise fragen, wie Prozessinstanzen abgelaufen wären, wenn statt zweier getrennter Warteschlangen für ankommende Kunden eine einzige gemeinsame Warteschlange genutzt worden wäre.[2] Zur Bedeutung der Nutzung historischer Daten schreibt die VDI-Richtlinie 3633:[3] „Bei der Modellierung eines Systems sollte so weit wie möglich auf Realdaten oder auf Daten, die von Realdaten abgeleitet werden, zurückgegriffen werden. Daten, die lediglich auf Annahmen des Anwenders beruhen, bergen die Gefahr, dass sie bereits ein vom Simulationsexperten und/ oder Anlagenplaner erwartetes Betriebsgeschehen widerspiegeln" [16].

Die Möglichkeit, solche historischen Daten zu importieren, ist nicht in allen Werkzeugen gegeben.

Ebenso wichtig wie die richtige Parametrisierung einzelner Aufgaben oder Entscheidungen ist es, dass einzelnen Prozessinstanzen Parameter zugeordnet werden können. Eine Prozessinstanz steht für einen einzelnen Geschäftsvorfall, also etwa im Geschäftsprozess „Übersetzen eines Buches" für die Übersetzung eines 500-seitigen Buches „Ereignisgesteuerte Simulation" vom Deutschen ins Französische. Hier sind vermutlich die Parameter „Seitenzahl", „Quellsprache" und „Zielsprache" relevant für die Simulation. Man kann grob annehmen, dass in diesem Prozess die Aufgaben „Übersetzen" und „Korrekturlesen" für ein 500-seitiges Buch etwa doppelt so lange dauern wie für ein 250-seitiges Buch. Ist nun beispielsweise bekannt, dass die Hälfte der eintreffenden Übersetzungsaufträge 250-seitige Bücher, die andere Hälfte 500-seitige Bücher betrifft, wird man den Prozess so simulieren wollen, dass dieser Fakt auch bei den Ausführungszeiten berücksichtigt wird. Der einzelnen Prozessinstanz soll also beim Prozessstart mit Wahrscheinlichkeit von jeweils 0,5 zufällig der Parameter „Seitenzahl" mit einem Wert von 250 oder 500 zugeordnet werden können.

---

[2] In diesem Beispiel kann man auch fragen, ob uns die Warteschlangen-Theorie nicht auch die Möglichkeit liefert, die Antwort exakt zu berechnen. Die Nutzung von Simulation ist immer das Eingeständnis, das ein Problem einer rechnerischen Bearbeitung unzugänglich ist.

[3] Die Lektüre dieser VDI-Richtlinie ist höchst empfehlenswert. Sie fasst in prägnanter Weise wichtiges Grundwissen zur Simulation zusammen. Gleiches gilt für die Empfehlungen in [21].

Dann kann man die Zeitdauer für die Aufgabe „Übersetzen" als Formel angeben, also als das Produkt aus dem Parameter „Seitenzahl" und einer Zeitdauer pro Seite (die ihrerseits als Konstante oder als Realisierung einer Zufallsgröße zu modellieren wäre). Wenn man noch einen Schritt weiterdenkt, kann weiterhin eine Fallunterscheidung sinnvoll sein: Die Zeitdauer pro Seite kann sich je nach Zielsprache unterscheiden. Man erkennt an diesem Beispiel, dass es auch die Möglichkeit geben sollte, Modellparameter wie Ausführungszeiten oder Kosten als Formel zu beschreiben, die Berechnungen mit den Parametern der Prozessinstanz vornimmt. Ebenso können Entscheidungen im Prozess von den Parametern abhängen. Im Beispiel kann der Prozess etwa eine Entscheidung enthalten, ob die Übersetzung im eigenen Hause vorgenommen wird oder ein externes Übersetzungsbüro beauftragt wird. Diese Entscheidung ist dann abhängig von Quell- und Zielsprache. Sie muss also aus diesen Parametern der Prozessinstanz berechnet werden.

Das vorstehende Beispiel zeigt noch einen weiteren wichtigen Aspekt: Die Parameter von Aufgaben oder Entscheidungen in einem Prozessmodell sind häufig voneinander abhängig [17]. Wenn die tatsächlich für die Übersetzung aufgewendete Zeitdauer deutlich über dem Erwartungswert der zugrunde gelegten Verteilung liegt, heißt das, dass es sich um einen besonders schwierigeren Text handelt. Für diesen nimmt dann voraussichtlich auch das Korrekturlesen mehr Zeit in Anspruch. Auch dies kann wieder modelliert werden, indem Zeitdauern als Formeln angegeben werden, allerdings muss uns in diesem Falle die Eingabesprache erlauben, die per Zufallsgenerator erzeugte Realisierung der Zufallsgröße „Zeitdauer Übersetzen" einer Variablen zuzuweisen. Diese Variable kann dann später in der Formel zur Festlegung der Parameter der Verteilungsfunktion für „Zeitdauer Korrekturlesen" genutzt werden.

Ein weiteres Beispiel dafür, dass man Zeit- und Kostenschätzungen für die einzelnen Aufgaben in einem Prozessmodell nicht isoliert voneinander betrachten kann, findet man bei Schleifen, also möglichen Wiederholungen in einem Prozessmodell. Als typisches Beispiel zeigt Abb. 3.3 ein Prozessfragment in BPMN-Notation: Nach dem Ausfüllen eines Formulars erfolgt eine Prüfung, ob die Eingaben vollständig sind. Ist dies der Fall, wird mit der nächsten Aufgabe fortgefahren, andernfalls muss die Aufgabe „Formular ausfüllen" wiederholt werden.

Bei der Erstellung des Simulationsmodells mit xor-Gateways notiert man die Wahrscheinlichkeiten, mit der die Entscheidungen getroffen werden. Im Beispiel von Abb. 3.3 ist aus der Erfahrung bekannt, dass mit Wahrscheinlichkeit 0,8 die Formulareingaben

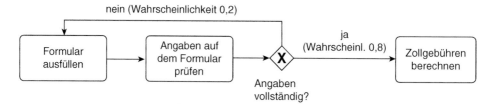

Abb. 3.3 Prozessfragment mit Rücksprung

vollständig sind, während mit Wahrscheinlichkeit 0,2 eine Ergänzung nötig ist. Die Zeit-
dauer könnte als normalverteilt mit Erwartungswert 10 (Minuten) und einer bekannten
Streuung modelliert werden. Das Simulations-Werkzeug wird nun jedes Mal, wenn der
Entscheidungsknoten erreicht wird, mit Wahrscheinlichkeit 0,2 zurückspringen und die
Aufgabe „Formular ausfüllen" erneut simulieren. Das kann aus zwei Gründen zu einer
Überschätzung der aufzuwendenden Zeit führen: Erstens ist davon auszugehen, dass eine
Ergänzung der fehlenden Angaben weniger lange dauert als das erstmalige Ausfüllen.

Man kann sogar argumentieren, dass eigentlich gar nicht wiederholt die Aufgabe „Formular ausfüllen" auszuführen ist, sondern wie in Abb. 3.4 zu sehen eine andere Aufgabe
„Angaben vervollständigen" mit kürzerer Ausführungszeit. Allerdings sieht das Modell in
Abb. 3.4 nicht vor, dass nach erneuter Prüfung weitere Ergänzungen nötig sind, was ebenso
zu Ungenauigkeiten führen kann.

Die zweite Unzulänglichkeit des Modells in Abb. 3.3 besteht darin, dass ein bereits
korrigiertes Formular sicher eine größere Wahrscheinlichkeit als 0,8 hat, den erneuten Test
zu bestehen. Die Parameter für Ausführungszeit und die Wahrscheinlichkeiten sollten also
abhängig von der Zahl der bereits erfolgten Schleifendurchläufe modelliert werden [18].
Damit dies möglich ist, muss die Prozessinstanz wieder über eine entsprechende Variable
zum Zählen der Durchläufe verfügen. Diese Variable kann dann z. B. bei der Entscheidung
zur Berechnung der Wahrscheinlichkeiten genutzt werden. Damit dies möglich ist, muss
das Simulationswerkzeug das Hochzählen dieser Variablen ermöglichen, sobald bei der
Simulation der Fall „Angaben nicht vollständig" eintritt.

Eine elegante Lösung für die in Abb. 3.3 dargestellte Situation liefert übrigens das
Geschäftsprozess-Modellierungswerkzeug ADONIS: Hier muss man getrennte Wahrscheinlichkeiten für eine erste, zweite und dritte Wiederholung angeben. Es wird angenommen, dass danach die Wahrscheinlichkeit für eine weitere notwendige Wiederholung 0 ist.

Wir haben in diesem Abschnitt gesehen, dass Unzulänglichkeiten sowohl des Model-
lierungswerkzeugs als auch des Modells zu Problemen führen können. Schwierigkeiten
können jedoch auch auftreten, wenn der Simulationslauf beendet ist und die Ergebnisse
interpretiert werden sollen. Auch hier sind zunächst wieder die Werkzeuge gefragt – sie
müssen die für eine sinnvolle Interpretation nötigen Ergebnisse überhaupt erst einmal
bereitstellen.

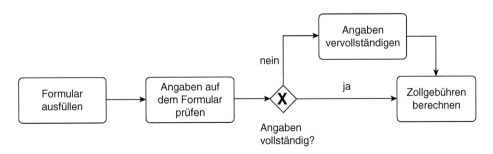

Abb. 3.4 Alternative Modellierung ohne Rücksprung

Attribute	Description
: min	Output the minimum value as a result
: max	Output the max value as a result
: mean	Output the mean value as a result
: count	Output the number of occurrence as a result
: sum	Output the sum of all results

Abb. 3.5 Simulationsergebnisse lt. BPSim-Standard. (Quelle: WfMC: Business Process Simulation Specification)

Abb. 3.5 zeigt den Abschnitt des BPSim-Standards, in dem angegeben ist, auf welche Weise Simulationswerkzeuge, die diesen Standard unterstützen, Werte zurückliefern müssen. Es gibt die Möglichkeit, Werte zu zählen oder zu summieren. Dies ist sinnvoll für Größen wie die Zahl der abgefertigten Kunden (zählen) oder das Gesamtgewicht aller verschickten Pakete (summieren).

Für simulierte Größen (etwa die bei der Ausführung eines Geschäftsprozesses entstehenden Kosten) können weiterhin nach Ende des Simulationslaufs der minimale und maximale Wert sowie der Mittelwert abgefragt werden. Das ist jedoch recht wenig, um einen Eindruck von der Verteilungsfunktion der Zufallsgröße „Kosten" zu bekommen. Man wünscht sich Angaben zu Streuung und Schiefe der Verteilung und vermisst außerdem auch die Antwort auf Fragen wie „Welche Kosten werden mit Wahrscheinlichkeit 0,9 nicht überschritten". Mitunter ist auch eine Betrachtung der Entwicklung der Größen im Zeitverlauf interessant.

All dies ist mit der Ausgabe von Minimum, Maximum und Mittelwert noch nicht beantwortet. Man erkennt, dass bei der Wahl eines Simulationswerkzeugs nicht nur die Mächtigkeit der Eingabesprache zu beachten ist, sondern auch die Mächtigkeit der Sprache, in der die Ergebnisse geliefert werden. Zusätzlich zu ausreichenden im Werkzeug selbst enthaltenen statistischen Auswertungen ist es auch wünschenswert, dass der Ablauf der Simulation (alle Ereignisse im Simulationslauf) in einer Datei protokolliert wird. Das gestattet dann eigene statistische Auswertungen, die nicht auf die Fähigkeiten des Simulationswerkzeugs beschränkt sind.

Bei den bisher beschriebenen Auswertungen wird der Ablauf eines oder (seltener) mehrerer Prozesse simuliert, um Erkenntnisse über die Verteilung interessanter Größen wie Zeit, Kosten oder Ressourcenauslastung zu bekommen. Dazu werden mögliche Zustände des Prozesses zufällig erzeugt. Mit diesem Vorgehen kann man Fragen beantworten wie z. B.: „Wie groß muss die betriebliche Fahrzeugflotte sein, um 90 % der Aufträge ohne das zusätzliche Anmieten von Fremdfahrzeugen auszuliefern?"

In Ergänzung dazu nennt [19] eine weitere Form von Fragestellungen, die eine gänzlich andere Werkzeugarchitektur erfordern. Man könnte etwa fragen: „Da in den nächsten Wochen außergewöhnlich viele Aufträge erwartet werden (zu deren Zahl Schätzungen möglich sind) – wie viele Fremdfahrzeuge müssen jetzt angemietet werden?"

Die Entscheidung, die hier zu treffen ist, bezieht sich also auf einen bekannten gegenwärtigen Systemzustand. Für die Lösung solcher Simulationsprobleme ergibt sich die Anforderung, dass ein Simulationswerkzeug so mit dem prozessausführenden System gekoppelt sein muss, dass Simulationen ausgehend vom augenblicklichen, echten Systemzustand möglich sind. [19] stellt fest, dass eine solche Koppelung noch selten vorzufinden ist.

Als das „wahrscheinlich größte Problem gegenwärtiger Ansätze zur Geschäftsprozess-Simulation" wird an gleicher Stelle das inkorrekte Modellieren von Ressourcen benannt. Die Schwächen übermäßig vereinfachter Modelle werden in [19] ausführlich diskutiert. Es wird kritisiert, dass manche Modellierungswerkzeuge grundlegende Informationen zur Mitarbeiterverfügbarkeit (Schichten, Feiertage, Pausenzeiten etc.) nicht modellieren können, sondern lediglich Angaben wie „Verfügbarkeit 20 %" erlauben. Dies trifft nach unserer Beobachtung für fortgeschrittene Werkzeuge nicht (mehr) zu. An Grenzen gerät die Modellierung menschlicher Ressourcen in gängigen Simulationswerkzeugen allerdings, wenn es um die Abbildung von Fähigkeiten, Berechtigungen oder Vertretungsregelungen geht.

Weiterhin führt [19] auch grundsätzliche Probleme beim Modellieren der Verfügbarkeit von Mitarbeitern auf: Es wird festgestellt, dass Simulationsmodelle menschliche Ressourcen häufig in einem „Pool" modellieren, aus dem sie bei Bedarf „entnommen" werden können. Es wird also angenommen, dass eine Ressource sofort zur Verfügung steht, wenn sie benötigt wird. Dabei wird vernachlässigt, dass die Mitarbeiter in der Regel an der Bearbeitung mehrerer Prozesse beteiligt sind und zusammenhängende Arbeiten vorzugsweise hintereinander erledigen. Beispielsweise ist die Annahme unrealistisch, dass in der Beschaffungs-Abteilung ein Beschaffungsantrag sofort bearbeitet wird, wenn er per elektronischer Post eintrifft. Realistischer ist, dass zunächst gewartet wird, ehe dann am Ende eines Tages alle Beschaffungsaufträge dieses Tages in einem Block abgearbeitet werden. Ein Warteschlangenmodell, das diese Überlegungen abbildet, wird in [19] vorgestellt, ähnliche Überlegungen finden sich in [20].

[19] stellt weiterhin fest, dass Arbeitsgeschwindigkeit und Qualität von der Auslastung eines Mitarbeiters abhängen und sich dies in Simulationsmodellen häufig nicht wiederfindet. Hinzuzufügen wäre noch, dass aus den Arbeitswissenschaften Zusammenhänge zwischen Tageszeit sowie Ermüdungszustand und der Dauer bzw. Qualität der Arbeitsleistung bekannt sind. Auch diese Abhängigkeiten werden in Simulationsmodellen üblicherweise nicht betrachtet. Inwiefern das eine (bei der Simulation ja grundsätzlich erwünschte) Vereinfachung der Realität im Modell ist oder auf unzulässige Weise wichtige Einflüsse außer Acht gelassen werden, muss im Einzelfall geklärt werden.

Alle bisher genannten möglichen Probleme hatten im Wesentlichen mit unzureichender Modellbildung zu tun. Ein Simulationsexperiment kann keine brauchbaren Ergebnisse liefern, wenn die Realität im Modell ungenügend abgebildet ist. Neben unzureichender Modellbildung muss aber noch eine zweite Gefahr benannt werden, nämlich die unzureichende Interpretation der Simulationsergebnisse. Die Gefahr liegt darin, dass diese als zuverlässiger betrachtet werden, als dies gerechtfertigt wäre. Die Ergebnisse eines Simulationslaufs hängen von vielen Modellparametern ab, die entweder geschätzt werden müssen oder den Verlauf historischer Daten wiedergeben. Bei Schätzungen kann es aber Unsicherheiten geben, und historische Daten können von zukünftigen Entwicklungen abweichen. Um den Einfluss von ungenauen Schätzungen zu ermitteln, bietet sich eine

Sensitivitätsanalyse an. Hierbei wird eine einzelne Einflussgröße (d. h. ein einzelner Parameter des zu simulierenden Systems) geändert und untersucht, welchen Einfluss dies auf das simulierte Systemverhalten hat. Beispielsweise könnte man beim Aufstellen eines Simulationsmodells mangels genauerer Zahlen gezwungen sein, zu schätzen, dass bei der Bearbeitung eines Sachverhalts in 20–30 % der Fälle Rückfragen notwendig sind. Kann man keine genaueren Angaben bekommen, wird man bei der Aufstellung des Simulationsmodells dann auf den Mittelwert 25 % zurückgreifen. Da man aber weiß, dass es durchaus auch 20 % oder 30 % sein könnten, wäre es nicht korrekt, die Simulationsergebnisse, erzielt mit dem mit 25 % parametrisierten Modell, als das „gültige" Simulationsergebnis zu kommunizieren. Vielmehr sollten Simulationsläufe ebenso mit den Parametern 20 % und 30 % ausgeführt werden. Dadurch bekommt man ein Gefühl dafür, wie sich Änderungen an den Einflussgrößen auf die gemessenen Größen auswirken. Bei der Formulierung der Ergebnisse einer Simulation ist es notwendig, auf diese Unsicherheiten hinzuweisen.

Auch wenn keine großen Unsicherheiten bei der Wahl der Parameter bestehen (etwa weil im Simulationsexperiment historische Daten genutzt werden), interessiert die Frage nach der Zuverlässigkeit des Simulationsergebnisses. Man möchte etwa für eine Finanzplanung nicht nur wissen, welche Kosten im Mittel zu erwarten sind, sondern auch ein Konfidenzintervall angeben, also einen Wertebereich, in dem die Kosten mit einer (vorgegebenen) großen Wahrscheinlichkeit (z. B. 0,99) liegen. Hierfür ist ein einzelner Simulationslauf nicht ausreichend. Das gilt selbst dann, wenn dieser Simulationslauf über eine lange Zeitdauer durchgeführt wurde. Mittel der Wahl ist es stattdessen, mehrere gleichartige, voneinander unabhängige Teil-Simulationsläufe durchzuführen. Diese werden in der Regel verschiedene Werte für die Kosten zum Ergebnis haben. Die Betrachtung der Differenzen zwischen den Ergebnissen der einzelnen Teil-Simulationsläufe gestattet dann Aussagen über die Zuverlässigkeit des Simulationsergebnisses und die Angabe von Konfidenzintervallen.

Gerade wenn Simulationsergebnisse und die Schlussfolgerungen daraus an höhere Managementebenen kommuniziert werden, geschieht dies häufig in kompakt zusammengefasster Form. Es liegt in der Verantwortung der Simulations-Experten, dafür zu sorgen, dass Informationen zu getroffenen Annahmen, bekannten Schwankungsbreiten und Wahrscheinlichkeiten für unterschiedliche Ergebnisse dabei nicht einer „Vereinfachung" zum Opfer fallen. Das Management muss darin geschult werden, das Vorliegen solcher Informationen als Qualitätsmerkmal eines Berichts über ein Simulationsexperiment zu werten (und nicht im Gegenteil einen Qualitätsmangel zu unterstellen, weil ja „nichts Eindeutiges herauskommt").

Literatur

1. Mühlbauer K, Bartmann D (2011) Marktübersicht über moderne Werkzeuge zur Simulation von Geschäftsprozessen. http://www.forflex.de/uploads/AB/forflex-2011-002.pdf. Zugegriffen am 18.11.2016
2. Müller C, Bösing KD (2015) Gegenüberstellung der Simulationsfunktionalitäten von Werkzeugen zur Geschäftsprozessmodellierung. http://nbn-resolving.de/urn/resolver.pl?urn:nbn:de:kobv:526-opus4-4354, Zugegriffen am 09.03.2017

3. AnyLogic (2014) AnyLogic. http://www.anylogic.de/. Zugegriffen am 18.11.2016
4. Bizagi (2014) Bizagi. http://www.bizagi.com/. Zugegriffen am 18.11.2016
5. Müller C (2014) Simulation von Geschäftsprozessen mit dem EPC-Simulator. http://www.th-wildau.de/cmueller/EpcSimulator/. Zugegriffen am 18.11.2016
6. GBTECH Software+Consulting AG | The BPM Company (2014) BPM software tool. http://www.bpm-software-tool.de/home/index.html. Zugegriffen am 18.11.2016
7. MID GmbH (2014) Innovator for business analysts. http://www.mid.de/produkte/innovator-for-business-analysts.html. Zugegriffen am 18.11.2016
8. Bosch Software Innovations GmbH (Hrsg) (2014) Business process management mit Inubit. https://www.bosch-si.com/de/produkte/business-process-management/inubit-bpm/prozessmanagement.html. Zugegriffen am 18.11.2016
9. Intellivate GmbH – IYOPRO (2014) IYOPRO. http://www.iyopro.de/. Zugegriffen am 18.11.2016
10. jBPM (2015) jBPM – open business process management. http://www.jbpm.org/. Zugegriffen am 18.11.2016
11. BPSim (2015) BPSim Homepage. http://www.bpsim.org/. Zugegriffen am 18.11.2016
12. Bflow (2014) Bflow* Toolbox – Open-Source-Geschäftsprozessmodellierung. http://www.bflow.org/. Zugegriffen am 18.11.2016
13. BPMN (2013) ISO/ITC international standard 19510: information technology – object management group business process model and notation, document number ISO/IEC 19510:2013(E). http://www.bpmn.org/. Zugegriffen am 18.11.2016
14. Software AG (2012) Intelligent guide to enterprise BPM – remove silos to unleash process power, E-Buch: Kindle-Edition, Amazon Media EU
15. Silver B (2007) Is simulation a fake feature? Blog-Beitrag auf. https://scn.sap.com/people/bruce.silver/blog/2007/03/07/is-simulation-a-fake-feature
16. Verein Deutscher Ingenieure (1997) VDI-Richtlinie 3633, Simulation von Logistik-, Materialfluss und Produktionssystemen, Blatt 3
17. Silver B (2009) Making simulation useful. Blog-Beitrag auf. http://brsilver.com/making-simulation-useful/
18. Browning TR, Eppinger SD (2002) Modeling impacts of process architecture on cost and schedule risk in product development. IEEE Trans Eng Manage 49(4):428–442
19. van der Aalst WMP, Nakatumba J, Rozinat A, Russell N (2008) Business process simulation: how to get it right? BPM center technical report BPM-08-07
20. Tarumi H, Matsuyama T, Kamabayashi Y (1999) Evolution of business processes and a process simulation tool. Sixth Asia Pacific software engineering conference, (APSEC '99) proceedings, S 180–187
21. van der Aalst WMP (2015) Business process simulation survival guide. In: Handbook on business process management 1: introduction, methods, and information systems. Springer-Verlag, Heidelberg
22. Levin RI, Kirkpatrick CA (1966) Planning and control with PERT/CPM. Macgraw Hill Book Company, New York

Teil II

Kontextsensitive Geschäftsprozesse

Modellierung kontextsensitiver Geschäftsprozesse

4

Julian Dörndorfer und Christian Seel

Zusammenfassung

Der Erfolg von mobilen Geräten wie Smartphones, Smartwatches oder Tablets, hat einen immer größeren Einfluss auf die täglichen Arbeitsabläufe. Kundenkontakte können über eine Anwendung auf einem Tablet von Angestellten überall und jederzeit gepflegt werden. Zusätzlich verfügen diese mobilen Geräte über Sensoren, die physikalische Werte messen können, wie Ort, Beschleunigung oder Temperatur. In Kombination mit der ständigen Verbindung zu mobilen Netzwerken ermöglichen sie es auch Informationen aus anderen Datenquellen (Datenbanken, Maschinen und anderen IoT-Geräten) abzufragen. Um jedoch diesen Vorteil konsequent zu nutzen, müssen Geschäftsprozesse Kontextinformationen modellieren können. Standard Modellierungssprachen wie BPMN oder EPK unterstützen Kontextdarstellungen nicht genügend, deshalb wird in diesem Kapitel eine Erweiterung der BPMN und eine Sensormodellierungssprache vorgestellt, die es ermöglicht mobile kontextsensitive Geschäftsprozesse darzustellen.

Schlüsselwörter

Kontext • Mobile • Kontextsensitive Geschäftsprozesse • BPMN • Geschäftsprozesslebenszyklus

J. Dörndorfer (✉) • C. Seel
Hochschule für Angewandte Wissenschaften Landshut, Landshut, Deutschland
E-Mail: julian.doerndorfer@haw-landshut.de; christian.seel@haw-landshut.de

© Springer Fachmedien Wiesbaden GmbH 2017
T. Barton et al. (Hrsg.), *Geschäftsprozesse*, Angewandte Wirtschaftsinformatik,
DOI 10.1007/978-3-658-17297-8_4

4.1   Einleitung

Das Modellieren und Implementieren von Geschäftsprozessen ist seit Jahren ein etablierter Standard in der Industrie und Praxis [1–5]. Jedoch hat sich in den letzten Jahren das Arbeitsumfeld in den Betrieben und Unternehmen gewandelt. Immer mehr mobile Endgeräte, wie Smartphone, Tablets oder Smartwatches, haben Einzug in den betrieblichen Alltag gehalten. Insbesondere bei Außendienstmitarbeitern werden mobile Anwendungen schon heute intensiv genutzt, um Geschäftsprozesse effektiver zu gestalten. Beispielsweise kann der Mitarbeiter Kontakte im Customer Relationship Management System (CRM) vor Ort eintragen oder Leads pflegen. In einer Umfrage des Intel IT Center, unter deutschen und amerikanischen Unternehmen, sagten 47 % der Teilnehmer, dass sie das Smartphone für ihre tägliche Arbeit nutzen. Immerhin 18 % sagten, dass sie dafür auch ein Tablet verwenden. Themen wie „bring your own device" [6, 7] oder „mobile device managment" [8] illustrieren den Einfluss der mobilen Geräte am Arbeitsplatz. Bei Außendienstmitarbeitern dürfte deren Einsatz noch häufiger sein. Dieser Wandel vom stationären Computer hin zu mobilen Geräten beeinflusst auch Geschäftsprozesse. Diese werden in diesem Zug zum Teil nomadisch und lassen sich somit jederzeit und überall ausführen. Jedoch kann sich nicht nur der Ort der Prozessausführung ändern, es können nun, bedingt durch die Erfassung der Sensordaten eines mobilen Gerätes, Geschäftsprozesse angepasst werden. Die Bandbreite der Sensoren geht dabei von der Bestimmung der Himmelsrichtung, über die Beschleunigung bis hin zur Pulsmessung. Welche Daten gemessen werden können hängt dabei von den jeweiligen Geräten ab. Die Verbindung zu drahtlosen Netzwerken ermöglicht darüber hinaus, eine Abfrage von Daten aus anderen Quellen, wie beispielsweise Datenbanken oder entfernte Sensoren. Mithilfe dieser Sensoren sind mobile Geräte in der Lage den aktuellen Kontext zu erfassen und ihn durch Algorithmen auszuwerten. Kontext wird von DEY [9] dabei wie folgt beschrieben:

> „Context is any information that can be used to characterize the situation of an entity. An entity is a person, place, or object that is considered relevant to the interaction between a user and an application, including the user and application themselves."

Kontext kann dazu verwendet werden Dienste zu selektieren, um damit den Effekt der Informationsüberfrachtung zu reduzieren [10]. Darüber hinaus konnten LEIST und FALK [11] nachweisen, dass mobile Anwendungen positiven einen Einfluss auf Geschäftsprozessen haben. Demzufolge haben sie zu Qualitäts- und Felxibilitätsverbesserugen, sowie zu einer Kosten- und Zeiteinsparung geführt. Mobile Anwendungen, die den Kontext erfassen und interpretieren, können auch Teilschritte des Geschäftsprozesses selbstständig ausführen. Darüber hinaus können sie die Prozessausführung zu Laufzeit des Prozesses adaptieren, indem sie beispielsweise eine Aktivität blockieren oder überspringen [12] und somit deren Ausführung beeinflussen.

   Ein gutes Beispiel für solch einen Geschäftsprozess sind Kontrolleure für die Betriebssicherheit in Unternehmen. Diese müssen laut Betriebssicherheitverordnung [13] regelmäßig

die Arbeitsstätten, Kleidung, Geräte etc. auf ihre Sicherheit kontrollieren. Wenn beispiels-
weise der Kontrolleur in einer Maschinenhalle ist, kann er dort die Maschinen oder die
Arbeitsschutzkleidung der Mitarbeiter kontrollieren, in Abhängigkeit davon, ob die
Maschinen laufen oder die Mitarbeiter anwesend sind. Zudem haben manche Hallen
Sicherheitsbereiche, welche auf ihre Schutzmechanismen überprüft werden sollten. Diese
Arbeitsschritte hängen alle von Kontextinformationen ab, welche über die mobilen Geräte
einfach abgefragt werden können. Sie können des Weiteren dem Kontrolleur Hinweise auf
durchzuführenden Kontrollen geben, diese beeinflussen bzw. adaptieren und die abgeschlossenen Aufgaben dokumentieren. Darüber hinaus könnte über solch eine Anwendung
auch ein plötzlicher Notfall angezeigt werden, welcher durch den Kontrolleur behandelt
werden muss.

Dieser mobile kontextsensitive Geschäftsprozess gibt einen guten Eindruck davon,
wie Kontextdaten verwendet werden können, um die Arbeit von Mitarbeitern zu erleichtern und zu unterstützen, sowie die Effizienz der Prozesse zu erhöhen. Um jedoch einen
mobilen kontextsensitiven Geschäftsprozess zu modellieren, muss eine Modellierungssprache dies unterstützen. Die Standardsprachen, wie die ereignisgesteuerte Prozesskette
(EPK) [14], Business Process Model and Notation (BPMN) [15] oder die Unified Modeling Language (UML) [16], unterstützen das mit ihren Standardelementen nicht [17]. Es
existieren zwar Erweiterungen für diese Sprachen, wie beispielsweise die C-EPK [18], um
Geschäftsprozesse flexibler zu gestalten, jedoch wurden diese Erweiterungen weder für
kontextuelle Einflüsse, noch für mobile Geschäftsprozesse erstellt. Darüber hinaus ist es
bisher nicht möglich die Erfassung des Kontextes durch Sensoren in einer Modellierungssprache darzustellen.

BPMN 2.0 ist der de-facto Standard in der Industrie für Geschäftsprozesse ist [19, 20]
und es durch viele sogenannte „execution engines" eine Automatisierung von Prozessen
ermöglicht, ist es konsequent BPMN zu erweitern und dessen breite Akzeptanz als Ausgangsbasis zu nutzen. Die Erweiterung und die Sensormodellierungssprache werden im
weiteren Verlauf des Kapitels beschrieben und ausgeführt.

4.2 Forschungsagenda

Die Erweiterung der BPMN erfolgt nach dem Design Science Paradigma nach HEVNER
et al. [21], welches die Erstellung und Evaluierung eines Artefaktes zur Folge hat. Die
Artefakte sind in diesem Fall die Erweiterung der BPMN und die Sensormodellierungssprache. Deren Entwicklung ist in einer umfangreicheren Forschungsagenda eingebettet,
um ein ganzes Framework zur Entwicklung mobiler kontextsensitiver Anwendungen zu
erstellen und somit auch die Übergänge in den einzelnen Phasen auf dem Geschäftsprozesslebenszyklus (GPL) zu beschleunigen. Darüber hinaus sollen alle Phasen des GPL
von kontextsensitiven Geschäftsprozessen profitieren [22]. Deshalb lautet die Forschungsagenda wie folgt:

1. Zuerst wird eine neue und dezidierte Erweiterung einer Geschäftsprozessmodellie-
   rungssprache entwickelt, die moible kontextsensitive Geschäftsprozesse unterstützt.
   Um Aufwand zu sparen und um von einem weitverbreiteten Standard mit seiner Tool-
   unterstützung zu profitieren wurde BPMN als Ausgangsbasis für Erweiterung ausgewählt. (Design)
2. Um die Kontexterfassung zu modellieren bedarf es weiterhin einer eigenen domänen
   spezifischen Modellierungssprache (DSML). Kontexterfassung basiert auf verschiedenen Sensoren, welche zueinander in Abhängigkeiten stehen können. Dies führt zu großen und komplexen Modellen führt, deshalb ist es erforderlich diese Abhängigkeiten
   nicht in die BPMN-Erweiterung einzufügen, sondern in eine dafür eigens entwickelte
   Modellierungssprache auszulagern. (Design)
3. Der dritte Teil der Forschungsagenda ist die Anfertigung eines Modellierungswerkzeu-
   ges. Es ist sowohl für die BPMN Erweiterung, als auch die Sensormodellierungssprache gedacht und soll aus der Modellierung teilweise automatisch Softwarecode für die
   unterstützende mobile Anwendung generieren, basierend auf dem model driven architecture (MDA) Ansatz. (Design, Implementierung)
4. Anschließend soll das komplette Framework in einem systematischen Test auf Qualität
   und Zeitersparnis untersucht werden. Dieser Test soll aufzeigen, welche Vorteile die
   Benutzung der Sprachen und des Frameworks gegenüber dem traditionellen Ansatz
   hat. (Implementierung, Ausführung)
5. Um den Vorteil der mobilen kontextsensitiven Geschäftsprozesse auch im Controlling
   zu nutzen, werden neue Key Performance Indicators (KPI) entwickelt. Diese Kontext-
   KPIs können, als Ergänzung zu den bisherigen traditionellen KPIs, ein detaillierteres
   Bild auf einen Geschäftsprozess geben. Die Kontext-KPIs werden dazu in der Ausführungsphase von den mobilen Geräten gesammelt und in der Controllingphase analysiert. (Controling)

Das Buchkapitel trägt zu den ersten zwei Punkten bei, indem es einmal die mobile kontextsensitive Erweiterung einführt, sowie die Sensormodellierungssprache vorstellt. Die
Meta-Modelle werden jeweils mit der Meta Object Facitliy (MOF) 2.0 erstellt [23].
Zusätzlich werden die neuen Notationen vorgestellt und eine Handlungsanleitung darge-
legt, um eine komplette Modellierungstechnik zu erstellen.

4.3   Mobile kontextsensitive Erweiterung der BPMN

4.3.1   Analyse der Standard BPMN-Elemente

Bevor eine Erweiterung der BPMN entwickelt wird, sollten die Standardelemente der
Sprache auf ihre Eignung zur Abbildung von Kontexteinflüssen untersucht werden. Es
existieren zwei Möglichkeiten kontextuelle Einflüsse darzustellen. Erstens die Möglichkeiten über die sogenannten Gateways und zweitens über Zwischenereignisse.

Gateways ermöglichen es in BPMN Alternativen, die unter bestimmten Bedingungen ausgeführt werden, zu modellieren. Dies ist somit eine Möglichkeit auch Kontexteinflüsse und deren Auswirkungen abzubilden. Würde man diese mit ihren Ausprägungen, also exklusive, inklusive, komplex usw., zur Modellierung nutzen, so würden große und komplizierte Modelle entstehen (s. Abb. 4.1).

Zwischenereignisse ermöglichen es auf Begebenheiten, die während eines Geschäftsprozesses auftreten können, zu reagieren. Auf den ersten Blick erscheint dies als gute Möglichkeit kontextuelle Einflüsse zu modellieren. Allerdings existiert kein explizites Event beziehungsweise Zwischenevent, welches einen Kontexteinfluss signalisiert. Beispielsweise könnte das Zwischenevent *Nachricht* für Kontextinformationen benutzt werden, da es entweder Nachrichten sendet oder empfängt [15]. Somit wäre es dazu geeignet zu symbolisieren, dass eine Kontextveränderung eine Nachricht „schickt", welche dann zu einer Reaktion im Geschäftsprozess führt. Dies ist scheinbar eine gute Möglichkeit Kontexteinflüsse zu modellieren, jedoch ist das *Nachrichten*ereignis, wie jedes andere Ereignis sehr generisch definiert und kann somit verschiedene Bedeutungen in einem Geschäftsprozess haben. Deshalb müsste jede Verwendung des Ereignisses dokumentiert werden. Entweder direkt im Modell oder in einer zusätzlichen Dokumentation. Zudem müsste eine Kontextbedingung, welcher die Auslösung des Events beschreibt, ebenfalls dokumentiert werden. Somit würde eine ausführliche Dokumentation angefertigt werden, das den Zielen einer bildlichen und somit leicht verständlichen Modellierung zuwiderlaufen.

Ein Mix beider Methoden würde zwar die Nachteile der Gateways lindern, es würde aber trotzdem zu einer großen Dokumentation führen, welche nicht erwünscht ist. Somit ist das Ergebnis der Analyse, dass die existierenden Standardnotationen der BPMN nicht

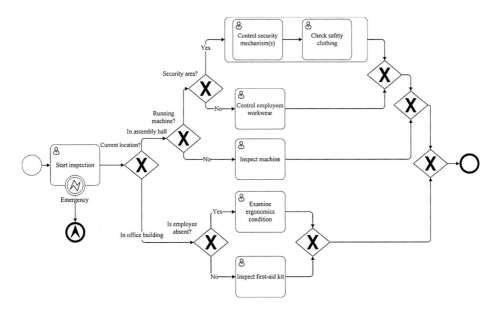

Abb. 4.1 Kontrolle der Betriebssicherheit modelliert mit der Standard-BPMN

ausreichend sind, um kontextuelle Einflüsse auf Geschäftsprozesse zu modellieren. Zudem
stellen HEINRICH und SCHÖN fest, dass die BPMN 2.0 nicht fähig ist auf „nicht-statische"
Kontextänderungen einzugehen [17]. Als Beispiel nennen sie dafür ein aufziehendes
Gewitter in einem Geschäftsprozess, der im Freien durchgeführt wird.

4.3.2   Anforderungen an die Erweiterung

Wie im Abschn. 4.3.1 beschrieben, existiert in BPMN keine explizite Notation, welche
Aufgaben als kontextabhängig markieren. Des Weiteren kann nicht nur eine einzige Aufgabe abhängig von Kontextdaten sein, sondern ein ganzer Sequenzfluss. In Abschn. 4.1
wurde das Beispiel des Kontrolleurs für die Betriebssicherheit eingeführt. Abb. 4.1 zeigt
diesen Prozess modelliert mit der Standard-BPMN. In Abhängigkeit vom Ort (Bürogebäude oder Maschinenhalle), Status der Maschine und Arbeitnehmer/in vor Ort kontrol-
liert sie oder er entweder den Erste-Hilfe-Kasten oder die Produktionsmaschine.

Es ist schwierig zu sehen, dass dieser Geschäftsprozess abhängig ist von Kontextinformationen. Viele Entscheidungen werden mit Gateways modelliert. Dies führt zu großen
und komplexen Modellen, in denen die Übersichtlichkeit verloren geht. Deshalb ist die
erste Anforderung eine Annotation zu entwickeln, welche eine Aufgabe oder eine Prozesssequenz als kontextabhängig markiert.

BPMN-Zwischenereignisse sind unterteilt in unterbrechende und nicht unterbrechende Ereignisse. Eine Änderung des Kontexts kann auch als unterbrechend oder nicht-
unterbrechend für eine Aufgabe oder Prozesssequenz identifiziert werden. Beispielsweise
könnte im eingeführten Beispiel ein Unfall in der Maschinenhalle passieren. Die/Der
Sicherheitsbeauftragte muss darauf geeignet reagieren und ihre/seine aktuelle Aufgabe
sofort unterbrechen. Um dies zu modellieren müsste momentan an *jeder* Aufgabe ein
unterbrechendes Zwischenevent angeheftet werden, wie in Abb. 4.2 zu sehen ist. Dies
würde das Model unnötigerweise vergrößern und komplexer machen.

Nicht jede Kontextveränderung führt notwendigerweise zu einer Unterbrechung der
aktuellen Aufgabe. Ein Schichtwechsel während einer Prüfung des Erste-Hilfe-Kastens
hätte keine Auswirkung auf diese. Jedoch könnte diese Information einen parallelen
Handlungspfad eröffnen, der für andere Aufgaben erforderlich ist. Deshalb ist es nötig
sowohl unterbrechende, sowie nicht unterbrechende Kontextereignisse modellieren zu
können.

Eine weitere Anforderung an die Erweiterung ist, dass es möglich sein muss Kontextabhängigkeiten in einer kurzen und bündigen Form auszudrücken. Eine Entscheidung
kann unter Umständen von mehreren Faktoren abhängig sein. Dies kann in einer textuellen Beschreibung zu langen Sätzen führen und eine spätere automatisierte Auswertung
erheblich erschweren. Im Extremfall muss die ganze Entscheidungsbeschreibung in einer
zusätzlichen Dokumentation ausgelagert werden. Um das zu vermeiden muss eine kurze
und prägnante Beschreibungsform entwickelt werden.

Abb. 4.2 Beispiel für
Ausnahmebehandlung in der
Standard-BPMN

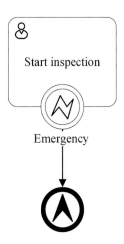

Der Zeitpunkt für die Evaluation der Kontextdaten ist wichtig, um eine Informationsflut zu verhindern. Abhängig vom konkreten Geschäftsprozess sind zwei Varianten vorstellbar. Erstens, eine Kontexterfassung ist an einem bestimmten Zeitpunkt im Geschäftsprozess notwendig. Der Ort im Beispielprozess muss nur einmal am Anfang des Vorgangs erfasst werden, da er danach nicht mehr relevant ist. Zweitens, muss eine Kontextinformation immer wieder abgefragt werden, um auf Änderungen entsprechend reagieren zu können, beispielsweise in einem *Notfall*. In diesem Fall würde ein einmalig abgefragter Informationsstatus am Anfang nicht ausreichen. Deshalb muss es möglich sein den Zeitpunkt für die Evaluation der Kontextdaten anzugeben.

In Abschnitt Abschn. 4.2 wurden die Vorteile einer Standardsprache aufgeführt, wie beispielsweise hoher Bekanntheits- und Verbreitungsgrad oder die Unterstützung von verschiedensten Softwarewerkzeugen. Um diese Vorteile auch auszunutzen, muss die Erweiterung kompatibel zum Standard der BPMN 2.0 sein. Dies ist eine weitere Anforderung an die Erweiterung.

Kontext wird durch die unterschiedlichsten Sensoren gemessen. Sensoren werden dabei nicht nur als technische Geräte verstanden, welche es ermöglichen physische Eingaben oder Ausgaben zu messen, wie beispielsweise ein Hygrometer oder ein Temperatursensor, sondern es werden auch Datenbanken oder andere Anwendungen, welche Daten über eine Schnittstelle zur Verfügung stellen, darunter verstanden. Des Weiteren, kann eine Kontextinformation auf verschiedenen Sensoren basieren. Zum Beispiel kann die Kontextinformation *Wetter* auf den Sensoren *Temperatur, Luftfeuchtigkeit, Niederschlag* etc. basieren. *Wetter* wiederum kann als Sensor für ein Verkehrsassistenzsystem fungieren, welches noch den Sensor *Verkehr* mit einbezieht. Somit können Kontext und die Sensoren Abhängigkeiten untereinander haben. Diese Abhängigkeiten in BPMN zu integrieren

Tab. 4.1 Anforderung an die Erweiterung

Anforderung	Beschreibung
Kontextmarkierung	Eine Möglichkeit, um eine Aufgabe oder Prozesssequenz als kontextabhängig zu markieren.
Unterbrechendes/Nicht-unterbrechendes Kontextereignis	Anheftbares Zwischenereignis, welches unterbrechend oder nicht unterbrechend sein muss.
Kontextausdruckssprache	Eine Sprache zum kurzen und bündigen Ausdrücken von Kontextbedingungen.
Evaluationszeitpunkt	Der Zeitpunkt an dem die Kontextinformation abgefragt werden soll.
Kompatibilität zu BPMN 2.0	Die Erweiterung muss zum BPMN 2.0 Standard kompatibel sein.
Verbindungsmöglichkeit zur Sensormodellierungssprache	Eine Verbindung zur Sensormodellierungssprache würde eine Möglichkeit schaffen, die Kontextevaluierung nachzuvollziehen.

würde wider einer möglichst einfachen Darstellungs- und Modellierungsform sprechen. Deshalb wurde entschieden die Sensormodellierung in eine eigenständige Modellierungssprache auszulagern und eine Verbindung zur BPMN zu etablieren, die auf das entsprechende Sensormodell verweist. Alle Anforderungen, die in diesem Abschnitt formuliert wurden sind in Tabelle Tab. 4.1 übersichtlich zusammengefasst.

4.3.3 Die Erweiterbarkeit der BPMN

Ein geeigneter und häufig genutzter Weg Modellierungssprachen zu erweitern ist die Meta-Model-Erweiterung [24]. Eine solche Erweiterung besteht aus einem Meta-Modell der Erweiterung, neuen Notationen und eine Handlungsanleitung dafür ([25, S. 36]), [26]. Wenn diese Anforderungen erfüllt sind wird dies auch als Modellierungstechnik bezeichnet. Ein Meta-Modell ist ein Modell (M2), welches eine Sprache (S1) beschreibt, die zum Erstellen eines Modells (M1) von einem Objekt geeignet ist [27]. BPMN beschreibt alle Elemente der Sprache in einem Klassendiagramm und somit die Metasprache ergibt. Die Spezifikation der BPMN selbst beschreibt einen Weg zur Erweiterung des Standards, zum Zwecke einer Anpassung für domänenspezifische Bedürfnisse ([15, S. 57]). Dieser Mechanismus stellt sicher, dass die Kernelemente der Sprache valide bleiben, aber es dennoch möglich ist eine Erweiterung zu integrieren. Dieser besteht aus den Klassen: *Extension*, *ExtensionDefinition*, *ExtensionAttributeDefinition* und *ExtensionAttributeValue*. Diese Klassen erlauben es die existierenden Elemente durch zusätzliche Attribute anzupassen oder das BPMN-Meta-Modell zu erweitern. Um die Anforderung der Kompatibilität zu erfüllen, wird dieser Mechanismus, für die mobile kontextsensitive Erweiterung der BPMN benutzt.

4.3.4   Meta-Modell der BPMN-Erweiterung

Basierend auf den Anforderungen aus Abschn. 4.3.2 wurde ein Meta-Modell für Context-4BPMN entwickelt. In Abb. 4.3 ist das Meta-Modell abgebildet. Die Klassen der Object Management Group Standard BPMN sind grau markiert. Um kontextsensitive Bereiche zu markieren, wurde die *Group*-Klasse um die *ContextGroup* erweitert. Die *ContextEvent*-Klasse ermöglicht es ein neues Kontextereignis zu etablieren, welches unterbrechend oder nicht unterbrechend sein kann und sowohl an eine Aufgabe, sowie an eine Kontextgruppierung angeheftet werden kann. Ob es unterbrechend oder nicht unterbrechend ist, wird über die Boolean-Variable repräsentiert. Die *ContextDescription* Klasse erbt von der *Expression*-Klasse, welche es erlaubt die Bedingungen für eine Aktivierung einer Aufgabe oder Sequenz auszudrücken. Sie beinhaltet ein *contextExpression* um die Aktivierungsbedingungen zu definieren, welche in einem String gespeichert werden. Die dazugehörige Grammatik wird in Abschn. 4.3.5 erläutert. Die *ContextDescription* kann bei *Aufgaben, ContextGroups* und *ContextEvents* verwendet werden.

4.3.5   Syntax der BPMN-Erweiterung

In Abb. 4.4 sind die neuen Annotationen der Context4BPMN-Erweiterung dargestellt. Die ersten beiden Elemente sind die *Intermediate Context Events*, welche zwei neue Ereignistypen zu den Ereignissen hinzufügen. Das erste Element mit dem doppelten Kreis und dem Auge in der Mitte ist das *Interrupting Context Event*, das das unterbrechende Kontextereignis repräsentiert. Danach ist das *Non-Interrupting Context Event* abgebildet. Beide können an *Aufgaben* oder *Context Annotations* angeheftet werden. Die *Context Description* ist ein neues Element, welches die *context expression* beinhaltet. Es wird dazu benutzt, um die Aktivierungsbedingungen einer Aufgabe zu beschreiben. Es wird auch in der Sensormodellierungssprache, verwendet und fungiert somit als Verbindungselement zwischen den beiden Sprachen. Das letzte Element der Reihe ist die *Context Group*, welche die Aufgaben und Sequenzen als kontextabhängig markiert.

Um eine Kontextbedingung kurz, knapp und strukturiert zu formulieren, die auch automatisch evaluiert werden kann wurde die *context expression language* entwickelt. Die Grammatik der Sprache wurde mit der erweiterten Backus-Naur Form (EBNF) [28] wie Tab. 4.2 formuliert.

Um Redundanzen bei den bekannten Definitionen, wie Integernummern oder der Zeit zu vermeiden, haben wir per „-->" auf die Standards verwiesen, beispielsweise auf die RFC 5322 für das Zeitformat. Ein Kontextausdruck besteht aus einem *ContextTerm*, der für gewöhnlich aus einer *Variable*, einem *Comparator* und einem *Value* besteht. Die Variable ist der Name des Kontexts, wie Ort oder Status. Dieser muss einzigartig im Geschäftsprozess sein, damit er als Link zum Sensormodell fungieren kann.

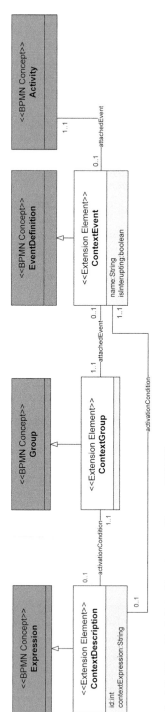

Abb. 4.3 Meta-Modell der Erweiterung Context4BPMN

Abb. 4.4 Notationen der
Erweiterung BPMN4Context

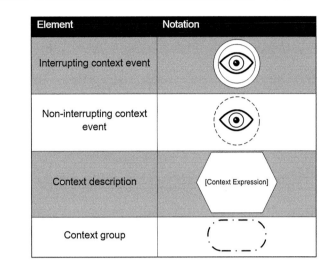

Element	Notation
Interrupting context event	
Non-interrupting context event	
Context description	[Context Expression]
Context group	

Tab. 4.2 Grammatik in der EBNF-Form für Kontextbedingungen

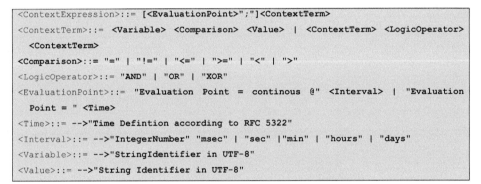

```
<ContextExpression>::= [<EvaluationPoint>";"]<ContextTerm>
<ContextTerm>::= <Variable> <Comparison> <Value> | <ContextTerm> <LogicOperator>
  <ContextTerm>
<Comparison>::= "=" | "!=" | "<=" | ">=" | "<" | ">"
<LogicOperator>::= "AND" | "OR" | "XOR"
<EvaluationPoint>::= "Evaluation Point = continous @" <Interval> | "Evaluation
  Point = " <Time>
<Time>::= -->"Time Defintion according to RFC 5322"
<Interval>::= -->"IntegerNumber" "msec" | "sec" |"min" | "hours" | "days"
<Variable>::= -->"StringIdentifier in UTF-8"
<Value>::= -->"String Identifier in UTF-8"
```

4.3.6 Handlungsanleitung der BPMN-Erweiterung

Die Modellierungstechnik wird durch eine Handlungsanleitung für die Erweiterung komplettiert ([25, S. 36], [26]). Es existieren drei verschiedene Ausgangssituationen für das
mobile kontextsensitive Modellieren. Die erste Situation ist, dass ein komplett neuer
mobiler kontextsensitiver Geschäftsprozess modelliert werden kann. Zweitens ein existierender Geschäftsprozess wird kontextsensitiv modelliert und drittens verschiedene
Variationen eines Geschäftsprozesses in Abhängigkeit eines Kontextes existieren und
müssen zu einem Modell vereinigt werden.

Die ersten beiden Ausgangssituationen unterscheiden sich anfänglich, da bei einem
neuen Prozess erst die Aufgaben definiert werden, wo hingegen bei einem existierenden
Prozess die einzelnen Aufgaben analysiert werden. Danach folgen beide Handlungsanleitungen denselben Schritten. Abb. 4.5 und Abb. 4.6 zeigen die Abläufe für die verschiedenen

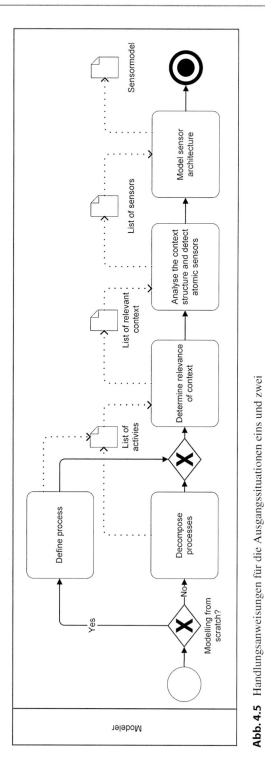

Abb. 4.5 Handlungsanweisungen für die Ausgangssituationen eins und zwei

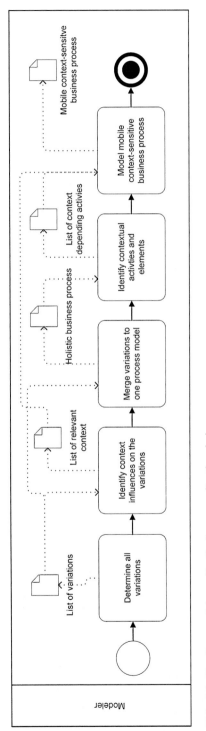

Abb. 4.6 Handlungsanleitung für die Ausgangssituation drei

Ausgangssituationen. Die Handlungsanleitung für die ersten beiden Situationen sind eine erweiterte Form von ROSEMANN et al. [29]. Wenn bereits ein Geschäftsprozess existiert, muss dieser zuerst in die Bestandteile zerlegt werden, um eine Liste der Aufgaben zu bekommen, wohingegen bei einem neu zu modellierenden Prozess die Aufgaben erst definiert werden müssen. Der nächste Schritt ist, den Einfluss von Kontext auf die Aufgaben herauszufinden. Ziel ist es allen relevanten Kontexte zu erkennen. Dieser wird im nächsten Schritt zusammen mit der Aufgabenliste benutzt, um kontextabhängige Aufgaben zu identifizieren. Damit ist es nun möglich einen mobilen kontextsensitiven Geschäftsprozess zu modellieren.

Wenn verschiedene Variationen eines Geschäftsprozesses existieren, welche abhängig von Kontextinformationen sind, müssen zuerst alle relevanten Variationen identifiziert werden. Das Ergebnis ist eine Liste von allen Variationen, mit deren Hilfe der Kontext erkannt werden kann. Der dritte Schritt ist es alle Variationen in ein Modell zu bringen. Für diese Aufgabe können „model matching" Algorithmen verwendet werden, wie beispielsweise der von NIESEN et al. präsentierte [30]. Aufgaben und Sequenzen, die in den unterschiedlichen Variationen gleichartig sind, sind kontextunabhängig, wo hingegen Unterschiede auf eine Kontextabhängigkeit hinweisen. Das resultierende Gesamtmodell wird benutzt, um kontextabhängige Aufgaben oder Sequenzen zu identifizieren. Diese Aufgaben werden zusammen mit dem relevanten Kontext verwendet, um einen mobilen kontextsensitiven Geschäftsprozess zu modellieren.

4.4   Sensormodellierungssprache

4.4.1   Anforderungen an die Sensormodellierungssprache

Um Geschäftsprozesse in ihrer Ausführung anzupassen, müssen Kontextdaten erhoben, aggregiert und ausgewertet werden. Diese Informationen stammen aus den unterschiedlichsten Sensoren, die gemessen oder abgefragt werden. Um diese Erhebung und Auswertung der Daten zur erleichtern wird eine Sensormodellierungssprache entwickelt. Dazu müssen Anforderungen aufgestellt und diskutiert werden.

Unter Sensoren wird im Allgemeinen eine technische Vorrichtung verstanden, die eine physikalische Größe auf einer bestimmten Skala messen kann. Beispielsweise misst ein Thermometer auf einer Celsiusskala die Temperatur. Daneben gibt es jedoch auch Sensoren, die Informationen aus Datenbanken oder Anwendungen liefern. Selbst eine Maschine, die in einer Fertigungshalle steht und über ein Netzwerk erreichbar ist, kann wertvolle Informationen zu ihrem Produktionsstatus liefern. Deshalb wird der Sensorbegriff nicht nur auf eine physikalische Messeinheit begrenzt, sondern auf alles was Informationen bereitstellen kann erweitert. Die verschiedenen Sensortypen müssen jedoch unterschieden werden. Es gibt atomare Sensoren, welche nicht aus anderen Sensoren abgeleitet werden können. Von diesen gibt es zwei unterschiedliche Typen. Erstens den *physikalischen* und zweitens den *virtuellen* Sensor. Der erste Typ soll physikalische Sensoren repräsentieren, wie beispielsweise ein Thermo- oder Hygrometer. Zweiterer repräsentiert alle nicht physikalischen Sensoren, wie Datenbanken, Maschinen oder Lagerbestände. Neben den atomaren Sensoren, existieren *berechnete* Sensoren. Dieser Sensor basiert auf anderen atomaren oder berechneten Sensoren. Der Sensor *Wetter* kann zum Beispiel auf den atomaren Sensoren *Feuchtigkeit* und *Temperatur* beruhen. Deshalb ist die erste Anforderung an die Sensormodellierungssprache die verschiedenen Sensortypen darzustellen.

Wie bereits in der BPMN-Erweiterung, muss es auch bei der Sensormodellierung eine Möglichkeit geben Kontextbedingungen klar, bündig und verständlich auszudrücken. Dazu kann die *kontext-expression language* aus Abschn. 4.3.5 verwendet werden.

Die verschiedenen Sensoren und auch der Kontext haben ein bestimmtes Format in dem sie Informationen an den Empfänger zurücksenden. Beispielsweise sendet der physikalische Sensor *Temperatur* eine Zahl von einer Skala oder der Kontext *Maschinenstatus* sendet die Werte *läuft, angehalten, Notfallstop* etc. Die Sensormodellierungssprache muss deshalb eine Möglichkeit bieten diese Rückgabewerte kompakt zu definieren und anzugeben.

Mit dem Rückgabewert verbunden ist die Anforderung eine Entscheidungslogik zu etablieren. Diese Logik definiert wann welcher Rückgabewert gesendet wird. Beispielsweise hat der Kontext *Wetter* die Werte *Schön, Durchwachsen* und *Schlecht. Schön* soll ausgegeben werden, wenn die Temperatur zwischen 20–26 °C, die Luftfeuchtigkeit zwischen 50 %–70 % und die Windstärke bei leicht liegt. Diese logischen Entscheidungen müssen in der Sensormodellierungssprache darstellbar sein.

Wie bereits erwähnt, können Kontextinformationen aus mehreren Sensoren aggregiert und kombiniert werden. Selbst Sensoren können auf anderen Sensoren basieren. Diese Abhängigkeiten und Informationsflüsse müssen in der Sensormodellierungssprache darstellbar sein, um die Datenerhebung klar auszudrücken und verständlich darzustellen.

Wie auch bei der BPMN-Erweiterung muss es eine Verbindung zwischen den beiden Sprachen geben, damit es nachvollziehbar ist, welche Kontexte wie erhoben und ausgewertet werden. Die gesamten Anforderungen an die Sensormodellierungssprache sind in Tab. 4.3 abgebildet.

Tab. 4.3 Anforderungen an die Sensormodellierungssprache

Anforderung	Beschreibung
Atomare Sensoren	Es muss möglich sein zwei Arten von atomaren Sensoren – physikalische und virtuelle – darzustellen.
Errechnete Sensoren	Die Darstellung von einem Sensor, der auf anderen Sensoren basiert.
Context expression language	Eine Sprache zum kurzen und bündigen Ausdrücken von Kontextbedingungen.
Entscheidungslogik	Eine Beschreibung auf welcher Grundlage/Logik ein Rückgabewert ausgegeben wird.
Sensorkombinierung	Eine Möglichkeit zur Darstellung der verschiedenen Abhängigkeiten und Kombinationen der Sensoren.
Eine Verbindung zur BPMN-Erweiterung	Eine Verbindung zwischen der Sensormodellierungssprache und der BPMN-Erweiterung.

4.4.2   Meta-Modell der Sensormodellierungssprache

In Abb. 4.7 ist das Meta-Modell der Sensormodellierungssprache, das mit MOF 2.0 entwickelt wurde, dargestellt. Das Ausgangselement aller anderen Objekte ist das *Element*. Von diesem Objekt erben alle die Attribute *name* und *description*. Danach sind die Objekte nach Pfeile – rechts – und Knoten – links – geordnet. Die verschiedenen Pfeiltypen werden benötigt, um die verschiedenen Abhängigkeiten zwischen den Objekten darstellen zu können, sowie zur Festlegung, dass nur bestimmte Verbindungen möglich sind. Die Sensortypen erben alle vom *Sensor*-Objekt. Dieser beinhaltet die Basiseigenschaften aller Sensoren. Dies ist der String *ouput* zur Beschreibung der Rückgabewerte und der Boolean *multiple*. Da es eine der Hauptforderungen ist, eine Unterscheidung der verschiedenen Sensortypen zu ermöglichen, wurden die Objekte *PhysicalSensor, VirtualSensor* und *ComputedSensor* erstellt. Um sicherzustellen, dass der *ComputedSensor* auf *AtomicSensors* – physikalisch und virtuell – basieren kann, wurde der *SensorFlow* eingeführt. Damit darüber hinaus der *ComputedSensor* auch auf anderen *ComputedSensoren* basieren kann, wurde der *ComputedSensorFlow* etabliert, um diese rekursive Beziehung zu ermöglichen. Der *ContextSensorFlow* stellt sicher, dass jeder Sensortyp mit einem *Context*-Objekt verbunden werden kann. Darüber hinaus ermöglich es der *ContextFlow*, dass nur *Context*-Elemente mit *ContextExpression* verbunden werden können.

4.4.3   Syntax der Sensormodellierungssprache

Abb. 4.8 zeigt die Notationen der Sensormodellierungssprache. Die ersten beiden Elemente repräsentieren die atomaren Sensoren. Diese beiden Sensoren sind die Basissensoren und sind nicht von anderen Sensoren abgeleitet. Der *physical Sensor* repräsentiert reale Sensoren, die beispielsweise die Luftfeuchtigkeit oder die Windstärke messen. Der *virtual Sensor* hingegen ist zur Darstellung von nicht physikalischen Sensoren, wie Datenbanken, Maschinenstatus oder Lagerbeständen vorhanden. Um die beiden Sensoren unterscheiden zu können, ist beim virtuellen Sensor ein kleines Datenbanksymbol neben dem Sensornamen angebracht. Unter dem Namen ist das Feld für die Rückgabewerte durch ein *Out* markiert. Dieses Feld ist zur strukturierten Auflistung der Rückgabewerte gedacht. Dies umfasst den Typ des Rückgabewertes und dessen Elemente. Als erstes muss der Name, danach – getrennt durch einen Strichpunkt – der Typ angegeben werden. Wenn der Typ bestimmte im Vorhinein ausgemachte Werte besitzt – Enums, Arrays, Listen etc. – können sie mit Aufzählungszeichen angegeben werden. Alternativ kann der Rückgabewert auch im JSON-Format spezifiziert werden. Beispiele der Darstellungen sind in Abschn. 4.5 zu finden.

Nach den atomaren Sensoren kommt der *computed Sensor*. Dieser kann benutzt werden, um verschieden *atomare* Sensoren oder *computed* Sensoren zu aggregieren, wie beispielsweise der Sensor *Wetter* von verschiedenen Sensoren aggregiert wird. Wie auch die atomaren Sensoren, haben die *computed Sensoren* einen *Out*-Bereich. Darüber hinaus

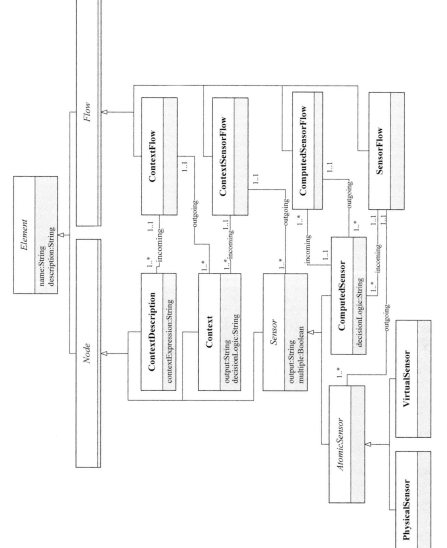

Abb. 4.7 Das Metamodell der Sensormodellierungssprache

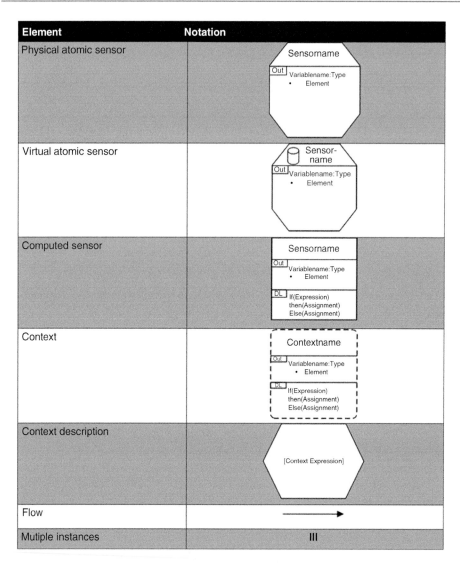

Abb. 4.8 Die Notationen der Sensormodellierungssprache

haben sie noch ein Feld zur Beschreibung der Entscheidungslogik für die Rückgabewerte, welches mit *DL* gekennzeichnet ist. Der genaue Aufbau der Entscheidungslogik kann aus Tab. 4.4 entnommen werden.

Die *Context*-Notation ist das nächste Element in der Abbildung. Der Name des Elements muss dem eines Kontextes entsprechen, welcher in einer *context description* benutzt wird. Nur *Context*-Elemente können mit *context description* verbunden werden. Wie auch

Tab. 4.4 EBNF-Grammatik für die Entscheidungslogik

```
<Decisionlogic>::= <LogicTerm> ["else(" <Assignment> ")"] |
   <LogicTerm>" "<LogicTerm> ["else(" <Assignment> ")"]
<LogicTerm>::= "If(" <Expression> ")then(" <Assignment> ")"
<Assignment> ::= <Variable> "=" <Value>
<Expression>::= <Variable> [<MathematicalOperator> <Constant>] <Comparison>
   <Value> | <Expression> <LogicOperator> <Expression>
<Comparison>::= "=" | "!=" | "<=" | ">=" | "<" | ">"
<MathematicalOperator>::= "*" | "/" | "+" | "-"
<LogicOperator>::= "&&" | "||"
<Constant>::= --> "DoubleNumber"
<Interval>::= -->"IntegerNumber" "msec" | "sec" |"min" | "hours" | "days"
<Variable>::= -->"StringIdentifier in UTF-8"

<Value>::= -->"StringIdentifier in UTF-8"
```

Sensoren hat das *Context*-Element *Out* und *DL*-Felder. Außerdem muss ein *Context*-Element mindestens auf einen Sensor beruhen. Die *context description* ist die grafische Repräsentation für kontextuelle Einflüsse in Geschäftsprozessen. Die Sprache dazu wurde bereits in Abschn. 4.3.5 beschrieben. Um die verschiedenen Elemente zu verbinden und die Abhängigkeiten sowie die Informationsflüsse anzuzeigen, wurde das *Flow*-Element entwickelt. *Multiple instances* ist das letzte Element in der Abbildung und ein Attribut, das für jeden Sensor existiert. Es zeigt an, ob ein Sensor mehr als eine Instanz hat und wird rechts neben dem Sensornamen platziert.

Die kontextfreie Grammatik für die Entscheidungslogik in der EBNF ist in Tab. 4.4 abgebildet. Ein Term der Entscheidungslogik besteht grundsätzlich aus einem *LogicTerm,* der einen Standardwert haben kann. Der *LogicTerm* selbst besteht aus einer *Expression* und einem *Assignment.* Wenn die *Expression* als richtig ausgewertet wird, dann wird einer Variablen ein vorbestimmter Wert zugewiesen werden. Alle Variablen müssen im *Out*-Bereich des *computed Sensors* oder des *Context* existieren. Um einige grundsätzliche Definitionen zu kürzen und keine unnötigen Redundanzen zu erzeugen, wurde auf einige Standards mit dem Symbol „-->" verwiesen, beispielsweise beim Datumsformat wurde auf die Definition in RFC 5322 verwiesen.

4.4.4 Handlungsanleitung der Sensormodellierungssprache

Um die Modellierungstechnik zu komplettieren, muss eine Handlungsanleitung präsentiert werden. Da die Sensormodellierung abhängig ist zum Geschäftsprozess, ähnelt die Handlungsanleitung der zur BPMN-Erweiterung aus Abschn. 4.3.6. Demnach existieren auch bei der Sensormodellierung drei Ausgangssituationen. Erstens die Modellierung eines neuen mobilen kontextsensitiven Geschäftsprozesses mit anschließender Sensormodellierung. Zweitens ein existierender Geschäftsprozess wird kontextsensitiv

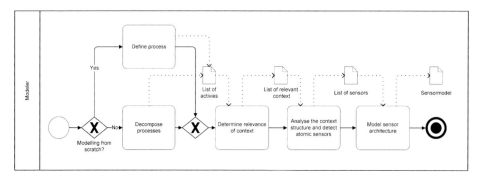

Abb. 4.9 Handlungsanweisung für einen neu zu erstellenden und einen existierenden Geschäftsprozess

modelliert inklusive eines Sensormodells. Drittens verschiedene Variationen eines Geschäftsprozesses in Abhängigkeit eines Kontextes existieren und müssen zu einem Modell mit einem zugehörigen Sensormodell vereinigt werden.

Situation eins und zwei unterscheiden sich dabei nur am Anfang und können damit zusammengefasst werden. Situation drei wird mit einer extra Anleitung bedacht. In Abb. 4.9
ist die Handlungsanleitung für die Situationen eins und zwei dargestellt. Diese basieren
wieder auf der „Prozedur für die Kontextidentifikation" nach ROSEMAN et al. [29] und wurden mit BPMN 2.0 erstellt. Zuerst wird festgestellt, ob ein neuer kontextsensitiver
Geschäftsprozess erstellt oder ein existierender Geschäftsprozess kontextualisiert werden
soll. In beiden Fällen wird eine Liste der Aufgaben erstellt, die für den nächsten Schritt der
Identifizierung des Kontextes benötigt wird. Das Resultat der Aufgabe ist eine Liste mit
dem relevanten Kontext. Dieser wird weitergehend analysiert, um die atomaren Sensoren,
die für die Kontexte benötigt werden zu erkennen und eine Sensorarchitektur zu erstellen.

Wenn verschiedene Variationen eines Geschäftsprozesses in Abhängigkeiten von Kontexten existieren, dann kann die Handlungsanleitung aus Abb. 4.10 verwendet werden.
Zuerst müssen alle Variationen des Geschäftsprozesses gefunden werden, was zu einer
Liste aller Variationen führt. Diese wird dazu benutzt um die Kontextabhängigkeiten zu
identifizieren. Die Liste mit dem relevanten Kontext wird dann genutzt, um die Sensoren
herauszufinden. Danach kann eine Sensorarchitektur erstellt werden, die zu einem Sensormodell führt.

4.5   Evaluation

Das Ziel dieses Kapitels ist es, eine Möglichkeit zur Berücksichtigung von Kontexteinflüssen beim Modellieren von Geschäftsprozessen zu schaffen. Deshalb wurde eine Erweiterung für die BPMN und eine DSML für die Sensormodellierung präsentiert und erörtert.

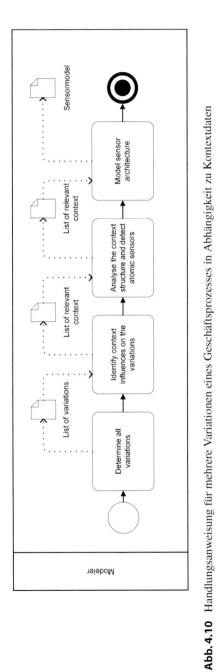

Abb. 4.10 Handlungsanweisung für mehrere Variationen eines Geschäftsprozesses in Abhängigkeit zu Kontextdaten

Abschließend soll nun eine kurze Evaluierung der geschaffenen Artefakte nach HEVNER et al. [21] stattfinden.

Das Beispiel des Sicherheitsbeauftragten aus Abschn. 4.3.2 wird nachfolgend mit der BPMN-Erweiterung modelliert und ein Sensormodell präsentiert. Abb. 4.11 zeigt den Geschäftsprozess modelliert mit *Context4BPMN*.

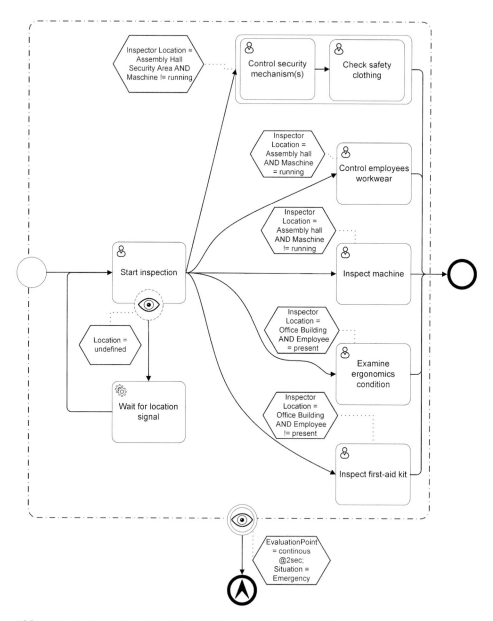

Abb. 4.11 Das Inspektionsbeispiel beschrieben mit Context4BPMN

Aufgrund der Kontextabhängig der Sequenz ist, wird sie mit der *context group* markiert. Dies betrifft alle Aufgaben in der Abb. 4.11. An der *context-group* ist zusätzlich noch ein *context event* angehängt, Das Event wird ausgelöst, wenn ein plötzlicher Notfall vorliegt, was alle 2 Sekunden überprüft wird. Das kann an dem Kontextterm abgelesen werden, welcher mit einer *context description* neben dem *context event* angebracht ist. Bei einem Notfall wird zu einem anderen Prozess verwiesen, der auf das auslösende Event reagiert. Die erste Aufgabe *Start inspection* hat nun ein angeheftetes, nicht unterbrechendes Element, welches ausgelöst wird, wenn die Position des Kontrollers nicht bestimmt werden kann. Abhängig vom ermittelten Kontext wird nun die Aufgabe ausgeführt, die am besten geeignet ist. Das kann als eine Selektion einer Aufgabe aus einem Aufgabenpool zur Laufzeit gesehen werden. Die Adaptierung wird durch die Evaluierung der Kontextausdrücke in den *context descriptions,* die mit den Aufgaben verbunden sind, durchgeführt. In Abb. 4.12 werden einige dieser Ausprägungen dargestellt. Die erste Zeile zeigt beispielsweise den Prozess, wenn der Kontroller in der Fertigungshalle ist, die Maschine nicht läuft und kein Notfall während der Inspektion dazwischen kommt.

Um den Ursprung und die Aggregation der Kontexte zu evaluieren, kann ein Sensormodel angefertigt werden. In Abb. 4.13 wird das Sensormodel für die context description *Inspector Location = Office Building „and" Employee = present* dargestellt, welche auch in Abb. 4.11 und 4.12 verwendet wird.

Die gestrichelten Rechtecke symbolisieren die Kontexte, welche für die Auswertung der *context descrption* verwendet werden. In diesem Fall sind das die Kontexte *inspector location* und *employee state*, die von der sich oberhalb befindlichen *context description* verwendet werden. Diese sagt aus, dass sich der Kontroller im Bürogebäude befindet und der Mitarbeiter im Moment an seinem Arbeitsplatz ist. Das würde laut dem BPMN-Modell bedeuten, dass der Kontroller die ergonomischen Bedingungen am Arbeitsplatz überprüft. Die Kontextrechtecke haben die zwei Bereiche: *Out* und *DL*. Im *Out*-Bereich sind die zu erwartenden Werte zu sehen. Beispielsweise sind die Werte *Office Building,*

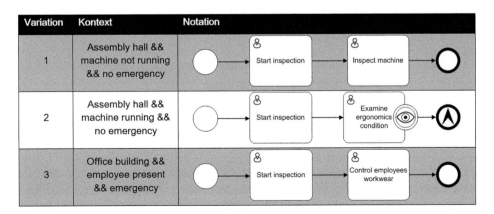

Abb. 4.12 Drei verschiedene Variationen des Geschäftsprozesses zur Laufzeit

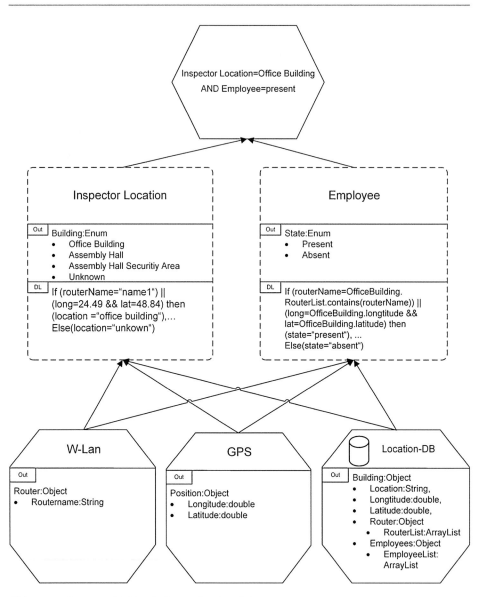

Abb. 4.13 Sensormodell für die Kontrolleurlokalisierung

Assembly hall, Assembly hall security area oder *Unknown* für die *Inspector Location* zu sehen. Im *DL*-Bereich wird die Entscheidungslogik angegeben. Diese drückt aus bei welcher Bedingung welcher Rückgabewert ausgegeben wird. Wenn der Kontrolleur beispielsweise mit dem Router namens *name1* verbunden ist, befindet er sich im Bürogebäude. Die zwei Kontexte basieren auf den gleichen atomaren Sensoren namens *W-Lan, GPS* und *Location-DB*. Diese haben, genauso wie die Kontexte, einen *Out*-Bereich. Eine alternative Beschreibung der Rückgabewerte kann über das JSON-Format erfolgen. Zum Beispiel kann der Rückgabewert für den *W-Lan* Sensor auch wie folgt angegeben werden: *{Router-name:„name"}*. Abschließend lässt sich feststellen, dass es mit der Erweiterung der BPMN und in Kombination mit dem Sensormodell möglich ist kontextuelle Einflüsse auf Geschäftsprozesse nicht nur zu modellieren, sondern auch deren Auswertung über Sensoren darzustellen.

Im Abschn. 4.3.2 und 4.4.1 wurden an die jeweiligen Modellierungssprachen Anforderungen gestellt. Diese werden im folgendem auf Umsetzung geprüft und in Tab. 4.5 übersichtlich dargestellt.

Wie aus der Tabelle zu entnehmen ist, wurden alle Anforderungen an die zwei Sprachen erfüllt. Eine Kontextmarkierung wurde als *context group* etabliert. Ebenso wurden mit dem unterbrechenden und nicht-unterbrechenden Kontextereignis zwei Ereignisse der BPMN hinzugefügt. Kontextausdrücke können nun mit Hilfe des Elements der *context descripton* an *activities* und *events* hinzugefügt werden, welche gleichzeitig als Verbindung zum passenden Sensormodell fungiert. Für die Sensormodellierungssprache wurden

Tab. 4.5 Vergleich zwischen den Anforderungen und der Umsetzung

Anforderung	Funktion	Übereinstimmung?
Anforderungen der BPMN-Erweiterung:		
Kontextmarkierung	Context Group	✓
Unterbrechendes/Nicht-unterbrechendes Kontextereignis	Intermediate Context Event	✓
Kontextausdruckssprache	Context expressions	✓
Evaluationszeitpunkt	Der Evaluationszeitpunkt kann mit der context expression in context descriptions oder context annotations ausgedrückt werden	✓
Kompatibilität zu BPMN 2.0	Die Erweiterung nutzt die Mechanismen der BPMN 2.0 und stellt somit die Kompatiblität sicher.	✓
Verbindungsmöglichkeit zur Sensormodellierungssprache	Context description	✓
Anforderungen der Sensormodellierungssprache:		
Es muss möglich sein zwei Arten von atomaren Sensoren –physikalisch und virtuell – darzustellen.	Virtual and pyhsical Sensor	✓
Darstellung eines Sensors, der auf anderen Sensoren basiert.	Computed sensors	✓
Eine Beschreibung auf deren Grundlage/Logik ein Rückgabewert ausgegeben wird.	Entscheidungslogik.	✓
Eine Darstellungsmöglichkeit der verschiedenen Abhängigkeiten und Sensorkombinationen.	Sensoraggregation durch Verknüpfungen der einzelnen Elemente möglich.	✓

die verschiedenen Sensoren – *physical*, *virtual* und *computed* – eingeführt, sowie eine Entscheidungslogik für die Rückgabewerte entwickelt. Die Sensoraggregation ist durch die Verbindung der verschiedenen Sensoren mittels gerichteter Kanten und durch die Entscheidungslogik darstellbar. Somit wurden alle Anforderungen an die zwei Sprachen erfüllt.

4.6 Ausblick

Dieses Kapitel trägt dazu bei, dass das Modellieren von mobilen kontextsensitiven Geschäftsprozessen einfacher wird. Dazu wurden eine BPMN-Erweiterung namens *Context4BPMN* und eine Sensormodellierungssprache entwickelt. *Context4BPMN* ermöglicht es in BPMN nun kontextuelle Einflüsse zu modellieren, insbesondere nicht-statische. Mit der Sensormodellierungssprache kann die Kontextauswertung und die Sensorarchitektur modelliert werden.

Einige der Aufgaben aus der Forschungsagenda aus Abschn. 4.2 sind jedoch noch zu erfüllen. Dieses Kapitel hat zu den Punkten eins und zwei beigetragen. Um einen schnelleren Übergang von der Modellierung zur Implementierung von Geschäftsprozessen zu ermöglichen, soll für die beiden vorgestellten Modellierungssprachen ein Modellierungsframework erstellt werden. Dieses soll nach dem modellgetriebenen Architekturprinzip Sourcecode für die unterstützende mobile Anwendung des Geschäftsprozesses generieren. Dabei können aus den Elementen des Sensormodels Klassen und Strukturen abgeleitet werden. Auch die Entscheidungslogik aus den *context descriptions* können für Entscheidungen in der Software hergenommen werden. Des Weiteren soll danach ein systematischer Test des Frameworks und der Modellierungstechnik stattfinden. Für die Controllingphase müssen neue Kontext-KPIs gefunden werden, die während der Ausführungsphase erhoben werden können.

Literatur

1. Hammer M, Champy J (1993) Reengineering the corporation. A manifesto for business revolution. Harper Business, New York
2. Becker J, Kugeler M, Rosemann M (Hrsg) (2011) Process management. A guide for the design of business processes. Springer, Berlin
3. Vom Brocke J, Rosemann M (Hrsg) (2010) Handbook on business process management 2. Strategic alignment, governance, people and culture. Springer-Verlag, Berlin/Heidelberg
4. Scheer A-W (2000) ARIS – business process modeling. Springer, Berlin
5. Bichler M, Frank U, Avison D, Malaurent J, Fettke P, Hovorka D, Krämer J, Schnurr D, Müller B, Suhl L et al (2016) Erratum to. Theories in business and information systems engineering. Bus Inf Syst Eng 58:327
6. Kerr D, Koch C (2014) A creative and useful tension? Large companies using „Bring your own device". In: Bergvall-Kåreborn B, Nielsen PA (Hrsg) Creating value for all through IT. IFIP WG 8.6 International conference on transfer and diffusion of IT, TDIT 2014, Aalborg, 02.–04.06.2014. Proceedings, Bd 429, S. 166–178. Springer, Berlin/Heidelberg

7. Morabito V (Hrsg) (2014) Trends and challenges in digital business innovation. Springer, Cham
8. Rhee K, Eun S-K, Joo M-R, Jeong J, Won D (2013) High-level design for a secure mobile device management system. In: Marinos L, Askoxylakis I (Hrsg) Human aspects of information security, privacy and trust. First international conference, HAS 2013, held as part of HCI International 2013, Las Vegas, 21.–26.06.2013; proceedings, Bd 8030, S. 348–356. Springer, Berlin
9. Dey AK (2001) Understanding and using context. Pers Ubiquit Comput 5:4–7
10. Heinrich B, Lewerenz L (2015) A novel concept for the usage of mobile information services. In: Linnhoff-Popien C, Zaddach M, Grahl A (Hrsg) Marktplätze im Umbruch. Digitale Strategien für Services im mobilen Internet. Springer Vieweg, Berlin, S 319–329
11. Falk T, Leist S (2014) Effects of mobile solutions for improving business processes. ECIS 2014 Proceedings
12. Gottschalk F, van der Aalst WMP, Jansen-Vullers MH (2007) Configurable process models – a foundational approach. In: Becker J, Delfmann P (Hrsg) Reference modeling. Efficient information systems design through reuse of information models. Physica-Verlag, Heidelberg, S 59–77
13. Verordnung über Sicherheit und Gesundheitsschutz bei der Verwendung von Arbeitsmitteln (2016) (Betriebssicherheitsverordnung) BetrSichV
14. Keller G, Nüttgens M, Scheer A-W (1992) Semantische Prozeßmodellierung Semantische Prozeßmodellierung auf der Grundlage „Ereignisgesteuerter Prozeßketten (EPK)". Iwi, Saarbrücken
15. Object Management Group (OMG) (2011) Business process model and notation (BPMN), Version 2.0
16. Object Management Group (OMG) Unified modeling language. http://www.omg.org/spec/UML/. Zugegriffen am 16.02.2016.
17. Heinrich B, Schön D (2015) Automated planning of context-aware process models. University of Münster, Münster
18. Rosemann M, van der Aalst W (2007) A configurable reference modelling language. Inf Syst 32:1–23
19. International Organization for Standardization (ISO) (2013) Information technology. Object Management Group business process model and notation. ISO IEC, Genève
20. Braun R, Esswein W (2014) Classification of domain-specific BPMN extensions. In: Frank U, Loucopoulos P, Pastor Ó, Petrounias I (Hrsg) The practice of enterprise modeling. 7th IFIP WG 8.1 working conference, PoEM 2014, Manchester, 12.–13. 11.2014. Proceedings, Bd 197, S 42–57. Springer, Berlin/Heidelberg
21. Hevner AR, March ST, Park J, Ram S (2004) Design science in information systems research. MIS Q 28:75–105
22. Dörndorfer J, Seel C (2016) The impact of mobile devices and applications on business process management. In: Barton T, Herrmann F, Meister V, Müller C, Seel C (Hrsg) Prozesse, Technologie, Anwendungen, Systeme und Management 2016. Angewandte Forschung in der Wirtschaftsinformatik: Tagungsband zur 29. AKWI-Jahrestagung vom 11.09.2016 bis 14.09.2016 an der Technischen Hochschule Brandenburg, mana-Buch, Heide, S 10–19
23. Object Management Group (OMG) (2006) Meta object facility (MOF) core specification
24. Atkinson C, Gerbig R, Fritzsche M (2013) Modeling language extension in the enterprise systems domain. In: 17th IEEE international enterprise distributed object computing conference (EDOC 2013), S 49–58
25. Seel C (2010) Reverse Method Engineering. Methode und Softwareunterstützung zur Konstruktion und Adaption semiformaler Informationsmodellierungstechniken. Logos-Verl, Berlin
26. Karlsson F, Ågerfalk PJ (2004) Adapting to situational characteristics while creating reusable assets. Inf Softw Technol 46:619–633
27. Mertens P, Back A (Hrsg) (2001) Lexikon der Wirtschaftsinformatik. Springer, Berlin

28. Backus JW, Wegstein JH, van Wijngaarden A, Woodger M, Bauer FL, Green J, Katz C, McCarthy J, Perlis AJ, Rutishauser H et al (1960) Report on the algorithmic language ALGOL 60. Commun ACM 3:299–314
29. Rosemann M, Recker JC, Flender C (2008) Contextualisation of business processes. Int J Bus Process Integr Manag 3(1):47–60
30. Niesen T, Dadashnia S, Fettke P, Loos P (2016) A vector space approach to process model matching using insights from natural language processing. In: Nissen V, Stelzer D, Straßburger S, Fischer D (Hrsg) Multikonferenz Wirtschaftsinformatik (MKWI), Technische Universität Ilmenau, 09.–11.03.2016, Bd I, S 93–104. Universitätsverlag Ilmenau, Ilmenau

Kontextspezifische Visualisierung von Prozesskennzahlen

5

Timo Kahl und Frank Zimmer

Zusammenfassung

In diesem Kapitel werden Konzepte, Methoden und Technologien vorgestellt, die es ermöglichen, ausgewählte Prozesskennzahlen kontextspezifisch zu visualisieren. Hierzu wird zunächst ein Überblick über Prozesskennzahlen, deren Erhebung und Klassifikationsmöglichkeiten gegeben, um anschließend auf die Nutzerkreise und deren mögliche Informationsbedürfnisse einzugehen. Im Anschluss daran erfolgt die Veranschaulichung am Beispiel eines Dienstleistungsprozesses. Darauf aufbauend werden mögliche Visualisierungskonzepte diskutiert und eine Umsetzung auf Basis von R und D3.js aufgezeigt. Dies soll Anwender darin unterstützen, die im Zuge des Prozess-Monitorings gewonnenen Informationen schnell und zielorientiert in die Prozessgestaltung und -umsetzung einfließen zu lassen.

Schlüsselwörter

Business Process Performance Management • Key Performance Indicators (KPIs) • Prozesskennzahlen • Digitalisierung • Interaktive Visualisierung • D3.js • R

T. Kahl (✉) • F. Zimmer
Hochschule Rhein-Waal, Kleve, Deutschland
E-Mail: Timo.Kahl@hochschule-rhein-waal.de; Frank.Zimmer@hochschule-rhein-waal.de

© Springer Fachmedien Wiesbaden GmbH 2017
T. Barton et al. (Hrsg.), *Geschäftsprozesse*, Angewandte Wirtschaftsinformatik,
DOI 10.1007/978-3-658-17297-8_5

5.1   Visualisierung von Prozesskennzahlen als Erfolgsfaktor in der Prozessdigitalisierung und -automatisierung

Die methodengestützte Erhebung, Modellierung und Analyse von Geschäftsprozessen findet seit vielen Jahrzehnten in der unternehmerischen und verwaltungswirtschaftlichen Praxis Anwendung. Sowohl in der Organisations- als auch der Informationssystemgestaltung haben sich grafische Modellierungstechniken als Visualisierungsinstrumente in der Ist-Erhebung und Soll-Modellierung etabliert. In Ergänzung hierzu unterstützen Prozesskennzahlen neben der Gestaltung geplanter Prozesse zusätzlich die (kontinuierliche) Analyse und Verbesserung existierender Abläufe. Insbesondere im Zuge einer zunehmenden Digitalisierung und Automatisierung sowie der Realisierung einer dezentralen Produktionssteuerung und stärkeren Mensch-Maschine-Vernetzung wie sie aktuell im Kontext Industrie 4.0 diskutiert bzw. umgesetzt wird [1, 2], spielen die Erhebung und Verarbeitung von Prozesskennzahlen eine zentrale Rolle. Auch durch die Etablierung von Big-Data-Technologien im Dienstleistungssektor (bspw. Analyse von Kundendaten) kann auf Instanz-Ebene ein erhebliches Datenvolumen anfallen, das es auszuwerten gilt. Eine sinnvolle Auswertung durch menschliche Akteure ist dabei nur möglich, wenn die Daten entsprechend des Anwendungszweckes und unter Berücksichtigung der Informationsbedürfnisse der involvierten Anwender visualisiert werden. Insbesondere vor dem Hintergrund einer zunehmenden Mensch-Maschine-Interaktion im Produktionsbereich materieller Produkte oder aber in der Dienstleistungsproduktion kann die kontextspezifische Aufbereitung von Daten als ein wesentlicher kritischer Erfolgsfaktor im Digitalisierungsprozess gesehen werden.

5.2   Process Performance Management

Der Begriff Performance Measurement wird im Kontext der kennzahlenbasierten Unternehmenssteuerung seit Ende der 1980er-Jahre verwendet [3, 4]. Die Notwendigkeit und Verbreitung von Performance Measurement Ansätzen beruhen auf einer Vielzahl verschiedener Entwicklungen, wobei insbesondere die stärkere Prozess- und Kundenorientierung als wesentliche Treiber gesehen werden können.

Schmelzer und Sesselmann setzen den Begriff des Process Performance Management mit dem Begriff des Prozesscontrollings gleich, wobei zwischen strategischem und operativem Prozesscontrolling unterschieden wird [5]. Während beim strategischen Prozesscontrolling die Planung und Kontrolle von strategischen Prozesszielen, die Identifikation von strategischen Leistungslücken und die prozessorientierte Ausrichtung des Unternehmenscontrollings im Vordergrund stehen, fokussiert das operative Controlling auf operative Prozessziele sowie die laufende Messung und Kontrolle von Prozessergebnissen und -leistungen durch periodische Analysen, Assessments und Audits [5]. Die hier vorgestellten Prozesscontrollinginstrumente und Visualisierungsmöglichkeiten sind vornehmlich im operativen Controlling zu verorten.

Um operative Unternehmensprozesse verbessern und eine adäquate Kundenorientierung umsetzen zu können, ist eine geeignete Quantifizierung und Bewertung bspw. durch

Qualitätskennzahlen (Produkt-, Arbeitsqualität etc.) erforderlich. Heutzutage werden Kennzahlen im Allgemeinen und Prozesskennzahlen im Besonderen in einer Vielzahl von Anwendungskontexten eingesetzt. Entscheidend ist dabei, sinnvolle Kennzahlen bzw. Prozessmetriken in Abhängigkeit vom Erkenntnisziel zu wählen.

Auf diesen Aspekt wird im folgenden Abschnitt eingegangen. Neben dem reinen Erkenntnisziel spielt zusätzlich der Empfänger der Information eine wesentliche Rolle. Dieser kann maschineller oder menschlicher Natur sein. Der Beitrag beschränkt sich ausschließlich auf menschliche Informationsauswertungen.

5.2.1 Prozesskennzahlen im Geschäftsprozessmanagement

Sowohl in der Industrie als auch in der Verwaltung werden Prozesskennzahlen unterschiedlich intensiv und mit diversen Zielvorstellungen eingesetzt. Die Gründe für die Erhebung sind vielfältig und liegen bspw. in der Bewertung von Prozessen bzw. Prozessänderungen, dem Aufdecken von Schwachstellen und Verbesserungspotenzialen, dem internen und externen Vergleich von Prozessen (Prozessbenchmarking) oder in der kontinuierlichen Prozessoptimierung [6].

Nach Jung [6] sollten vor der Definition der eigentlichen Kennzahlen bzw. des Kennzahlensystems die Identifikation der Schlüsselprozesse und die Definition der Prozessziele liegen. Aufbauend auf den Prozesszielen sind Leistungsparameter zu spezifizieren, die es ermöglichen, die Effizienz und Effektivität der Geschäftsprozesse zu messen [5]. Leistungsparameter haben die zentrale Aufgabe, über Kennzahlen eine Relation zwischen Prozessen bzw. Prozessleistungen und Prozesszielen herzustellen [6]. Die in der Betriebswirtschaft seit langer Zeit erhobenen vornehmlich finanziellen Kennzahlen (bspw. Return on Investment, Eigenkapitalrendite, Liquiditätsgrad) sind für die Messung von Prozessen oft ungeeignet, da sie in der Regel keinen direkten Zusammenhang zur operativen Tätigkeit der Mitarbeitenden aufweisen [5]. Von daher ist eine Beschränkung auf diese Kennzahlen aus Sicht des Prozessmanagement nicht ausreichend. In Literatur und Praxis hat sich inzwischen eine Unterteilung von Prozesskennzahlen in die folgenden Bereiche durchgesetzt [6]:

- Kennzahlen mit zeitlichem Bezug wie bspw. Durchlauf-, Bearbeitungs- oder Reaktionszeiten
- Qualitätsbezogene Kennzahlen wie bspw. Fehler- (intern und extern) oder Reklamationsquoten
- Kostenbezogene Kennzahlen wie bspw. Fehlerkosten, Prüfkosten oder Kosten infolge von Fehlleistungen

Die konkrete Ausgestaltung einer Kennzahl hängt wesentlich von der Art des betrachteten Geschäftsprozesses bzw. den Prozesszielen und Leistungsparametern ab. Da diese je nach Prozesstyp sehr unterschiedlich sein können, ist es nicht zweckmäßig, ein allgemeingültiges Regelwerk zu definieren. In diesem Kapitel wird deshalb eine Klassifizierung entwickelt, die als Vorgabe zur Definition prozessspezifischer Prozesskennzahlen dienen kann (siehe Abb. 5.1).

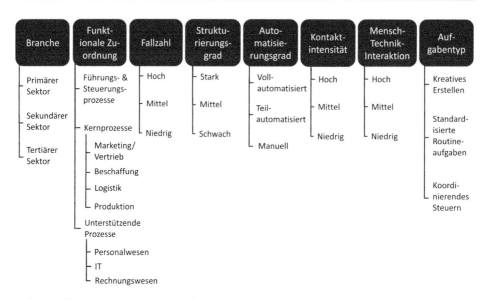

Abb. 5.1 Klassifizierung von Geschäftsprozessen (siehe auch [5, 33 und 34])

Entscheidenden Einfluss auf die Definition von Kennzahlen haben die Branche und der Funktionsbereich, in denen ein Geschäftsprozess anzusiedeln ist. So unterscheiden sich Produktionsprozesse im Dienstleistungsgewerbe erheblich von der Produktion von Sachgütern (vgl. hierzu bspw. [7]). Die Integration des „externen Faktors" Kunde führt dazu, dass Kennzahlen hinsichtlich des Verhaltens von Mitarbeitenden sowie die Beurteilung der Interaktion zwischen Kunde und Mitarbeitenden im Dienstleistungsbereich eine dominierende Rolle spielen. In der Produktion materieller Güter können diese Aspekte weitestgehend vernachlässigt werden.

Ein dritter Parameter, der erheblichen Einfluss sowohl auf die inhaltliche Ausgestaltung von Prozesskennzahlen als auch auf die Erhebungshäufigkeit hat, ist die Fallzahl eines Geschäftsprozesses. Während es bei niedriger Fallzahl ausreichend sein kann, einen Prozess in größeren unregelmäßigen Abständen zu messen, bietet sich bei einer hohen Fallzahl eine engmaschigere Erhebung und Kontrolle an. Dabei ist neben der Fallzahl auch die Schwankungsbreite (Varianz) des Prozesses entscheidend.

Die Strukturierung eines Prozesses hat weniger Einfluss auf die inhaltliche Ausgestaltung eines Kennzahlensystems als vielmehr auf die Erhebungs- und Messmöglichkeiten. So sind in schwach strukturierten Prozessen (bspw. in der Produktentwicklung) konkrete und aussagekräftige Kennzahlen oft schwieriger zu definieren als in stark strukturierten Geschäftsprozessen (z. B. Prozesse der Auftragsabwicklung).

In direktem Zusammenhang mit dem Strukturierungsgrad eines Prozesses steht die Automatisierung. So sind gut strukturierte Prozesse in der Regel einfacher automatisierbar als schwach strukturierte. Im Hinblick auf die Definition von Kennzahlen zeigt sich, dass bei vollautomatisierten Prozessen die Aufbereitung von Kennzahlen für Prozessbeteiligte aufgrund ihrer geringen Prozesseinbindung eine untergeordnete Rolle spielt. Hier steht die Überwachung durch Prozessauditoren und Prozesseigner im Vordergrund.

Die Kontaktintensität ist bei Geschäftsprozessen des Dienstleistungssektors ein entscheidender Faktor für die inhaltliche Ausgestaltung von geeigneten Prozesskennzahlen. Je kontaktintensiver ein Prozess ist, desto mehr rücken Kennzahlen zur Bewertung der Mitarbeiter-Kunde-Interaktion in den Mittelpunkt der Betrachtung.

Daneben ist insbesondere im Hinblick auf die kontextsensitive Visualisierung von Prozesskennzahlen die Intensität der Mensch-Maschine-Interaktion ein wichtiger Gestaltungsparameter. Sowohl für die planenden als auch die überwachenden Rollen in Geschäftsprozessen mit einer hohen Mensch-Maschine-Interaktion, sollte auf eine rollengerechte Visualisierung der Informationen geachtet werden.

Des Weiteren haben die dominierenden Aufgabentypen eines Geschäftsprozesses einen Einfluss auf die Gestaltung des Kennzahlensystems. Während bei kreativen Aufgaben Informationen und Kennzahlen zur Ideengewinnung und -bewertung herangezogen werden, geht es bei Routineaufgaben vornehmlich um die Überprüfung und Optimierung standardisierter Abläufe. Am häufigsten finden Prozesskennzahlen bis dato bei steuernden bzw. koordinierenden Aufgaben Anwendung (bspw. zur Erfolgsmessung und -kontrolle). Sowohl für die Darstellung von kreativen als auch überwiegend steuernden Aufgaben bergen interaktive Visualisierungen, wie sie in Abschn. 5.4 vorgestellt werden, ein erhebliches Potenzial.

Hinsichtlich der Erhebung von Kennzahlen spielen sowohl formale als auch sachliche Kriterien eine wichtige Rolle. Eine Kennzahl muss generell erhebbar sein, was eine gewisse Formalisierbarkeit voraussetzt. Des Weiteren ist es erforderlich, dass die Kennzahlendefinition und Datenerhebung ein adäquates Kosten-Nutzen-Verhältnis aufweisen.

5.2.2 Rollen, Aufgaben und Erkenntnisinteressen im Geschäftsprozessmanagement

Entscheidend für die kontextsensitive Visualisierung einer Kennzahl ist nicht nur das Erkenntnisziel und die daraus abgeleiteten zu messenden Leistungsparameter eines Prozesses, sondern auch der jeweilige Nutzer, der diese Kennzahl auswertet und verwendet. Die wesentlichen Rollen im Geschäftsprozessmanagement (GPM) wurden bereits vielfältig diskutiert und insbesondere für die planenden und steuernden Aufgaben definiert (siehe hierzu z. B. [5, 8, und 9]). Allen Vorschlägen ist gemein, dass sie den Fokus auf die Management-Aufgaben und die Planung von GPM-Aktivitäten legen, die operativen Rollen hingegen wenig beschrieben werden. Die Gründe hierfür liegen u. a. darin, dass sich die strategischen und planerischen Aufgaben in GPM-Initiativen sehr gut allgemein definieren lassen, die involvierten operativen Rollen allerdings sehr stark von der in Abschn. 5.2.1 vorgestellten Prozessart abhängen. Deshalb erscheint eine weitere allgemeingültig anmutende Unterteilung der operativen Rollen auch im Bereich der kontextsensitiven Visualisierung wenig sinnvoll. Abb. 5.2 gibt einen Überblick über die wesentlichen Rollen sowie deren Erkenntnisinteressen.

Generell kann zwischen Rollen der Einführungs- und Umsetzungsphase unterschieden werden [5]. Während der GPM-Projektleiter für die Einführung bzw. Weiterentwicklung von GPM-Initiativen verantwortlich ist und durch interne oder externe Prozessberater

Rolle	Aufgabe	Erkenntnisinteresse	
GPM-Projektleiter	Verantwortlich für GPM-Einführungs- oder Weiterentwicklungsprojekte	• Projektfortschritt GPM-Projekt • Wirksamkeit von Korrekturmaßnahmen	Einführungsphase
Prozessberater	Planung und Umsetzung von Arbeitspaketen im Zuge eines GPM-Projekts; methodische Unterstützung	• Fortschritt von Arbeitspaketen • Feedback zu Schulungen • Verständlichkeit von Prozessmodellen	
Chief Process Officer	Verantwortlich für die Weiterentwicklung des unternehmensweiten GPM-Systems	• Wirksamkeit GPM-System • Akzeptanz von GPM in der Organisation • Integration GPM- und IT-Aktivitäten	Planung, Steuerung, Kontrolle / Umsetzungsphase
Prozessmanager	Unterstützung des Prozesseigners in der Erhebung und Modellierung von Prozessen bzw. Planung und Umsetzung von Verbesserungen	• Schwachstellen in existierenden Prozessen • Auswirkungen von Prozessverbesserungen • Dokumentationsgrad • Fallzahl von Prozessen	
Prozessauditor	Unabhängige Prüfung von Arbeitsabläufen und Prozessen (bspw. Qualitätsmanagementsystem, SOX)	• Unregelmäßigkeiten und Auffälligkeiten in Prozessen (bspw. Genehmigungsverfahren) • Prozessabweichungen	
Prozesseigner	Verantwortung für die Zielerreichung; legt Prozessziele fest und stimmt sie mit Unternehmenszielen ab	• Kontrolle der Prozessausführung • Zielerreichungsgrad	Ausführung
Prozessmitarbeiter	Verantwortlich für die Aufgabendurchführung	• Optimierungsmöglichkeiten operativer Tätigkeiten • Abweichungen in den operativen Aufgaben	

Abb. 5.2 Rollen, Aufgaben und Erkenntnisinteressen im Geschäftsprozessmanagement (siehe auch [5, 8 und 9])

unterstützt wird, ist die zentrale Rolle der Umsetzungsphase der Prozesseigner [8]. Diese Rolle ist verantwortlich dafür, dass die laufenden Geschäftsprozesse koordiniert und gesteuert sowie mögliche Optimierungsmaßnahmen umgesetzt werden. Sein zentrales Erkenntnisinteresse erstreckt sich auf Informationen und Kennzahlen, die der Kontrolle der in seinem Verantwortungsbereich liegenden Aktivitäten dienen. Dies kann bspw. durch die Bereitstellung von Prozessberichten, auch Prozess-Cockpit-Charts oder Prozess-Cockpits genannt, geschehen. Diese sollten Informationen zur Leistungssituation, Leistungsentwicklung sowie zu Abweichungen von Prozesszielen beinhalten [5]. Prozess-Cockpit-Berichte sollten aussagekräftig aufbereitet sein. In der Regel wird für jeden Geschäftsprozess ein Berichtsblatt erstellt [5].

Unterstützt wird der Projekteigner durch den Prozessmanager. Ihm obliegt die Identifikation von Schwachstellen sowie möglichen Prozessverbesserungen. Kennzahlensysteme zur Unterstützung von Prozessmanagern sollten somit auf diese Aspekte fokussieren. Organisatorisch gehört die Rolle des Prozessmanagers in der Regel zum Chief Process Officer (CPO), dessen zentrale Aufgabe in der Ausrichtung der GPM-Ziele an den Unternehmenszielen sowie der Einführung und Verbesserung von GPM-Methoden bzw. Werkzeugen besteht [10]. Sein Hauptaugenmerk liegt auf der Entwicklung sowie Verbesserung des GPM-Systems, so dass sein Informationsbedarf auf die Wirksamkeit und Akzeptanz von GPM-Maßnahmen abzielt. Auch der Prozessauditor gehört in der Regel in das Wirkungsfeld des CPO und hat die Aufgabe, Prozesse zu überwachen und hinsichtlich ihrer Konformität zu gültigen Regelwerken zu überprüfen (bspw. Qualitätssystem des Unternehmens oder SOX-Vorgaben). Diese Rolle ist deshalb vornehmlich an Abweichungsberichten und Informationen bzgl. der Konformität von Prozessen interessiert. Die Rolle des Prozessmitarbeiters übernimmt die Ausführung und operative Umsetzung der Prozessvorgaben. Je nach Ausprägung des Prozesses kann hier zwischen weiteren untergeordneten

Rollen unterschieden werden. So ist es bspw. im Dienstleistungssektor üblich, zwischen Rollen mit und ohne Kundenkontakt zu unterscheiden. Beide Rollen haben unterschiedliche Informationsbedarfe. So sind für die Mitarbeitenden mit Kundenkontakt Kennzahlen der Kundenzufriedenheit entscheidend, während für die Mitarbeitenden im Back-Office-Umfeld Effizienzkennzahlen im Vordergrund stehen. Alle operativen Rollen haben gemein, dass lediglich diejenigen Kennzahlen zur Verfügung gestellt werden sollten, die einen direkten Einfluss auf die ausgeübte Tätigkeit haben. Hier ist weniger die Informationsvielfalt, sondern die Aktualität und eine einfache Visualisierung ausschlaggebend, um eine möglichst schnelle Informationsaufnahme und -umsetzung zu gewährleisten. Das Zusammenspiel zwischen Prozesskennzahlen und Nutzer wird im nächsten Abschnitt am Beispiel eines Dienstleistungsprozesses veranschaulicht.

5.3   Kennzahlendefinition am Fallbeispiel eines Dienstleistungsprozesses aus der Fast-Food-Systemgastronomie

Im Folgenden wird am Beispiel eines Dienstleistungsprozesses aufgezeigt, welche unterschiedlichen Informationsbedarfe verschiedene Rollen in einem Prozess haben können und mit welchen Kennzahlen diese Bedarfe adäquat befriedigt werden können. Basierend auf diesem Fallbeispiel werden in den folgenden Abschnitten Visualisierungskonzepte und unterschiedliche Visualisierungsmöglichkeiten aufgezeigt.

Insbesondere in Produktionsprozessen zeigt sich sowohl bei materiellen Erzeugnissen als auch bei Dienstleistungsprodukten ein erheblicher Mehrwert, wenn Kennzahlen nicht nur Prozessmanagern oder Führungskräften zur Verfügung gestellt werden, sondern auch in die Abläufe des operativen Betriebs eingebunden sind. Am Beispiel von Restaurantbetrieben soll dies hier aufgezeigt werden.

In Abhängigkeit vom Aktivitätsgrad des Nachfragers bzw. des Anbieters können verschiedene Arten von Restaurantbetrieben unterschieden werden [30]. Eine ausgewogene Mischung zwischen Kunden- und Anbieteraktivitäten findet sich in der Fast-Food-Systemgastronomie, welche die Grundlage des folgenden Fallbeispiels bildet. Hier übernimmt der Kunde die Anfahrt, die Parkplatzsuche und in gewisser Weise auch die Bedienung. Der Anbieter bereitet die Speisen zu und stellt diese zusammen [30]. Es handelt sich um ein typisches Einphasen-System, in dem der Kunde nur von einer Station bedient wird und anschließend das System wieder verlässt [7]. Dabei sind die Prozess-, Produkt- und Potenzialdimension hochgradig standardisiert [30]. In den Prozess der Speisezubereitung und der Bedienung sind die Rollen „Mitarbeiter Grill", „Mitarbeiter Schalter", „Mitarbeiter Drive-Through-Fenster", „Mitarbeiter Bin (Ablage)" sowie „Springer (flexibel einsetzbar)" eingebunden [7]. Zusätzlich werden in diese Betrachtung der verantwortliche Filialmanager sowie die Prozessverantwortlichen des Franchisegebers einbezogen.

Der operative Prozess der Essenserstellung findet in der Küche statt, während die Kundenbedienung am Schalter erfolgt. Um Kunden möglichst schnell bedienen zu können, werden die Gerichte auf Vorrat produziert und auf einer Ablageplatte (Bin) zwischen Küchen- und

Schalterbereich zwischengelagert. Als Beispiel kann hier McDonald's angeführt werden. Das Unternehmen hat die zeitliche Vorgabe gegeben, Kunden nicht länger als zwei Minuten in der Schlange und nicht länger als 60 Sekunden am Schalter warten zu lassen [7]. Dies führt dazu, dass am Bin immer ausreichend Speisen auf Vorrat gelagert sein müssen, damit keine längeren Warteschlangen entstehen. Zusätzlich gibt es allerdings das Qualitätsziel, alle Speisen möglichst frisch und richtig temperiert zu servieren. Dies hat zur Folge, dass nicht zu viele Speisen zubereitet werden dürfen. Der Bin-Mitarbeiter hat die Aufgabe, diesen Zielkonflikt möglichst optimal zu managen. Er übernimmt die zentrale Rolle der Schnittstellenkoordination zwischen Küche und Schalter [7]. In Abhängigkeit vom Stundenumsatz in einer Filiale gibt es hier Vorgaben, wie der Fluss an Speisen zu steuern ist.

Bevor die Erkenntnisinteressen der einzelnen Rollen beschrieben werden, erfolgt zunächst eine Einordnung dieses Prozesses entsprechend der in Abschn. 5.2.1 aufgezeigten Prozessklassifizierung. Dies soll es ermöglichen, neben allgemeinen auch prozessspezifische Kennzahlen zu spezifizieren. Dabei wird zwischen dem Teilprozess der Essenszubereitung (inkl. Zwischenlagerung (Bin)) und dem Bedienungsprozess unterschieden. Es handelt sich bei beiden Teilprozessen um typische Dienstleistungsproduktionsprozesse. Diese zeichnen sich dadurch aus, dass Produktion und Konsum simultan erfolgen und der Nachfrager als externer Faktor in die Produktion miteinbezogen ist [11]. Beide Prozesse sind als hochgradig strukturiert und standardisiert zu bezeichnen, wobei die Abläufe am Schalter aufgrund der Einbeziehung des externen Faktors etwas unstrukturierter sind als diejenigen in der Küche. Beide Teilprozesse sind teilautomatisiert, da sowohl das Küchenpersonal als auch die Mitarbeitenden am Schalter durch Informationssysteme und Maschinen unterstützt werden. Dies bedingt eine durchschnittliche Mensch-Technik-Interaktion in beiden Teilprozessen. Hinsichtlich der Kontaktintensität unterscheiden sich die beiden Teilprozesse. Während die Prozesse in der Küche weitestgehend autonom und ohne Beteiligung von Kunden stattfinden, zeichnen sich die Prozesse am Schalter durch eine hohe Kontaktintensität aus. Die Kunden geben Bestellungen auf, äußern Wünsche und beeinflussen durch ihr Bestellverhalten die Bedienprozesse.

In Tab. 5.1 ist beispielhaft abgebildet, welche möglichen Kennzahlen in diesem Prozess für welchen Nutzer von Interesse sind. Auf Basis dieses Beispiels werden in Abschn. 5.5 Visualisierungsmöglichkeiten mit Hilfe von R und D3.js aufgezeigt.

Die Informationserfordernisse von operativen Rollen umfassen wie in Abschn. 5.2.2 beschrieben vornehmlich Sachverhalte, die den Arbeitsablauf in einer konkreten Situation direkt beeinflussen können. Für steuernde Rollen ist es wichtig, alle wesentlichen Informationen zu haben, die es ermöglichen, den Prozess koordinieren und im Falle von signifikantem Abweichen eingreifen zu können. Der Prozessmanager hat als Mitarbeiter des Franchisegebers die Aufgabe, den Prozess langfristig zu beobachten, mögliche Verbesserungspotenziale zu identifizieren und in Normen, Verfahrensanweisungen und Verträge zu integrieren. Als generelle Kennzahlen eignen sich hier typische Kennzahlen der Dienstleistungsproduktion, die speziellen Kennzahlen wurden Rollen-spezifisch abgeleitet.

Tab. 5.1 Mögliche Kennzahlen in einem Dienstleistungsproduktionsprozess

Rolle	Aufgabentyp	Erkenntnis-interesse	Kennzahlen
Mitarbeiter Küche	operative, standardisierte Tätigkeit	Beurteilung und Optimierung der ausgeführten operativen Tätigkeiten	**Zeit:** – Durchschnittliche Zubereitungszeit einer Speise – Abweichung zwischen Zubereitungszeit einer erstellten Speise und durchschnittlicher – Zubereitungszeit
			Qualität: – Abweichung zwischen Gewicht einer erstellten Speise und vorgegebenem Durchschnittsgewicht – Anzahl Kundenreklamationen/Stunde (Arbeitsstation) – Anzahl Zubereitungsfehler/Stunde (Arbeitsstation)
			Kosten: – Kosten für Lebensmittel, die aufgrund falscher Behandlung (bspw. Nicht-Kühlung) vernichtet werden mussten – Kosten aufgrund von Zubereitungsfehlern
Mitarbeiter Bin	operative, standardisierte Tätigkeit	Beurteilung und Optimierung der ausgeführten operativen Tätigkeiten	**Zeit:** – Durchschnittliche Wartezeit in Schlange (Gesamtrestaurant) – Durchschnittliche Wartezeit an Schaltern (Gesamtrestaurant) – Durchschnittliche Liegezeiten im Bin pro Speisegruppe
			Qualität: – Anzahl an Speisen, die länger in der Auslage liegen als in den Qualitätsvorschriften vorgegeben – Kundenreklamationen aufgrund zu langer Wartezeiten – Mehr- und Mindermengen der einzelnen Produktgruppen
			Kosten: – Kosten für die Bearbeitung von Kundenbeschwerden und Ersatzleistungen – Kosten für Lebensmittel, die aufgrund zu langer Liegezeiten im Bin vernichtet werden mussten

(Fortsetzung)

Tab. 5.1 (Fortsetzung)

Rolle	Aufgabentyp	Erkenntnis-interesse	Kennzahlen
Mitarbeiter Schalter	operative, standardisierte Tätigkeit	Beurteilung und Optimierung der ausgeführten operativen Tätigkeiten	**Zeit:** – Durchschnittliche Wartezeit in Schlange (Arbeitsstation) – Durchschnittliche Wartezeit am Schalter (Arbeitsstation)
			Qualität: – Anzahl Bedienfehler – Beurteilung der Freundlichkeit (durch Kunde) – Ergebnis Kundenbefragungen zur Servicequalität
			Kosten: – Kosten für die Bearbeitung von Kundenbeschwerden und Ersatzleistungen für Bedienfehler (Arbeitsstation) – Kosten aufgrund von Kassierfehlern (Arbeitsstation)
Filial-manager	Steuernde Tätigkeit	Optimierung und direkte Beeinflussung der Tätigkeiten der Mitarbeiter	**Zeit:** – Durchschnittliche Verweildauer der Kunden im Restaurant – Durchschnittliche Gesamtdurchlaufzeit
			Qualität: – Kundenreklamationen gesamt (verschiedene Zeitintervalle) – Kundenreklamationen im landesweiten Vergleich
			Kosten: – Verhältnis Kunden/Mitarbeiter – Gesamtprozesskosten (inkl. zeitlicher Entwicklung und Vergleich)
Prozess-manager Franchisegeber	Planende Tätigkeit	Identifikation von Schwachstellen und Standardisierungspotenzialen (langfristig)	**Zeit:** – Landesweite Unterschiede in der durchschnittlichen Wartezeit in der Schlange bzw. am Schalter (Selektionskriterien bspw. unterschiedliche Franchisegeber, geografische Lage etc.) – Landesweite Unterschiede in der durchschnittlichen Verweildauer
			Qualität: – Landesweite Verteilung der Kundenreklamationen – Auswertung aus landesweit durchgeführten Kunden- und Mitarbeiterbefragungen
			Kosten: – Prozesskosten (Selektionskriterien bspw. unterschiedliche Franchisegeber, geografische Lage etc.) – Statistische Auswertungen von Fehlerkosten (landesweit)

5.4   Methoden und Werkzeuge zur statischen und interaktiven Visualisierung von Daten

Kontextsensitive Visualisierung umfasst die Aufbereitung und grafische Darstellung von Daten für unterschiedliche Nutzergruppen. Ziel einer guten kontextsensitiven Visualisierung ist es, Daten zu bestimmten Fragestellungen so darzustellen, dass Nutzergruppen die für sie im jeweiligen Kontext relevanten Informationen und Aspekte schnell erfassen und auf Basis dieser Daten Entscheidungen treffen können. Visualisierungen dienen im betrieblichen Umfeld nicht dem Selbstzweck, sondern unterstützen Nutzer darin, die in einer Arbeitssituation relevanten Daten besser verstehen zu können. Somit steht nicht die Implementierung neuartiger visueller Effekte im Vordergrund, sondern das schnelle Erfassen und Verstehen der im Kontext wichtigen Informationen. Der Fokus einer Visualisierung liegt also auf der schnellen und präzisen Vermittlung von teilweise komplexen Informationsinhalten.

Bei der Erstellung von Visualisierungen spielen viele Faktoren eine Rolle. Wahrnehmungs- und gestaltpsychologische Grundlagen und Gesetzmäßigkeiten sind bereits detailliert beschrieben (z. B. [32]). Hieraus lassen sich einige Regeln bzw. Grundsätze ableiten, die helfen, eine gute (kontextsensitive) Visualisierung zu erstellen (s. z. B. [13–17]).

In der Wahrnehmungspsychologie wird der Wahrnehmungsprozess derzeit als ein aktiver Vorgang verstanden, in dem Informationen aufgenommen und verarbeitet werden [32]. Um kontextsensitive Informationen zu visualisieren, ist es erforderlich, die zugrundeliegenden Daten und ihre Beziehungen untereinander im Detail zu verstehen. Die Visualisierung von Daten beginnt mit der Planung, d. h. dem Formulieren einer konkreten Fragestellung, sowie der Analyse der vorhandenen Daten.

Wie in Abschn. 5.2.1 vorgestellt, können im unternehmerischen Umfeld im Zusammenhang mit Unternehmensprozessen Durchlaufzeiten, Kosten, Qualitätsbeurteilungen etc. wichtig sein. Dabei sind relative Kennzahlen (z. B. derzeitige Durchlaufzeiten bezogen auf diejenigen des Vormonats) in der Regel aussagekräftiger als absolute Angaben. Zusätzlich sind die in den Prozess involvierten Nutzergruppen für eine adäquate Visualisierung entscheidend (siehe Abschn. 5.2.2). Unterschiedliche Zielgruppen benötigen für ihre Tätigkeiten verschiedene Informationen und haben daher unterschiedliche Sichten auf die gleichen Daten. Ist die Zielgruppe bekannt, können die für sie relevanten Informationen aus den Daten extrahiert und aufbereitet werden. Dabei ist entscheidend, welche Informationen die Nutzer tatsächlich benötigen und welche Informationen dargestellt werden sollen.

Es gibt eine Vielzahl an Möglichkeiten, Daten zu visualisieren (siehe auch Abschn. 5.5). Neben einfachen Säulen-, Balken- und Kreisdiagrammen, gibt es Heatmaps, Treemaps etc. für die Visualisierung kategorialer Daten. Verteilungen können bspw. mit Hilfe von Histogrammen oder Pyramiden visualisiert werden. Säulen- und Liniendiagramme eignen sich zur Darstellung von Zeitreihen. Im Gegensatz hierzu dienen Kartogramme sowie Standort-, Verbindungs-, Choroplethen- bzw. Konturenkarten der Darstellung von Raumdaten (siehe etwa [14])

Je nach Zielgruppe und Kontext sollte eine angemessene Darstellungsmöglichkeit ausgewählt werden. Diagramme können mit der Angabe von zusätzlichen Zahlen oder verbalen Angaben ergänzt werden. Die Darstellung selbst sollte dabei möglichst einfach, aber genau sein.

Oftmals genügt es nicht, die Daten mit Hilfe nur einer einzelnen Grafik zu visualisieren. Die Zusammenfassung verschiedener Diagramme in einem Dashboard erlaubt es dem Entscheider, verschiedene Sichten auf entscheidungsrelevante Daten zu erlangen. Interaktive Grafiken ermöglichen es, dass unterschiedliche Nutzer das gleiche Cockpit benutzen können. Durch Schieberegler, Mouseover, Checkboxes und weitere Interaktionselemente können Daten für diverse Nutzer und Kontexte unterschiedlich aufbereitet werden (z. B. unterschiedliche Zeiträume, Aus- und Einblenden zusätzlicher Informationen, Aggregieren von Daten verschiedener Zeiträume etc.).

Eine Datenvisualisierung ist als gut zu bezeichnen, wenn die vorliegenden Daten und die darin enthaltenen Informationen zielgruppenspezifisch und kontextbezogen leicht verständlich, schnell erfassbar und präzise dargestellt werden.

In der Visualisierung stehen eine Reihe hoch entwickelter Werkzeuge zur Verfügung. Neben den bekannten Systemen wie etwa Microsoft Excel, Google Drive oder Many Eyes, die ohne Programmierkenntnisse für viele Anwendungsgebiete geeignet sind, gibt es auch datenspezifische Werkzeuge wie Gephi, ImagePlot, Treemap, TileMill, indiemapper oder auch GeoCommons, die bspw. auf die Erstellung von geografischen Karten, Treemaps oder Netzwerkdiagrammen fokussieren. Auch Processing, Python und PHP eignen sich für die Visualisierung, wenn entsprechende Programmierkenntnisse vorhanden sind.

Flexible, interaktive Grafiken lassen sich mit Tableau Software (siehe [12]), der freien Software R (siehe [18, 19]) oder mit Hilfe weniger Programmierkenntnisse auf Basis von JavaScript erstellen. Interaktiv bedeutet in diesem Zusammenhang, dass der Betrachter der Visualisierung selbst über die Darstellung der Daten entscheidet. Eine der beliebtesten JavaScript-Bibliotheken, die zunehmende Beachtung und Verwendung findet – die hierzu erscheinende Literatur zeigt dies deutlich – ist D3.js. D3 (Data-Driven Documents, s. [20, 31]) erlaubt es, webbasierte interaktive Grafiken mit geringen Mitteln zu erstellen. Mit fortgeschrittenen Programmierkenntnissen lassen sich dabei sehr spezifische, flexibel anpassbare interaktive Grafiken erstellen, die auf den jeweiligen Nutzungskontext und die Zielgruppe zugeschnitten sind.

Insbesondere die freie Software R hat sich in den letzten Jahren in verschiedenen Bereichen zu einem etablierten und sehr mächtigen Werkzeug entwickelt. Ursprünglich nur für die Erstellung statistischer Anwendungen entwickelt, ist R mittlerweile auch in den Bereichen der diskreten, kontinuierlichen und statistischen Simulationen, Datenanalysen, Machine Learning, Deep Learning, Predictive Analytics und insbesondere auch in der Visualisierungen angekommen (z. B. [19, 21, 22]). Die Basisinstallation von R kann durch Laden verschiedener frei verfügbarer Pakete um Funktionalitäten leicht erweitert werden. Die Bedienung von R ist einfach. Es gibt mittlerweile eine Reihe sog. integrierter Entwicklungsumgebungen (IDE), die das Erstellen von R-Programmen deutlich erleichtern. Häufig wird RStudio (s. [23]) eingesetzt. Gerade für die Erstellung von statischen Infografiken bietet R eine Vielzahl einfach einzusetzender vordefinierter Methoden. Ein Beispiel für verschiedene Möglichkeiten der Darstellung einfacher (statischer) Grafiken mit Hilfe von R zeigt die Abb. 5.3.

(Weitere Beispiele sehr unterschiedlicher Grafiken inklusive Code-Beispielen finden sich in [21]).

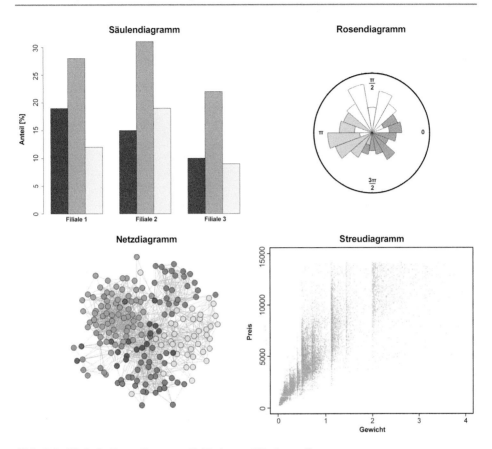

Abb. 5.3 Einfache Darstellungsmöglichkeiten auf Basis von R

Das ebenfalls frei verfügbare Web Application Framework Shiny (s. [24]) erlaubt es, mit nur wenigen Webentwicklungskenntnissen interaktive Grafiken für das Web auf Basis von R zu erstellen. Einen Einblick in die bunte Vielfalt der Möglichkeiten auf Basis von Shiny gibt [25].

Wie Shiny erlaubt auch D3.js die Erstellung nutzerspezifischer interaktiver webbasierter Visualisierungen (im Zusammenspiel mit HTML, CSS und SVG) mit geringen Mitteln. Ein einfaches Beispiel zeigt Abb. 5.4.

Komplexere Beispiele inklusive des zugehörigen Codes finden sich u. a. in [26].

5.5 Statische und interaktive Visualisierung von Geschäftsprozesskennzahlen

Wie in Abschn. 5.2 erläutert, unterscheidet sich das Erkenntnisinteresse verschiedener am Gesamtprozess beteiligter Rollen und somit auch die Darstellung von Kennzahlen. Für Mitarbeitende in operativen Rollen genügt es, wenn ihnen lediglich diejenigen Kennzahlen zur Verfügung gestellt werden, die sie für ihre tägliche Arbeit aktuell benötigen.

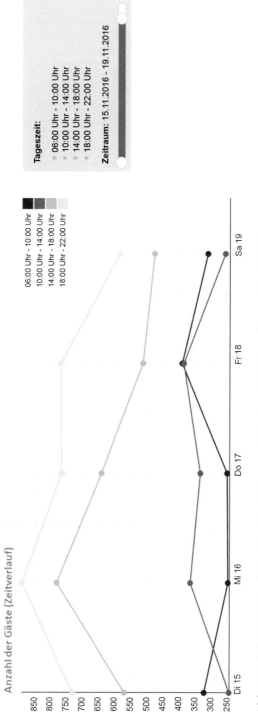

Abb. 5.4 Beispiel für eine interaktive Visualisierung auf Basis von D3.js (erstellt von Sven Nehls)

Da die Mitarbeitenden unter Umständen schnell reagieren müssen, ist es erforderlich, dass die Grafiken übersichtlich sind und die Informationen schnell erfasst werden können. Die Visualisierung sollte daher einfach und die dargestellten Daten aktuell sein (siehe auch Abschn. 5.2.2). Für eine Darstellung operativer Prozesskennzahlen genügt daher in der Regel eine einfache statische Visualisierung, z. B. in Form eines statischen Dashboards, auf dem unterschiedliche Prozesskennzahlen übersichtlich und aktuell dargestellt und überwacht werden.

Mitarbeitende in steuernden bzw. koordinierenden Rollen haben in der Regel einen anderen Informationsbedarf und benötigen umfassendere Informationen. Sie müssen die vorhandenen Daten nicht nur schnell erfassen, sondern auch miteinander in Beziehung setzen um so Maßnahmen ableiten zu können. Hier sind neben aktuellen vor allem auch Daten über längere Zeiträume von Interesse, da auf diese Weise Trends erkennbar werden. Vergleiche mit Konkurrenten oder Nachbarfilialen sind ebenso wichtig wie die Darstellung regionaler aggregierter Daten. So muss bspw. ein Filialmanager die Möglichkeit haben, eine Vielzahl an Informationen darzustellen und in Relation zu bringen. Hierzu eignet sich ein interaktives Dashboard, da der Nutzer die Möglichkeit hat, die Informationen, die er gerade benötigt, zusammenzustellen. Sind andere Informationen erforderlich, kann er mit Hilfe von Sliders, Checkboxes oder weiteren Interaktionselementen das Dashboard anpassen. Abb. 5.5 zeigt die Unterschiede in einer Übersicht.

Um dies zu illustrieren, werden im Folgenden die Visualisierungen der Informationsbedarfe zweier Rollen des in Abschn. 5.3 vorgestellten Fallbeispiels ausführlich beschrieben und diskutiert. Zum einen wird am Beispiel des „Mitarbeiters Küche" ein statisches Dashboard entwickelt und mit Hilfe von R realisiert. Ein interaktives Dashboard für einen Filialmanager wird anschließend gezeigt und erläutert.

Der „Mitarbeiter Küche" in einem Fast-Food-Restaurant übernimmt eine typisch operative Aufgabe. Er muss die Ergebnisse seiner standardisierten Arbeit schnell beurteilen, Maßnahmen ableiten und seine Tätigkeit auf diese Weise optimieren können.

Für ihn ist in Bezug auf die Prozesskennzahl Zeit bspw. die durchschnittliche (absolute) Zubereitungszeit der Mahlzeiten bzw. die Abweichungen der tatsächlichen Zubereitungszeit von der durchschnittlichen oder vorgegebenen Zubereitungszeit von Interesse. Qualität kann

Rolle	Anforderung an die Visualisierung
operativ	einfach
	aktuell
	übersichtlich
	schnell erfassbar
	Handlung direkt und einfach ableitbar
	statisch
führend / administrativ / strategisch	Möglichkeit der Aggregation von Daten
	interaktiv
	komplexere Zusammenstellung und Darstellung möglich

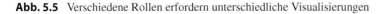

Abb. 5.5 Verschiedene Rollen erfordern unterschiedliche Visualisierungen

sich auf dieser Ebene durch die Abweichung zwischen dem Gewicht oder der Temperatur einer zubereiteten Mahlzeit und dem vom Unternehmen vorgegebenen Durchschnittswert ausdrücken. Auch die Anzahl der Zubereitungsfehler bezogen auf eine Zeiteinheit ist ein Indikator für Qualität. Die Zubereitungsfehler beeinflussen die Kosten genauso wie die Kosten für Lebensmittel, die aufgrund falscher Behandlung entstehen (siehe auch Abschn. 5.2.2). Diese Informationen können für den „Mitarbeiter Küche" sehr einfach mit Hilfe eines statischen Dashboards visualisiert werden. Statisch bedeutet, dass dem Nutzer zwar stets aktuelle Daten präsentiert werden, der Nutzer jedoch nicht die Möglichkeit hat, zu interagieren.

Das in Abb. 5.6 dargestellte Dashboard ist so gestaltet, dass alle drei für den operativen Mitarbeiter relevanten Prozesskennzahlen auf einen Blick erfasst werden können. Eine natürliche Dreiteilung der Grafik ermöglicht dies. Die Kennzahlen könnten noch auf unterschiedliche Zeitintervalle angewandt werden (bspw. letzte Stunde oder ganzer Arbeitstag).

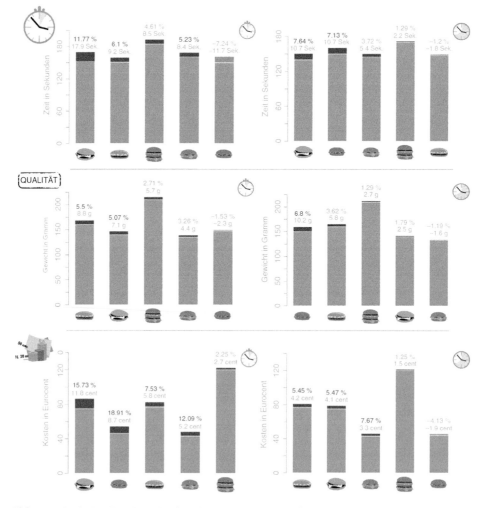

Abb. 5.6 Statisches Dashboard auf Basis von R (erstellt von Sarah-Maria Rostalski)

So hat der Mitarbeitende einerseits die Möglichkeit, bereits während seiner Tätigkeit Optimierungen durchzuführen, andererseits kann er auch seine „Tagesleistung" beurteilen.

Die oberen beiden Grafiken des Dashboards zeigen die Abweichungen der Zubereitungszeit von der vom Unternehmen vorgegebenen Durchschnittszeit für verschiedene Mahlzeiten (hier verschiedene Burger). Die linke Grafik bezieht die Abweichungen auf eine Stunde, in der rechten oberen Grafik sind die Abweichungen pro Arbeitstag angegeben. Damit der Nutzer (hier der „Mitarbeiter Küche") die Informationen schnell erfassen kann, kennzeichnet ein einfaches Uhrensymbol die Grafiken der oberen Reihe. Die Abweichungen selbst sind in farbigen Säulen angegeben. Zusätzlich geben Prozentzahlen die relativen Abweichungen wieder. Die Uhrensymbole jeweils rechts oben zeigen dem Mitarbeitenden den Zeitraum, auf den sich die Zeitabweichungen beziehen (links: Eine Stunde, wichtig für kurzfristige Optimierungsmaßnahmen; rechts: Ein Arbeitstag (8 Stunden), wichtig für die Beurteilung der Tagesleistung).

Die mittleren beiden Grafiken des Dashboards visualisieren die Prozesskennzahl Qualität. Auch hier gibt die linke Grafik die Abweichungen des Gewichts von dem vom Unternehmen vorgegebenen Zielwert an, bezogen auf eine Stunde. Um diese beiden Grafiken als Qualitätskennzahl schnell erfassen zu können, ist auch hier ein einfaches Symbol am linken Rand jeder Grafik zu finden. Die Abweichungen des jeweiligen Gewichts sind farblich codiert. Die Kosten sind in der unteren Reihe dargestellt.

Es werden jeweils aktuelle Daten angezeigt. Das Dashboard ist so gestaltet, dass nur diejenigen Mahlzeiten („Burger") auf der Abszisse dargestellt werden, die am stärksten von der Norm abweichen (dies gilt für die Zeit, die Qualität und auch für die Kosten). Diese „Top 5" können sich von Grafik und zu Grafik unterscheiden.

Abb. 5.7 zeigt eine mögliche Implementierung des Dashboards mit Hilfe der freien Software R. Um dem Leser einen Eindruck zu vermitteln, ist ein Teil des Programmcodes zur Erstellung der ersten Grafik abgebildet.

Zunächst werden die Icons (hier als png-Dateien) eingeladen und als Dataframe (eine Struktur, die Daten verschiedener Datentypen aufnehmen kann) gespeichert. Auch die Daten (hier Beispielswerte) werden erfasst und (entsprechend der Differenz der Zeiten) sortiert. Die für die Visualisierung erforderlichen Berechnungen (Balkenhöhen, Differenz zu Normwerten etc.) werden nun durchgeführt und anschließend die Säulen und Abweichungen entsprechend der zeitlichen Differenz zum Normwert von links beginnend (höchste absolute Abweichung) inklusive der zugehörigen Icons geplottet.

Mit Kenntnis der grundlegenden R-Syntax, die schnell erlernt werden kann, sind in kurzer Zeit gute Visualisierungen realisierbar. Der Umfang guter Literatur zu R, insbesondere auch zur Erstellung von Grafiken und zum Datenmanagement, ist beeindruckend und zeigt die Relevanz dieses wichtigen Werkzeugs.

Im Gegensatz zum „Mitarbeiter Küche" übernimmt der Filialmanager in einem Fast-Food-Restaurant eine überwiegend steuernde Tätigkeit. Er muss die Ergebnisse der standardisierten Tätigkeiten seiner Mitarbeitenden beurteilen, Maßnahmen ableiten und so die Tätigkeiten seiner operativ tätigen Mitarbeitenden direkt beeinflussen können.

Somit verbergen sich für den Filialmanager hinter den Prozesskennzahlen Zeit, Qualität und Kosten andere Größen als für den operativen „Mitarbeiter Küche". Für den Filialmanager

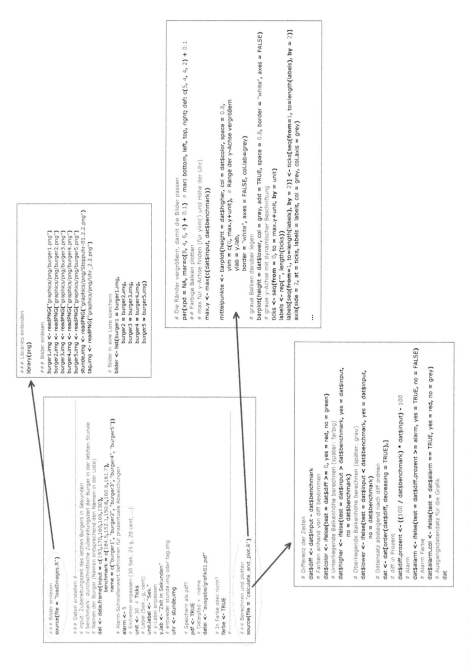

```
### Libraries einbinden
library(png)

### Bilder einlesen
burger1.img <- readPNG("graphics/png/burger1.png")
burger2.img <- readPNG("graphics/png/burger2.png")
burger3.img <- readPNG("graphics/png/burger3.png")
burger4.img <- readPNG("graphics/png/burger4.png")
burger5.img <- readPNG("graphics/png/burger5.png")
stunde.img <- readPNG("graphics/png/Stopuhr-01.2.2.png")
tag.img <- readPNG("graphics/png/Uhr_2.2.png")

# Bilder in eine Liste speichern
bilder <- list(burger1 = burger1.img,
               burger2 = burger2.img,
               burger3 = burger3.img,
               burger4 = burger4.img,
               burger5 = burger5.img)
```

```
### Bilder einlesen
source(file = "loadImages.R")

### Daten erstellen
# input: Zubereitungszeit des letzten Burgers in Sekunden
# benchmark: durchschnittliche Zubereitungszeit der Burger in der letzten Stunde
# Namen der Burger (Namen entsprechend den Namen in der Liste)
dat <- data.frame(input = c(193,170,169,150),
                  benchmark = c(184.5,152.1,150.8,160.6,161.7),
                  name = c("burger1","burger2","burger3","burger4","burger5"))

# Alarm-Schwellenwert definieren für prozentuale Abweichungen
alarm <- 5
# Einheiten anpassen (30 Sek, 25 g, 20 cent, ...)
unit <- 30   # Ticks
# Label (Sek., g, cent)
unit.label <- "Sek."
# y-Label anpassen
y.lab <- "Zeit in Sekunden"
# entweder stunde.img oder tag.img
uhr <- stunde.img

# Speichern als pdf?
pdf <- TRUE
# Dateipfad + name
datei <- "ausgabe/grafik01.pdf"

# In Farbe oder nicht?
farbe <- TRUE

### Berechnen und plotten
source(file = "calculate_and_plot.R")
```

```
# Differenz der Zeiten
dat$diff <- dat$input - dat$benchmark
# Farben anhand von diff bestimmen
dat$color <- ifelse(test = dat$diff >= 0, yes = red, no = green)
# Unterliegende Balkenhöhe berechnen (später: farbig)
dat$higher <- ifelse(test = dat$input > dat$benchmark, yes = dat$input,
                     no = dat$benchmark)
# Oberliegende Balkenhöhe berechnen (später: grau)
dat$lower <- ifelse(test = dat$input < dat$benchmark, yes = dat$input,
                    no = dat$benchmark)
# Datensatz absteigend nach diff ordnen
dat <- dat[order(dat$diff, decreasing = TRUE),]
# diff in Prozent
dat$diff.prozent <- ((100 / dat$benchmark) * dat$input) - 100
# Alarm
dat$alarm <- ifelse(test = dat$diff.prozent >= alarm, yes = TRUE, no = FALSE)
# Alarm Farbe
dat$alarm.col <- ifelse(test = dat$alarm == TRUE, yes = red, no = grey)
# Ausgangsdatensatz für die Grafik
dat
```

```
# Die Ränder vergrößern, damit die Bilder passen
par(xpd = NA, mar=c(8, 4, 6, 4) + 0.1)  # mar: bottom, left, top, right; def: c(5, 4, 4, 2) + 0.1
## Farbige Balken plotten
# max für y-Achse finden (für ylim() und Höhe der Uhr)
max.y <- max(c(dat$input, dat$benchmark))

mittelpunkte <- barplot(height = dat$higher, col = dat$color, space = 0.8,
                        ylim = c(0, max.y+unit),   # Range der y-Achse vergrößern
                        ylab = y.lab,
                        border = "white", axes = FALSE)  # graue y-Achse vergrößern
# graue Balken darüber legen
barplot(height = dat$lower, col = grey, add = TRUE, space = 0.8, border = "white", axes = FALSE)
# graue y-Achse mit dynamischer Beschriftung
ticks <- seq(from = 0, to = max.y+unit, by = unit)
labels <- rep("", length(ticks))
labels[seq(from=1, to=length(labels), by = 2)] <- ticks[seq(from=1, to=length(labels), by = 2)]
axis(side = 2, at = ticks, labels = labels, col = grey, col.axis = grey)
...
```

Abb. 5.7 Implementierung eines Dashboards auf Basis von R (erstellt von Sarah-Maria Rostalski)

ist bspw. die durchschnittliche Verweildauer der Kunden, die durchschnittliche Gesamt-
durchlaufzeit oder auch die Wartezeit am Schalter relevant. Die Qualität ergibt sich durch die
Anzahl der Kundenreklamationen (bezogen auf einen bestimmten Umsatz, über verschiedene Zeiträume, im regionalen bzw. landesweiten Vergleich) Die Kosten wiederum können
sich im Verhältnis von Kunden zu Mitarbeitenden ausdrücken. Diese können über längere
Zeiträume untersucht und mit anderen Filialen (regional und landesweit) verglichen werden.

Für die Visualisierung dieser Informationen ist ein interaktives Dashboard sinnvoll, d. h.
der Nutzer des Dashboards (hier der Filialmanager) kann die für ihn relevanten Informationen (wie bspw. Zeitraum, regionaler/landesweiter Vergleich) selbst auswählen. Das folgende Beispiel zeigt eine Realisierung eines einfachen interaktiven Dashboards auf Basis
der freien JavaScript-Bibliothek D3.js. Es werden drei für den Filialmanager wichtige
Kennzahlen dargestellt, die es ihm ermöglichen, die von ihm betreute Filiale zu bewerten.

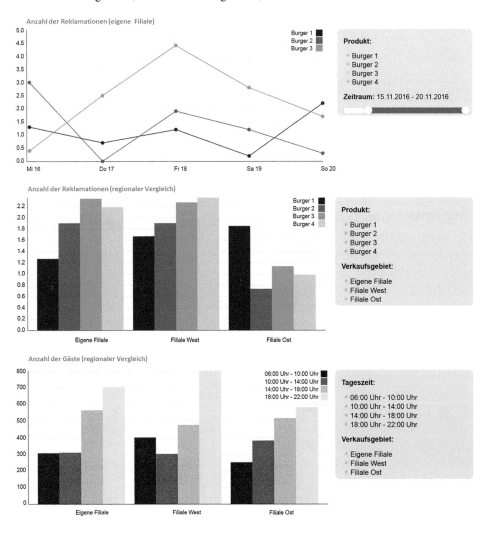

Das erste Diagramm (oben) zeigt die Anzahl der Reklamationen je Produkt für eine Filiale in Abhängigkeit von der Zeit. Die Anzahl der Reklamationen wird hier als einfache Kurve dargestellt, was die Lesbarkeit erleichtert. Der Manager hat die Möglichkeit, mit Hilfe von Checkboxes die Anzahl der Reklamationen für die verschiedenen Produkte aus- zuwählen. Er kann sich bspw. sehr einfach die Anzahl der Reklamationen für ein Menü anschauen, wenn er nur dieses Produkt im Panel anwählt. Darüber hinaus können auch mehrere Produkte ausgewählt werden. Dies ermöglicht einen Vergleich im zeitlichen Ver- lauf. Zusätzlich ist es ihm auch möglich, über einen Slider im Panel den Zeitraum zu wählen.

Die zweite Grafik zeigt ebenfalls die Anzahl der Reklamationen für alle Produkte (Menüs), diesmal jedoch nicht nur für die eigene Filiale, sondern im Vergleich zu weiteren Filialen. Dargestellt sind Durchschnittswerte für einen bestimmten Zeitraum (z. B. eine Woche). Die absolute Anzahl der Reklamationen tritt hier in den Hintergrund, vielmehr ist das Profil, d. h. die Anzahl der Reklamationen über verschiedene Produkte hinweg, ent- scheidend. Dies sollte im Vergleich zu anderen Filialen ausgewiesen werden. Auch hier ist der Nutzer in der Lage, die Visualisierung selbst festzulegen. Einerseits kann er mit Hilfe eines Panels sowohl das Profil der Produkte bestimmen und andererseits auch verschie- dene Filialen zum Vergleich heranziehen.

Eine weitere wichtige Kennzahl für den Filialmanager sind die Gästezahlen im Verlauf eines Tages, auch diese jeweils im Vergleich zu anderen Filialen. Die Besucherzahlen (wegen der Vergleichbarkeit auf den Umsatz skaliert) sind als Säulen dargestellt. Hier kann der Manager die verschiedenen Zeiträume über einen Slider wählen und die ver- schiedenen Filialen darstellen.

Um dem Leser auch hier einen Eindruck von der einfachen Realisierung zu vermitteln, zeigt die folgende Abbildung zum einen die Struktur und Bausteine des Programmcodes sowie einen Teil der Implementierung (Einlesen von Daten aus einer.csv-Datei, Gruppie- rung der Säulen). Die Realisierung basiert auf den bekannten Webtechnologien HTML und CSS und den JavaScript-Bibliotheken d3.min.js, jquery-3.1.1.min.js sowie jquery-ui- min.js. Die interaktive Logik wurde in einer weiteren js-Datei implementiert.

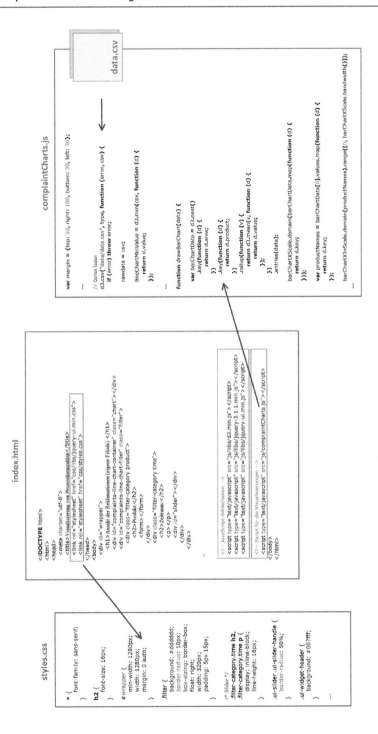

5.6   Ausblick

Visualisierung von Informationen und Daten, insbesondere großer Datenmengen, wird zunehmend wichtiger. Für die Zukunft ist zu erwarten, dass die hierzu benötigten Werkzeuge erheblich einfacher zu bedienen sein werden, so dass nur wenige oder auch keine Programmierkenntnisse mehr erforderlich sind. Sowohl der operativ tätige Mitarbeitende als auch derjenige, der Entscheidungen auf Basis aggregierter Daten treffen und entsprechende Maßnahmen veranlassen muss, kann die Informationen, die er für seine Tätigkeit benötigt, selbst visualisieren. Die Realisierung eines Dashboards wird stark vereinfacht (siehe z. B. Shiny ([24, 25])) und kann möglicherweise wie in einem Baukasten zusammengestellt werden. Auch die Integration von (interaktiven) Visualisierungen in grafische Beschreibungsmethoden bzw. Notationssprachen wie bspw. BPMN (z. B. [27, 28]) oder eEPK (z. B. [29]) könnte zunehmend an Bedeutung gewinnen. Ferner werden moderne VR/AR-Technologien aller Voraussicht nach die Möglichkeit bieten, kontextsensitive Informationen im virtuellen dreidimensionalen Raum zu visualisieren. So könnten steuernde bzw. koordinierende Rollen in einem virtuellen Raum kommunizieren, verschiedene Dashboards auswählen und sich in virtuellen kollaborativen Projektbesprechungen mit anderen Beteiligten austauschen. Es ist denkbar, dass Visualisierungen gemeinsam im virtuellen Raum in Echtzeit bearbeitet werden können. Die Darstellung von Informationen in drei Dimensionen wird hier vielfältige neue Möglichkeiten bieten.

Danksagung Das statische Dashboard auf Basis von R wurde von **Sarah-Maria Rostalski** (Hochschule Rhein-Waal, Studiengang Medien- und Kommunikationsinformatik, Labor für Computational Intelligence and Visualization) implementiert, die interaktive Visualisierung realisierte **Sven Nehls** (Hochschule Rhein-Waal, Studiengang Medien- und Kommunikationsinformatik) auf Basis von D3.js. Die in den Grafiken verwendeten Icons sowie das Farbschema entstammen der kreativen Feder von **Jenny Lüde** (Hochschule Rhein-Waal, Studiengang Information and Communication Design). Herzlichen Dank!

Literatur

1. Bauer W, Schlund S, Marrenbach B, Ganschar O (2014) Industrie 4.0 – Volkswirtschaftliches Potenzial für Deutschland, Studie Fraunhofer ISO. BITKOM, Berlin
2. Wahlster W (2015) Industrie 4.0. Das Internet der Dinge kommt in die Fabriken. Präsentation auf der Veranstaltung Industrie der Zukunft. IHK Darmstadt, Darmstadt, 22.01.2015
3. Gleich R (2001) Das System des Performance Measurement: Theoretisches Grundkonzept, Entwicklungs- und Anwendungsstand. Vahlen, München
4. Giese A (2012) Differenziertes Performance Measurement in Supply Chains. Springer Gabler, Wiesbaden
5. Schmelzer HJ, Sesselmann W (2010) Geschäftsprozessmanagement in der Praxis: Kunden zufrieden stellen – Produktivität steigern – Wert erhöhen. Hanser, München
6. Jung B (2006) Prozessmanagement in der Praxis: Vorgehensweisen, Methoden, Erfahrungen. TÜV Media, Köln
7. Haller S (2012) Dienstleistungsmanagement: Grundlagen – Konzepte – Instrumente, 7. Aufl. Springer Gabler, Wiesbaden

8. Gadatsch A (2012) Grundkurs Geschäftsprozess-Management, 4. Aufl. Vieweg Springer, Wiesbaden
9. Neumann S, Probst C, Wernsmann C (2012) Kontinuierliches Prozessmanagement. In: Becker J, Kugeler M, Rosemann M (Hrsg) Prozessmanagement – Ein Leitfaden zur prozessorientierten Organisationsgestaltung, 7. Aufl. Springer, Gabler, Berlin/Heidelberg
10. Abolhassan F (2005) Vom CIO zum Chief Process Officer. In: Kuhling BT, Thielmann H (Hrsg) Real time Enterprise in der Praxis. Springer, Berlin, S 371–381
11. Hilke W (1989) Grundprobleme und Entwicklungstendenzen des Dienstleistungsmarketing. In: Hilke W (Hrsg) Dienstleistungsmarketing, Schriften zur Unternehmensführung, Bd 35. Gabler, Wiesbaden, S 5–44
12. Tableau Software (2016). http://www.tableau.com/. Zugegriffen am 20.11.2016
13. Yau N (2013) Visualize this! Wiley-VCH GmbH & Co. KGaA, Weinheim
14. Yau N (2014) Einstieg in die Visualisierung: Wie man aus Daten Informationen macht. Wiley-VCH GmbH & Co. KGaA, Weinheim
15. Few S (2012) Show me the numbers: designing tables and graphs to enlighten. Analytics Press, Burlingame
16. Few S (2013) Information dashboard design: displaying data for at-a-glance monitoring, 2. Aufl. Analytics Press, Burlingame
17. Kohlhammer J, Proff DU, Wiener A (2013) Visual Business Analytics: Effektiver Zugang zu Daten und Informationen. dpunkt.verlag GmbH, Heidelberg
18. The R Project for Statistical Computing (2016). https://www.r-project.org/. Zugegriffen am 19.11.2016
19. Kabacoff R (2015) R in Action: data analysis and graphics with R. Manning Publications Co., New York
20. D3 Data-Driven Documents (2016). http://d3js.org/. Zugegriffen am 17.11.2016
21. Rahlf R (2014) Datendesign mit R: 100 Visualisierungsbeispiele. Open Source Press, München
22. Wickham H (2016) ggplot2: elegant graphics for data analysis (Use R!), 2. Aufl. Springer International Publishing AG, Switzerland
23. RStudio (2016). https://www.rstudio.com/. Zugegriffen am 19.11.2016
24. Shiny by RStudio (2016) A web application framework for R. http://shiny.rstudio.com/. Zugegriffen am 19.11.2016
25. Shiny by RStudio (2016) A web application framework for R, Gallery. http://shiny.rstudio.com/gallery/. Zugegriffen am 19.11.2016
26. Techslides (2016) Over 1000 D3.js examples and demos. http://techslides.com/over-1000-d3-js-examples-and-demos. Zugegriffen am 21.11.2016
27. Allweyer T (2015) BPMN 2.0 – Business Process Model and Notation: Einführung in den Standard für die Geschäftsprozessmodellierung, 3., aktualisierte und erweiterte Aufl. Books on Demand, Norderstedt
28. Freund J, Rücker B (2016) Praxishandbuch BPMN: Mit Einführung in CMMN und DMN, 5. Aufl. Carl Hanser Verlag, München
29. Seidlmeier H (2015) Prozessmodellierung mit ARIS, 4. Aufl. Springer Vieweg, Wiesbaden
30. Meffert H, Bruhn M, Hadwich K (2015) Dienstleistungsmarketing: Grundlagen – Konzepte – Methoden, 8. Aufl. Springer Gabler, Wiesbaden
31. King RS (2014) Visual storytelling with D3: an introduction to data visualization in JavaScript. Addison Wesley Data & Analytics Series, New York
32. Wentura D, Frings C (2013) Kognitive Psychologie. Springer, Wiesbaden
33. Huth C, Erdmann I, Nastansky L (2001) Using process knowledge from the participative design and practical operation of ad hoc processes for the design of structured workflows. Proceedings of the 34th Annual Hawaii International Conference. IEEE, USA
34. Becker J, Algermissen L, Falk T (2009) Prozessorientierte Verwaltungsmodernisierung – Prozessmanagement im Zeitalter von E-Government und New Public Management. Springer, Berlin

Teil III

Wissensintensive Geschäftsprozesse

Systemunterstützung für wissensintensive Geschäftsprozesse – Konzepte und Implementierungsansätze

6

Rüdiger Buck-Emden und Sascha Alda

Zusammenfassung

Klassische Geschäftsprozess-Managementsysteme, wie sie seit den 1990er-Jahren als WfMS (Workflow-Management-System), später dann auch als BPMS (Business-Process-Management-System) eingeführt wurden, fokussieren auf die Automatisierung von Routine-Geschäftsprozessen, deren Ablaufverhalten schon zur Entwurfszeit vom Prozessdesigner vollständig festgelegt wird. Diese Systeme eignen sich gut für Abläufe, die entlang eines vordefinierten Kontrollflusses beliebig oft in gleicher Art und Weise durchgeführt werden. Im Unterschied hierzu folgen wissensintensive Geschäftsprozesse keinem durchgängigen, strikt vorgegebenen Ablaufschema, sondern entwickeln sich, zumindest phasenweise, dynamisch zur Laufzeit, getrieben durch Prozessziele und kontextbasierte Entscheidungen der beteiligten Wissensarbeiter. Zur Unterstützung derartiger wissensintensiver Geschäftsprozesse sind flexible Geschäftsprozess-Managementsysteme erforderlich, die neben Routineabläufen auch emergente, durch (dynamisch veränderliche) Kontextbedingungen und Zielvorgaben getriebene Prozesse unterstützen.

In diesem Buchkapitel diskutieren wir wesentliche Anforderungen an die systemtechnische Unterstützung wissensintensiver Geschäftsprozesse und zeigen mögliche Lösungskonzepte und Implementierungsansätze auf.

R. Buck-Emden (✉) • S. Alda
Hochschule Bonn-Rhein-Sieg, Sankt Augustin, Deutschland
E-Mail: ruediger.buck-emden@h-brs.de; sascha.alda@h-brs.de

© Springer Fachmedien Wiesbaden GmbH 2017
T. Barton et al. (Hrsg.), *Geschäftsprozesse*, Angewandte Wirtschaftsinformatik,
DOI 10.1007/978-3-658-17297-8_6

101

Schlüsselwörter

Wissensintensive Geschäftsprozesse • Wissensarbeit • Adaptive Case Management •
Dynamic Case Management • Deklarative Prozessmodellierung • Case-Based Reasoning
• Complex Event Processing • PAIS • BPMS • WfMS • CMMN

6.1   Einführung

Seit Unternehmen in den 1990er-Jahren begannen, ihre funktionsorientierten Organisationen zu flexibilisieren und prozessorientiert weiterzuentwickeln, sind unterschiedliche Formen prozessunterstützender Informationssysteme (Process Aware Information Systems,
PAIS[1]) entstanden [1]. Zu nennen sind hier z.B. standardisierte Unternehmensanwen-
dungssysteme, etwa für das Enterprise Resource Plannning (ERP), aber auch klassische, auf
die Unterstützung unternehmensindividueller Routineprozesse ausgerichteten Workflow-
Management(WfM)-Systeme und Business-Process-Management(BPM)-Systeme.

Eine einheitliche Abgrenzung zwischen WfM- und BPM-Systemen finden wir weder in
der Literatur noch in der industriellen Praxis. Sowohl WfM- als auch BPM-Systeme
erleichtern die Steuerung und Koordination von Standardabläufen, vereinfachen die Pflege
von Prozessdefinitionen durch strikte Trennung von Ablauf- und Anwendungslogik und
können so zu einer hohen Qualität und Effizienz der Geschäftsprozesse im Unternehmen
beitragen. Der verbreitete Sprachgebrauch geht davon aus, dass WfM-Systeme eher auf
die Modellierung und Ausführung von automatisierbaren Prozessteilen (Workflows)
fokussieren, während BPM-Systeme eine ganzheitliche Sicht auf Geschäftsabläufe haben
und ergänzend zur Workflow-Unterstützung zusätzliche Aspekte wie Prozess-Monitoring,
Analyse, Simulation und Optimierung berücksichtigen[2] [6].

Klassische WfM- und BPM-Systeme basieren auf einer imperativen Form der Prozessmodellierung, z.B. auf Basis von BPMN (Business Process Model and Notation [7])
der OMG (Object Management Group). Mit diesem Ansatz folgen sie dem Prinzip indus-
trieller Fertigungsprozesse (siehe z.B. [8]) und sind dementsprechend sehr gut für Routineabläufe geeignet.[3] Unter Routineprozessen verstehen wir hier stark strukturierte
betriebliche Abläufe, die wiederholt nach einem wiederkehrenden, strikt vorgegebenen
Muster ablaufen und deren Verhalten vom Prozessdesigner bereits zur Entwurfszeit unter
Berücksichtigung aller möglichen Varianten vorgesehen und festgelegt wird.

---

[1] Dumas, van der Aalst und Hofstede definieren ein PAIS als ein Softwaresystem, das Geschäftsprozesse auf Basis eines (expliziten oder impliziten) Prozessmodells unter Einbeziehung aller beteiligten Personen, Anwendungen und Informationsquellen organisiert und ausführt [1, 2].

[2] Der Fokus dieses Buchkapitels liegt auf der Modellierung und Ausführung von Geschäftsprozessen, und zwar speziell von wissensintensiven Geschäftsprozessen. Für eine detaillierte Darstellung
und Abgrenzung von WfM- und BPM-Systemen sei z.B. auf [3, 4, 5] verwiesen.

[3] Viele Autoren sprechen in diesem Zusammenhang daher auch von „Production Workflows" (siehe
z.B. [9, 8]).

Auf Basis von WfM-/BPM-Systemen lassen sich sowohl unternehmensindividuelle Routineabläufe als auch betriebliche Standardanwendungen umsetzen. Ein Vertreter der Standardanwendungen ist z. B. die BPM-basierte Customer-Relationship-Management(CRM)-Lösung von Pegasystems [10]. Abzugrenzen sind diese Lösungen von klassisch ausprogrammierten[4] Standard- und Individualanwendungen. Betriebliche Standardanwendungen, deren Ablaufverhalten implizit in den Anwendungen ausprogrammiert ist (z. B. SAP ERP), fokussieren auf einheitliche, standardisierte, vom Softwarehersteller für eine große Zahl an Unternehmen vorkonfektionierte Prozesse. Als Individualsoftware können demgegenüber unternehmensspezifische Geschäftsprozesse realisiert werden, wobei, sofern kein WfM- oder BPM-System genutzt wird, die Prozessdefinition nicht explizit, sondern implizit im Coding erfolgt (wie auch bei den meisten bekannten Standardanwendungssystemen[5]).

WfM- und BPM-Systeme sind heute weit verbreitet und haben, was die Unterstützung strukturierter Routineprozesse betrifft, einen hohen Reifegrad erreicht. Spezielle Anforderungen von Wissensarbeitern[6] werden von klassischen WfM- und BPM-Systemen allerdings kaum adressiert. Im Unterschied zu Routineprozessen sind wissensintensive Geschäftsprozesse (Knowledge-intensive Business Processes, KiBPs) eher schwach strukturiert und folgen keinem durchgängig strikt vorgegebenen Ablaufschema. Vielmehr entwickelt sich die Sequenz und Ausprägung der einzelnen Aktivitäten[7] erst zur Laufzeit auf Basis ziel- und kontextabhängiger Entscheidungen der beteiligten Wissensarbeiter. Man spricht in diesem Zusammenhang auch von emergenten Prozessen.

Wissensarbeiter benötigen Systeme, die sie bei ihren Nicht-Routinearbeiten effektiv unterstützen Diese Forderung ist angesichts der großen Zahl an Wissensarbeitern von hoher Relevanz. Schätzungen gehen für industrialisierte Länder von einem Anteil an der arbeitenden Bevölkerung von 40 % und mehr aus (siehe z. B. [12, 13, 14]). Das vorliegende Buchkapitel liefert einen Beitrag zur Systemunterstützung von Wissensarbeitern. Nach einem Überblick zum Stand der Forschung und einem kurzen Blick auf das aktuelle Produktangebot widmen wir uns zunächst der Frage, ob und wie wissensintensive Geschäftsprozesse beschrieben bzw. modelliert werden können. Anschließend diskutieren wir grundlegende, für die systemtechnische Unterstützung wissensintensiver Geschäftsprozesse relevante Konzepte und Architekturen und stellen abschließend konkrete Implementierungsansätze anhand des von den Autoren an der Hochschule Bonn-Rhein-Sieg initiierten ProSyWis-Projektes vor (siehe [15, 16]).

---

[4] Kombination von Geschäft-, Entscheidungs- und Prozesslogik in einem gemeinsamen Programm.

[5] Ergänzend bieten Standardsoftwarehersteller in der Regel zusätzliche WfM- oder BPM-Werkzeuge für die Definition und Ausführung unternehmensindividueller Workflows an.

[6] Die Arbeitsweise von Wissensarbeitern wird im nachfolgenden Kapitel genauer charakterisiert. Für eine Detaildiskussion sei z. B. auf Davenport [11] verwiesen.

[7] Unter Aktivitäten verstehen wir hier Arbeitseinheiten, die im Rahmen eines Geschäftsprozesses ausgeführt werden. Aktivitäten können elementare Ausführungseinheiten (Tasks) oder auch Kombinationen davon (Teilprozesse) sein.

6.2   Stand der Forschung

6.2.1   Was sind wissensintensive Geschäftsprozesse?

Schon im Jahr 1959 prägte Peter F. Drucker den Begriff „Wissensarbeiter" und meinte damit Personen, die ihr Einkommen nicht auf Basis ihrer körperlichen Arbeit und ihrer manuellen Fähigkeiten generieren, sondern durch Anwendung ihres zuvor erworbenen Wissens [17]. Auch wenn heute im Alltag der Wissensgesellschaft immer mehr Beschäftigte Wissensarbeit und manuelle (Routine-)Tätigkeiten kombinieren und sich Druckers ursprüngliche Annahme einer strikten Trennung zwischen Wissensarbeit und manuellen Tätigkeiten kaum durchhalten lässt, gibt seine Definition der Wissensarbeit doch die Perspektive vor, aus der wir Geschäftsprozesse im Folgenden betrachten wollen. Diese Perspektive folgt der Überzeugung, dass viele, wenn nicht gar die meisten der harten und entscheidenden Fragestellungen, die in Unternehmen bearbeitet werden müssen, Wissensarbeit erfordern, z. B. von Entscheidungsträgern in der Unternehmensleitung, in Produktion, Marketing oder Beschaffung (auch im operative Bereich!) oder auch von Projektverantwortliche z. B. bei großen Software-Projekten oder bei Unternehmenszusammenschlüssen (siehe z. B. auch [18, 19]). Die mit derartigen Fragestellungen verbundenen wissensintensiven Arbeitsabläufe lassen sich durch folgende Eigenschaften kennzeichnen (siehe z. B. auch [20]):

- Zielorientiert (unter Umständen sind auch mehrere, gegebenenfalls sogar im Konflikt stehende Ziele möglich)
- Schwach strukturiert (kein exakt vorgegebener Kontrollfluss) und damit im Ablauf nicht exakt vorhersehbar
- Dynamisch und datengetrieben (Wissensarbeiter entscheiden zustands-, kontext- und ereignisabhängig nach aktueller Datenlage über den weiteren Prozessverlauf)
- Einmalig in der detaillierten Umsetzung (in der Regel läuft ein bestimmter Prozess nie in exakt gleicher Art und Weise wiederholt ab)
- Kollaborativ (die Zielerreichung setzt in der Regel den Austausch und die Zusammenarbeit mit anderen Prozessbeteiligten voraus)
- Komplex (in der Regel erfordert ein wissensintensiver Geschäftsprozess die Koordination einer hohen Zahl an Einzelschritten oder Unterprozessen unter Einbeziehung diverser Informationsquellen und Prozessbeteiligter)

Eine kompakte Zusammenfassung dessen, was wissensintensive Geschäftsprozesse auszeichnet, liefern Vaculin et al. [21] (dort bezeichnet als KiPs für Knowledge-intensive Processes):

> „...processes whose conduct and execution are heavily dependent on knowledge workers performing various interconnected knowledge intensive decision making tasks. KiPs are genuinely knowledge, information and data centric and require substantial flexibility at design- and run-time."

Auf die Unterstützung derart definierter wissensintensiver Geschäftsprozesse sind klassische WfM- und BPM-Systeme nicht ausgerichtet. Der Versuch, WfM-/BPM-Systeme als Basis für wissensintensive Geschäftsprozesse zu nutzen und dazu zwangsläufig alle möglichen Ausnahmesituation und Alternativen bereits im Vorfeld auszumodellieren, würde, sofern nicht von vornherein zum Scheitern verurteilt, zu äußerst komplexen und nicht mehr handhabbaren Lösungen führen (siehe z. B. auch [22, 23, 24]). Deshalb entstanden spätestens seit den 1990er-Jahren diverse wissenschaftliche Arbeiten zur Frage der systemtechnischen Unterstützung wissensintensiver Geschäftsprozesse, in Deutschland z. B. [25, 26, 27], zunächst allerdings ohne breiten Widerhall in der betrieblichen Praxis zu finden. Auch kollaborative und soziale Software-Lösungen (Groupware, Social Software [28]) erwiesen sich als nur begrenzt hilfreich für wissensintensive Geschäftsprozesse, fokussierten sie doch sehr auf den Aspekt der Zusammenarbeit und der Kommunikation, nicht aber auf die Prozessperspektive. Etwa seit dem Jahr 2003 brachten dann verschiedene Publikationen, unter anderem zu prozessorientiertem Case Management [8], Adaptive Case Management (ACM, [29]) und Dynamic Case Management (DCM, [30]) sowie Standardisierungsbestrebungen der Object Management Group (OMG), z. B. mit ihrer Spezifikation *Case Management Model and Notation* (CMMN, [31]), erhebliche Dynamik in die Diskussion zur systemtechnischen Unterstützung wissensintensiver Geschäftsprozesse.[8]

6.2.2   Case Management

Spätestens seit dem wegweisenden Artikel von Reijers et al. [8] aus dem Jahr 2003 steht das Thema *Case Management* auf der Forschungsagenda für wissensintensive Geschäftsprozesse. In einer Vielzahl nachfolgender Veröffentlichungen wurde die Thematik zunehmend weiter vertieft (siehe z. B. [20, 30, 33, 34, 29, 35]). Im Jahr 2014 veröffentlichte die OMG ihre CMMN-Spezifikation 1.0 für die Modellierung wissensintensiver Geschäftsprozesse und definierte darin einen Case als [31]:

> „...proceeding that involves actions taken regarding a subject in a particular situation to achieve a desired outcome"

Ein Case kann somit als ein Geschäftsvorfall (Verfahren, Vorgehen) betrachtet werden, der bestimmte Aktivitäten umfasst, die geeignet sind, für ein Subjekt (Klienten) in einer bestimmten Situation ein gewünschtes Ergebnis zu erzielen.

Die Bearbeitung eines konkreten Case folgt keinem a-priori festgelegten Plan mit vorgegebenen Aktivitäten und fester Reihenfolge, sondern wird durch die aktuelle, auf den konkreten Fall mit seinen Klienten und angestrebten Endergebnis bezogene Situation, also dessen Kontext, gelenkt. Dabei fällt den für die Problemstellung relevanten Dokumenten

---

[8] Weitere, neben ACM und DCM aktuell genutzte Begriffe und Abkürzungen zur systemtechnischen Unterstützung wissensintensiver Geschäftsprozesse werden in [32] detailliert dargestellt.

und deren aktuellem Bearbeitungsstand (Inhalt) eine zentrale Rolle zu [36]. Ein Case File (oder Case Folder) dient als zentraler, gemeinsamer Dokumentenspeicher für alle Case-Aktivitäten, auf den alle an der Case-Bearbeitung beteiligten Personen im Rahmen ihrer Berechtigungen zugreifen können.

Das Thema Case Management an sich ist nicht neu. Schon seit den 1980er-Jahren wurden Speziallösungen entwickelt und in der Praxis eingesetzt, z. B. für die Handhabung von Versicherungs-, Pflege-, Krankheits- oder juristischen Fällen (siehe z. B. [37, 38]). Bei diesen frühen Softwarelösungen ging es aber in erster Linie darum, für jeden Klienten die zu seinem speziellen Fall anfallenden Dokumente im Rahmen strikt vorgegebener Abläufe zu verwalten, ergänzt z. B. um Kalenderfunktionen und andere Organisationshilfen. Auf die speziellen, in Abschn. 6.2.1 genannten Eigenschaften der Wissensarbeit nahmen diese traditionellen Case-Management-Systeme dagegen nur wenig Bezug. Dies hat sich erst mit der aktuellen Diskussion über Adaptive Case Management und Dynamic Case Management geändert (siehe z. B. [30, 32, 33, 34, 29, 35]).

Dynamic Case Management Der Begriff Dynamic Case Management wurde von der Forrester Group geprägt und steht für Systeme, die Wissensarbeitern eine dynamische, kontextabhängige Anpassung von existierenden Geschäftsprozessspezifikationen zur Laufzeit ermöglichen (siehe [39, 30]).

Adaptive Case Management Adaptive Case Management geht über Dynamic Case Management hinaus und fordert nicht nur eine ziel- und kontextabhängigen Anpassung, sondern auch die Unterstützung einer kompletten Neugestaltung des Prozessablaufs zur Laufzeit, basierend auf aus früheren Fällen gewonnenem Wissen (im Sinne einer lernenden Organisation) [34]. In den gegenwärtig verfügbaren, praktischen Lösungen steht echtes Adaptive Case Management allerdings im Unterschied zu Dynamic Case Management noch nicht im Fokus, auch wenn die verbreitete, nicht immer korrekte Nutzung des Akronyms ACM etwas anderes vermuten lässt [40].

Wir interpretieren Dynamic Case Management und Adaptive Case Management hier als konkrete Ansätze zur Unterstützung wissensintensiver Geschäftsprozesse, ohne deren Details im Folgenden weiter auszudifferenzieren.

6.2.3   Aktuelle Forschungsarbeiten

In den letzten Jahren ist eine kaum noch zu überblickende Vielzahl an wissenschaftlichen Arbeiten zur systemtechnischen Unterstützung wissensintensiver Geschäftsprozesse entstanden. Einen guten Überblick zur aktuellen Literatur geben z. B. Motahari-Nezad und Swenson [13], Di Ciccio et al. [20], Marin et al. [33] und Unger et al. [41]. Burkhart et al. [42] und Ariouat et al. [43] haben umfangreiche Übersichten zu aktuellen Entwicklungsprojekten im Kontext flexibler PAIS zusammengestellt. Eine systematische Analyse der Anforderungen an Systeme zur Unterstützung wissensintensiver Geschäftsprozesse findet sich zum Beispiel bei Mundbrod und Reichert [44]. Aspekte einer Gesamtarchitektur von Systemen zur Unterstützung wissensintensiver Geschäftsprozesse werden z. B. bei Mertens [45], Rychkova et al. [46], Weske [5], Müller [47] sowie Buck-Emden und Alda [15, 16] diskutiert. Ein aktueller Vergleich von Unterstützungssystemen für wissensintensive Geschäftsprozesse findet sich bei Ariouat et al. [43].

6.2.4   Aktuelle Produkte

Verschiedenen Softwarehersteller bieten bereits Produkte an, die Aspekte wissensintensiver Geschäftsprozesse unterstützen. Die Marktanalysten von Gartner listen im Magic Quadrant von 2015 insgesamt 11 Hersteller, darunter Pegasystems und IBM als Leader und Appian als Challenger [48]. Forrester untersuchte ein Jahr später 14 Hersteller und hat ebenfalls Pegasystems, IBM und Appian als führende Anbieter identifiziert [39].

Eine detaillierte Beschreibung der genannten Anbieter und ihrer Produkte findet sich in den genannten Quellen. Die Funktionalität der einzelnen Angebote unterscheidet sich zum Teil erheblich, was auch durch die unterschiedlichen Wurzeln dieser Produkte z. B. im WfM/BPM- oder im Content-Management-Bereich begründbar ist. Auch die Frage, wie viel Flexibilität Wissensarbeiter tatsächlich zur Prozesslaufzeit benötigen (siehe z. B. [41]) und inwieweit dynamisch veränderlich Ziele und Lernfähigkeit eine Rolle spielen sollten, wird von einzelnen Herstellern durchaus unterschiedlich beantwortet. Im Zusammenhang mit den letztgenannten Fragestellungen sei hier auch auf die experimentellen Ansätze im Open-Source-ACM-System Cognoscenti von Fujitsu verwiesen (siehe [49, 50]).

6.2.5   Modellierung wissensintensiver Geschäftsprozesse

Business-Process-Management- und Workflow-Management-Systeme basieren auf expliziten Prozessmodellen, die das jeweils vorhandene Prozesswissen repräsentieren und die Prozessausführung steuern. Diese Prozessmodelle berücksichtigen in der Regel verschiedene, je nach Betrachtungsweise und Fokus als relevant erachtete Perspektiven [36, 51], z. B.

- die funktionale Perspektive (Aktivitäten, die im Rahmen des Prozesses ausgeführt werden können),
- die Ablauf- und Kontrollflussperspektive (Reihenfolge und Bedingungen der Ausführung einzelner Aktivitäten),
- die Datenperspektive (Datenelemente, die während der Prozessausführung konsumiert, erzeugt und ausgetauscht werden) und
- die Ressourcenperspektive (Personen, Rollen, Systeme und Dienste, die für die Ausführung der einzelnen Aktivitäten zuständig sind).

Die Frage, wie insbesondere wissensintensive Geschäftsprozesse modelliert werden können, ist Gegenstand des nachfolgenden Kapitels. Dabei soll die Ablauf- und Kontrollflussperspektive als wesentliches differenzierendes Merkmal im Vordergrund stehen.

6.2.6 Deklarative Prozessmodellierung

Die Diskussion über wissensintensive Geschäftsprozesse führt schnell zu der Frage,
ob und wie sich diese schwach strukturierten, dynamisch zur Laufzeit entwickelnden
Prozesse modellieren lassen. Dazu finden sich in der Literatur verschiedene Lösungs-
ansätze, die unter der Bezeichnung *deklarative Prozessmodellierung* zusammengefasst werden können (siehe z. B. [52, 53, 54],). Alle diese Ansätze beruhen auf der
Überzeugung, dass das klassische, imperative (auch als präskriptiv oder prozedural
bezeichnete) Modellierungsparadigma, bekannt z. B. von BPMN, zu restriktiv für die
Modellierung wissensintensiver Geschäftsprozesse ist. Zwar können Wissensarbeiter
phasenweise auch bereits zur Designzeit eindeutig festlegbare Prozessfragmente
(Routineabläufe) bearbeiten, das entscheidende Merkmal ihrer Tätigkeit ist aber, dass
sie häufig, und zwar während der Prozesslaufzeit, ziel- und kontextabhängig über
Details der weiteren Prozessausführung entscheiden [20]. Diese Entscheidungen
umfassen die Kontrollflussperspektive und gegebenenfalls auch weitere Aspekte der
Funktions-, Daten- und Ressourcensicht.

Deklarative Prozessmodelle unterscheiden sich von imperativen dadurch, dass sie
lediglich gewisse Constraints, die „Leitplanken", für die Prozessausführung vorgeben,
während imperative Modelle sämtliche Einzelheiten und Eventualitäten der Prozessausführung bereits zur Designzeit exakt definieren. Entscheidend ist, dass bei deklarativen
Modellen alles, was sich zur Laufzeit innerhalb der festgelegten „Leitplanken" abspielt,
erlaubt ist. Beim imperativen Ansatz sind demgegenüber alle Prozessausführungen, die
nicht exakt dem zur Designzeit festgelegten Modell entsprechen, *verboten*.

Goedertier et al. beschreiben den deklarativen Ansatz plastisch in [55]:

> „A common idea of declarative business process modelling is that a process is seen as a tra-
> jectory in a state space and that constraints (or business rules) are used to define the valid
> movements in that state space."

Ein Geschäftsprozess lässt sich also deklarativ mithilfe eines Zustandsraums und einer Menge
an Constraints, die die möglichen Zustandsübergänge einschränken, modellieren. Ein Prozess-
zustand entspricht in diesem Fall der aktuellen Ausprägung aller für den weiteren Prozessverlauf relevanten, internen und externen Informationen (diese umfassen z. B. den bisherigen
Prozessverlauf, zu berücksichtigende Kontextinformationen, aktuell verfügbare Ressourcen etc.). Ein wissensintensiver Geschäftsprozess ist nach diesem Modell ein zielgerichte-
ter, daten- und ereignisgetriebener Weg (Trajectory) durch einen Zustandsraum, bei dem
die zur Laufzeit durchgeführten Wegwahlentscheidungen der Wissensarbeiter nur durch die

vorgegebenen Constraints beschränkt werden. Aktuell in der Forschung diskutierte Ansätze der deklarativen Prozessmodellierung basieren z. B. auf Regelsystemen, Zustandsräumen (State Spaces), Constraints (einschränkenden Bedingungen) und linearer temporaler Logik (LTL). Details finden sich z. B. in [56, 53, 57, 58].

Bei der Modellierung wissensintensiver Geschäftsprozesse ist zu berücksichtigen, dass diese nicht notwendigerweise durchgehend schwach strukturiert sein müssen. Vielmehr gehen wir davon aus, dass Wissensarbeiter in der Regel sowohl stark- als schwach strukturierte Prozessphase durchlaufen, um ihre Ziele zu erreichen. Für gewisse Teilprozesse eignet sich daher eine imperative, für andere dagegen eine deklarativ Modellierung. De Giacomo et al. schlagen deshalb eine deklarative Erweiterung von BPMN vor [59]. Andere Autoren wie Silver [60] und Hinkelmann et al. [61] fordern eine Zusammenführung von BPMN- und CMMN-Elementen. Produkte wie Camundas BPM Platform [62] unterstützen die integrierte Ausführung von CMMN und BPMN durch eine integrierte Execution Engine.

6.3   Systemtechnische Unterstützung wissensintensiver Geschäftsprozesse – Anforderungen und Konzepte

In Abschn. 6.2.1 haben wir wissensintensive Geschäftsprozesse bereits als zielorientiert, schwach strukturiert, dynamisch (zustands-, kontext- und ereignisabhängig) und kollaborativ charakterisiert. Aus diesen Eigenschaften folgen Anforderungen an die Gestaltung geeigneter Unterstützungssysteme, die im Folgenden genauer betrachten werden sollen.

6.3.1   Zusammenarbeit (Kollaboration)

Wissensarbeit erfolgt in der Regel in einem soziotechnischen Kontext unter Einbeziehung verschiedener Daten(-quellen), Technologien und Personen. Lösungen zur Unterstützung wissensintensiver Geschäftsprozesse müssen deshalb auch Antworten auf Fragen nach rechnergestützter, interpersoneller Kommunikation und Koordination sowie nach der gemeinsamen Nutzung von Informationsressourcen geben. Hierzu kann auf die nachfolgend skizzierten Konzepte aus dem Groupware- und CSCW-Bereich (Computer Supported Collaborative Work [53, 28]) zurückgegriffen werden.

Kommunikation Bei der rechnergestützten Kommunikation geht es um die Einbettung von Kommunikationsdiensten wie E-Mail, Blogs und Instant Messaging sowie von sozialen Medien (z. B. Twitter, RSS Feeds) in die Abwicklung wissensintensiver Geschäftsprozesse. Diese Kommunikationsdienste stehen sowohl für den direkten Informationsaustausch zwischen Prozessakteuren zur Verfügung, können aber auch Trigger-Ereignisse für den Anstoß wissensintensiver Geschäftsprozesse liefern, z. B. bei der automatisierten E-Mail-Eingangsbearbeitung (siehe Abschn. 6.4.1).

Koordination Bei der Koordination handelt es sich um organisatorische Aspekte der Zusammenarbeit. Diese umfassen z. B. die Handhabung von Berechtigungen und Rollen sowie die Identifikation und Lokalisierung benötigter Experten.

Wissensarbeiter greifen häufig auf sensible, schützenswerte Daten zu (z. B. auf Gesundheits- oder Gerichtsakten). Deshalb ist die Verwaltung von Berechtigungen und Rollen gerade bei arbeitsteiligen wissensintensiven Geschäftsprozessen eine wichtige Koordinationsaufgabe. Diese Thematik wird von Swenson z. B. in [29] diskutiert. In CMMN wurde hierfür ein eigenes Rollenkonzept eingeführt [31].

Gemeinsame Informationsbasis Gemeinsame Informationsquellen sind z. B. Wikis, Web-Seiten, Team Workspaces oder Cloud-Datenspeicher, die von allen an einem wissensintensiven Geschäftsprozess beteiligten Akteure im Rahmen der ihnen erteilten Berechtigungen sowie der angestrebten Prozessziele genutzt werden (siehe z. B. [19]). In CMMN werden alle zu einem Fall gehörenden Dokumente (Case File Items) bzw. Referenzen darauf im Case File abgelegt [31].

6.3.2   Ereignisse

Ereignisse (Events) stellen neben den im nachfolgenden Kapitel diskutierten Regeln und Constraints ein wesentliches Konzept zur Gestaltung wissensintensiver Geschäftsprozesse dar. Unter einem Ereignis verstehen wir ein zu einem bestimmten Zeitpunkt auftretendes, für das betrachtete System relevantes und von diesem beobachtbares Geschehen, das zu einer gewissen Reaktion des Systems führen kann (siehe z. B. [63, 64, 65, 66]). Systemtechnisch ist ein Ereignis durch eine Datenstruktur repräsentierbar, bestehend aus einem identifizierenden Schlüssel, einem Zeitstempel und weiteren relevanten Attributen. Im Rahmen wissensintensiver Geschäftsprozesse können mögliche Reaktionen auf Ereignisse deklarativ unter Verwendung entsprechender Regeln und Constraints modelliert werden (siehe Abschn. 6.3.5).

Die für wissensintensive Geschäftsprozesse relevanten Ereignisse lassen sich unterschiedlich klassifizieren. Wir unterscheiden externe, von außen eingehende Ereignisse (Raw Events) mit Sendersemantik sowie interne, im Rahmen der Ereignisanalyse erzeugte, abgeleitete Ereignisse (Derived oder Transformed Events) mit Empfängersemantik (siehe z. B. auch [67]). Zusätzlich sind Zeitereignisse (die zu einem vorgegebenen Zeitpunkt eintreten, z. B. das Klingeln eines Weckers), erwartete Ereignisse (z. B. Zeitereignisse), unerwartete Ereignisse und Nicht-Ereignisse (erwartete Ereignisse, die nicht eintreten) von besonderem Interesse für wissensintensive Geschäftsprozesse. Schließlich können im Rahmen der Ereignisanalyse auch mehrere externe Ereignisse zu komplexeren Ereignissen korreliert werden. Man spricht dann von Complex Event Processing (CEP) (siehe z. B. [64]).

Ereignisse der genannten Klassen können als Reaktion unterschiedliche wissensintensive Geschäftsprozesse anstoßen. In Abschn. 6.4.1 nennen wir Beispiele.

6.3.3 Entscheidungen

Wissensarbeit wird in hohem Maße durch kontextabhängige Entscheidungen der beteiligten Wissensarbeiter geprägt. Nach der Decision-Model-and-Notation(DMN)-Spezifikation der OMG [68] geht es bei Entscheidungen um

> „...the act of determining an output value from a number of input values, using decision logic defining how the output is determined from the inputs."

Die von Wissensarbeitern zu treffenden Entscheidungen können wir grob unterteilen in Entscheidungen, die innerhalb einer Aktivität zu treffen sind, und solche, die den weiteren Prozessablauf (Folgeaktivitäten, Next-Step Decisions) beeinflussen. Die erstgenannten Entscheidungen betreffen z. B. betriebswirtschaftliche Fragestellungen wie die Festlegung des Zahlungsziels für einen bestimmten Kunden oder die Priorisierung anzustrebender Ziele (wenn z. B. mehrere, ggf. im Konflikt stehende, dynamisch und kontextabhängig veränderliche Ziele abgewogen und gewichtet werden müssen). Sie können aber beispielsweise auch auf die Auswahl zu kontaktierender Kooperationspartner (Collaboration), zu nutzender Ressourcen (Tools, Server, Services etc.) oder anzufordernder Informationen (Daten, Dokumente, Server, Kommunikationspartner etc.) zielen.

Kontextabhängige Hilfestellungen bei Entscheidungen zu geben ist eine wesentliche Anforderung an Systeme zur Unterstützung wissensintensiver Geschäftsprozesse. Dabei muss berücksichtigt werden, dass Wissensarbeiter auch in unklaren Situationen mit unvollständigen Informationen Entscheidungen treffen. Für den Entwurf geeigneter technischer Unterstützungssysteme steht die OMG-Spezifikation DMN zur Verfügung, die für die Modellierung von Entscheidungen inkl. der ihnen zugrunde liegenden Geschäftsregeln entwickelt wurde (siehe [69, 70, 68]).

DMN-Entscheidungsmodelle adressieren zwei Sichten. Zum einen werden die für die jeweilige Entscheidung benötigten Informationen in einem Decision Requirements Graph (DRG) modelliert, der sich aus einem oder mehreren Decision Requirement Diagrams (DRD) zusammensetzt. Die zweite Sicht betrifft die eigentliche Entscheidungslogik, die z. B. in Form von Entscheidungstabellen repräsentiert werden kann. DMN erlaubt eine saubere Trennung von Entscheidungs- und Prozessablauflogik und ermöglicht es so, beide Logikebenen unabhängig voneinander zu definieren und weiterzuentwickeln [71]. Die Nutzung von DMN ist sowohl im Zusammenspiel mit BPMN [72] als auch mit CMMN möglich. Außerdem bietet Camunda BPM [62] eine Plattform zur integrierten Modellierung und Ausführung von BPMN, CMMN und DMN.

6.3.4 Ziele

Ziele stellen das ultimative Regulativ bei Entscheidungen innerhalb von Geschäftsprozessen dar. Folgerichtig definieren List und Korherr [36, 73] Ziele als konstituierende Elemente eines Metamodells für Geschäftsprozesse. Jander et al. [74] und Burmeister et al. [75]

fordern zusätzlich, dass Ziele den Prozessablauf direkt beeinflussen sollen, um so Abweichungen zwischen den in der Prozessdokumentation festgelegten Zielen und deren tatsächlichen Umsetzung in der konkreten Prozessinstanz[9] zu vermeiden.

Die genannten Anforderungen können durch die klassische Prozessmodellierung, z. B. mit BPMN oder EPKs (Ereignisgesteuerte Prozessketten [76]), nicht erfüllt werden, da diese keine explizite Modellierung von Prozesszielen vorsehen, sondern diese nur implizit durch den vorgegebenen Kontrollfluss mit den zugehörigen Endereignissen repräsentieren. Dies begrenzt die Ausdrucksfähigkeit der erstellten Modelle, da Geschäftsprozesse in der Realität häufig weitaus komplexer strukturierte Ziele verfolgen [18, 74]. So können Ziele sowohl das angestrebte, fassbare Resultat eines Prozesses, z. B. einen abgeschlossenen Kaufvertrag, als auch nicht-funktionale Aspekte, z. B. die Dauer des Prozesses, betreffen. Außerdem kann ein Prozess mehrere, ggf. sogar im Konflikt stehende Ziele haben (z. B. Kosten- und Qualitätsziele), die sich zudem in ihrer Gewichtung dynamisch während der Prozesslaufzeit verändern [77] (z. B. können gewisse Ziele bei Annäherung an einen Meilenstein wichtiger, andere dafür weniger wichtig werden). Zusätzlich besteht die Möglichkeit, dass Prozesse das oder die gesetzten Ziele nur zu einem bestimmten Grad erreichen, was die Einführung von Metriken und Kennzahlen zur Bestimmung und Optimierung des Zielerreichungsgrads erforderlich macht.

Im Unterschied zu BPMN bietet CMMN mit den dort vorgesehenen Meilensteinen (Milestones) eine gewisse Möglichkeit, Prozessziele und Teilziele in Case Plan Models darzustellen.

Verschiedene Autoren haben zielbezogene Konzepte für wissensintensive Geschäftsprozesse auf Basis intelligenter Agentensysteme vorgeschlagen, z. B. Jander et al. [74], Burmeister et al. [75] und Ferro et al. [78]. Von besonderem Interesse ist hier der bei BDI-Agenten (Belief, Desire, Intention, siehe [79]) genutzte Practical-Reasoning-Ansatz, der das zielgerichtete Schließen auf mögliche Lösungswege (Aktivitäten) adressiert. Practical Reasoning umfasst zwei wesentliche Schritte: Deliberation (Zielabwägung und -festlegung) und Means-End-Resoning (Entwicklung eines Plans zur Zielerreichung). Die Firma Whitestein hat mit LSPS (Living Systems Process Suite) ein ziel- und agentenbasiertes System zur Unterstützung wissensintensiver Geschäftsprozesse entwickelt [75]. Eine ausgeprägte Zielorientierung ist ebenfalls Basis der Business Communication and Process Platform von ISIS Papyrus (siehe z. B. [80, 39]).

Einen Ansatz zur expliziten Darstellung von Prozesszielen und deren Lebenszyklus beschreiben Jander et al. in [74]. Danach ist ein angestrebtes, komplexes Prozessziel solange in eine Hierarchie von Teilzielen zu zerlegen, bis alle auf der untersten Ebene verbleibenden Teilziele mit elementaren Prozessaktivitäten korreliert werden können. Die Menge dieser Aktivitäten repräsentiert dann den Plan zur Erreichung des komplexen Ziels. Kandidaten für den als nächstes auszuführenden Prozessschritt (Aktivität) werden aus dieser Menge anhand von aktuellen Kontextinformationen und gegebenen Geschäftsregeln ausgewählt.

---

[9]Zur Vereinfachung unterscheiden wir in diesem Beitrag nur dann explizit zwischen Prozess und Prozessinstanz, wenn dies für das Verständnis zwingend erforderlich erscheint.

6.3.5   Regeln und Constraints

Unter Regeln verstehen wir im Kontext wissensintensiver Geschäftsprozesse spezielle Geschäftsregeln, die die Abläufe und Entscheidungen im Unternehmen steuern oder beeinflussen. Solche Regeln können sich z.B. aus allgemeinen Geschäftsgepflogenheiten, aus staatlichen Regularien oder aus der individuellen Geschäftspolitik der Unternehmensleitung ergeben (siehe auch [81, 82]).

Eine wesentliche Errungenschaft existierender WfM- und BPM-Systeme ist die Fähigkeit, Kontrollflussspezifikation und Anwendungslogik zu trennen, um so die Realisierung flexibler und leicht wartbarer Softwarelösungen zu ermöglichen. Entscheidungssituationen inklusive der für sie relevanten Regeln (siehe Abschn. 6.3.3) werden aber häufig weiterhin in der Anwendungslogik ausprogrammiert, was wiederum zu komplexen und schwer wartbaren Softwarelösungen führen kann. Um diese Problematik zu adressieren, haben verschiedene Anbieter in den vergangenen Jahren Business Rule Engines (BRE) in ihre WfM/BPM-Systeme integriert. Diese ermöglichen eine klare Separierung von Anwendungs- und Entscheidungslogik. Beispiel sind IBMs WebSphere (ILOG JRules, Operational Decision Manager), Red Hats jBPM (Drools, Enterprise BRMS) und Software AGs webMethods (FICO Blaze Advisor, Business Rules).

Geschäftsregeln können durch Rule Engines zur Prozesslaufzeit ausgewertet werden und damit eine tragende Rolle bei der technischen Unterstützung wissensintensiver Geschäftsprozesse spielen. Nach Taveter und Wagner ([83, 84]) lassen sich Geschäftsregeln in vier Kategorien klassifizieren:

- Constraints: Einschränkende Bedingungen, die jederzeit während der Prozessausführung erfüllt sein müssen und alle Sachverhalte definieren, die während der Prozessausführung verboten sind.
- Ableitungsregeln: Regeln zur Gewinnung neuer Erkenntnisse aus vorhandenem Wissen.
- Reaktionsregeln: Festlegung von Bedingungen, unter denen bestimmte Reaktionen erfolgen sollen, z.B. Event-Condition-Action-Regeln (ECA) oder Condition-Action-Regeln (CA)
- Deontische Zuweisungen: Festlegung von Rechten und Pflichten für bestimmte Personen oder Rollen.

Constraints sind Grundlage verschiedener Forschungsprojekte zur Entwicklung deklarativer Modellierungssprachen für wissensintensiver Geschäftsprozesse, speziell aus der Sicht der Ablaufsteuerung. Hierzu gehören z.B. Declare/DecSerFlow [85, 86] und Declare/ConDec [82]. Constraints schränken bei diesen Ansätzen, soweit fachlich erforderlich, die Freiheitsgrade der Prozessausführung durch die Definition von Abhängigkeiten zwischen Modellelementen ein.

Neben Constraints können auch die anderen genannten Regelkategorien für den Entwurf von Unterstützungssystemen für wissensintensiver Geschäftsprozesse relevant sein (auch wenn die Modellierung dann nicht mehr rein deklarativ ist). So bieten Ableitungsregeln die Möglichkeit, Wissensarbeitern neue, für ihre Entscheidungen erforderliche Wissensbausteine zur Verfügung zu stellen. Über Reaktionsregeln können, ergänzend zu

Constraints, die das Nicht-Erlaubte spezifizieren, gewünschte Reaktionen auf bestimmte Ereignisse oder Zustände festgelegt werden („was soll passieren"). Deontische Zuweisungen ermöglichen es schließlich, einzelnen Personen oder Rollen Rechte und Pflichten zuzuordnen, und dies auch dynamisch zur Laufzeit in Abhängigkeit vom aktuellen Prozesskontext.

Geschäftsregeln können, insbesondere für fest definierbare Entscheidungssituationen, über DMN in CMMN-Prozesse integriert werden.

6.3.6   Kontext

Der konkrete Ablauf einer Geschäftsprozessinstanz hängt in der Regel von dynamisch veränderlichen, internen und externen Einflussfaktoren ab. Dies gilt insbesondere für wissensintensive Geschäftsprozesse, bei denen der Prozessverlauf in hohem Maße durch umgebungsabhängige Entscheidungen der Wissensarbeiter beeinflusst wird. Wir fassen diese Einflussfaktoren unter dem Begriff *Kontext* zusammen und meinen damit alles, was den Verlauf einer Prozessinstanz beeinflusst.[10] Außerdem folgen wir dem Ansatz von Wendt [88] und unterscheiden zwischen externem und internem Kontext einer Prozessinstanz. Externer Kontext bezieht sich auf alle von außerhalb auf die Prozessinstanz wirkende Einflussgrößen, z. B. extern eintretende, für die Prozessinstanz relevante Ereignisse. Interner Kontext betrifft demgegenüber den Kontextanteil, der sich nur durch Analyse der aktuellen Belegung der internen Prozessinstanzvariablen in Erfahrung bringen lässt (z. B. aktueller Ausführungszustand einzelner Aktivitäten). Diesen Kontextanteil bezeichnen wir auch als Zustand der Prozessinstanz. Konkret kann der Zustand einer wissensintensiven Geschäftsprozessinstanz durch deren aktuellen Ausführungszustand sowie (da datengetrieben) durch die Menge der von ihr aktuell bearbeiteten bzw. zugegriffenen Dokumente bzw. Referenzen darauf (z. B. Textdokumente, Spreadsheets, Sprachaufzeichnungen, Bilder, Videos etc.) definiert werden. Aus Sicht der CMMN-Spezifikation der OMG verwaltet jede Prozessinstanz diese Dokumente im sogenannten Case File.

6.4   Implementierungsansätze im Rahmen des ProSyWis-Projektes

ProSyWis ist ein von den Autoren an der Hochschule Bonn-Rhein-Sieg auf Basis der zuvor skizzierten Konzepte entworfenes Forschungssystem zur Unterstützung wissensintensiver Geschäftsprozesse [15, 16]. Das System vereinigt in sich sowohl Elemente einer

---

[10] Der Kontextbegriff wird in der wissenschaftlichen Literatur keineswegs einheitlich interpretiert. Bazire und Brézillon [87] haben 150 verschiedene Definitionen identifiziert. Ihr Fazit: „...context acts like a set of constraints that influence the behavior of a system (a user or a computer) embedded in a given task ... There is no consensus about the following questions: Is context external or internal? Is context a set of information or processes? Is context static or dynamic? Is context a simple set of phenomenon or an organized network?"

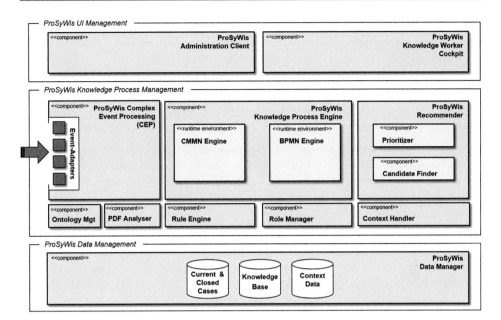

Abb. 6.1 Konzeptionelle ProSyWis-Architektur

serviceorientierten (Service-Oriented Architecture, SOA) als auch einer ereignisgetriebenen Architektur (Event-Driven Architecture, EDA). Einfache und komplexe Ereignisse stoßen die Ausführung von Prozessen in der Knowledge Process Engine an (push). Die Knowledge Process Engine ruft ihrerseits während der Prozessausführung die von den Aktivitäten benötigten Services auf (pull) (siehe auch [63]). Der Recommender gibt dem Wissensarbeiter kontextabhängige Empfehlungen zur weiteren Prozessausführung. Die Interaktion mit den Wissensarbeitern erfolgt über eine Portaloberfläche.

Die gegenwärtigen Entwicklungsarbeiten konzentrieren sich auf die Aufbereitung komplexer Ereignisse als Trigger für wissensintensive Geschäftsprozesse, auf den Recommender zur Empfehlung von Folgeaktivitäten sowie auf die softwaretechnische Integration der einzelnen Bausteine. Die verschiedenen Bausteine der ProSyWis-Architektur sind in Abb. 6.1 dargestellt.[11] Recommender, Knowledge Process Engine und Complex Event Processing werden in den nachfolgenden Kapiteln näher erläutert.

6.4.1 ProSyWis Complex Event Processing

Für die Korrelation und Verarbeitung von Ereignissen sowie zur Initiierung von nachgelagerten Reaktionen stehen verschiedene Complex-Event-Processing(CEP)-Frameworks zur Verfügung [64]. Ein CEP-Framework offeriert den Entwicklern eine konkrete

---

[11] Die aktuelle Prototyp-Umsetzung von ProSyWis erfolgt als lokale Anwendung. Zu einem späteren Zeitpunkt ist auch eine Implementierung als Multi-Tenant-Lösung in der Cloud angedacht (siehe [89]).

Ereignisverarbeitungssprache (Event Processing Language, EPL) zur Definition von gültigen Ereignisströmen sowie frei-programmierbare Schnittstellen (APIs) sowohl für die Anbindung von Ereignis-Quellen (über Adapter) als auch für die Ereignisbehandlung (Ereignis-Subscriber).

Im Rahmen des ProSyWis-Projektes wurden zwei Frameworks hinsichtlich eines praktikablen Einsatzes im Rahmen der vorgesehenen Architektur untersucht: das frei verfügbare Open-Source Framework Esper [90] sowie das von der Software AG vertriebene, kommerzielle Framework Apama [91]. Eine erste Analyse zeigte, dass beide Frameworks unterschiedliche Modelle zur internen Repräsentation von Ereignissen und Aktionen sowie unterschiedliche EPLs besitzen. Esper ist zwar vom Funktionsumfang her sehr mächtig, jedoch wegen seiner unvollständigen Software-Architektur (u. a. fehlende Ereignis-Adapter, rudimentäres Aktionsmodell) für einen produktiven Einsatz, im Unterschied zu Apama, zunächst nur bedingt geeignet.

Zur Vereinheitlichung der unterschiedlichen Ansätze beider Systeme wurde ein Meta-Modell entwickelt, das die wesentlichen Elemente eines CEP-Framework repräsentiert und für beide Frameworks implementiert werden kann. Die wichtigsten Elemente des Meta-Modells sind in Abb. 6.2 dargestellt.

Die in Abb. 6.2 angegebenen Adapter-Klassen (`TAdapter`) können eingehende Ereignisse beliebiger Struktur und Quelle (z. B. E-Mails, Twitter) entgegennehmen und diese in ein einheitliches Format (`TEvent`) transformieren, das dann zur weiteren Evaluierung an einen *reaktiven* Agenten (`TEventProcessingAgent`) weitergeleitet wird. Ein solcher Agent evaluiert Ereignisströme eines bestimmten Typs (z. B. eingehende E-Mails) und hält diese bei Bedarf intern temporär vor. Beliebige Subscriber (`TEventSubscriber`) können nun mit EPL-Statements bei diesen Agenten registriert werden. Die EPL-Statements definieren Regeln für die Analyse des Ereignisstroms. Sind diese Regeln erfüllt, werden die Subscriber benachrichtigt.

Aus den Subscribern heraus können je nach Ereignis vordefinierte Aktionen (`ProSyWis-Action`) ausgeführt werden. Mögliche Aktionen sind z. B. der entfernte Aufruf eines auszuführenden Prozessfragments innerhalb der ProSyWis Knowledge Engine oder die unmittelbare Ausführung von lokalem Verhalten (z. B. die Abfrage von kontextrelevanten Daten). Außerdem können Subscriber, abhängig von ihrem aktuellen Zustand, die Aktion mit dem bestmöglichen Nutzen über die Klasse `PredictAction` abfragen und ausführen [92].

Der ProSyWis Administration Client erlaubt die initiale und nachträgliche Konfiguration aller Elemente zur Laufzeit. Dies ermöglicht es erfahrenen Wissensarbeitern, EPL-Statements für Analyse von Ereignisströmen zu konfigurieren oder aber die mit bestimmten Zuständen verbundenen Kosten neu zu hinterlegen.

Der aktuelle ProSyWis-Prototyp verwendet die Frameworks Apache Tika sowie Ling-Pipe zur Extraktion und zur ontologiebasierten Analyse von PDF-Dokumenten. Dieser Ansatz wurde in einem Anwendungsszenario zur Relevanzbewertung von Projektausschreibungen, die als PDF-Anhänge in eingehenden E-Mails bei einem IT-Dienstleister eintreffen, verwendet. Je nach Relevanz können diverse nachgelagerte Prozessfragmente (u. a. zur internen Bekanntmachung, Analyse der benötigten Kapazitäten und Kompetenzen, Betrachtung von ggf. abgeschlossenen Projekten mit ähnlichem Scope) ausgeführt werden.

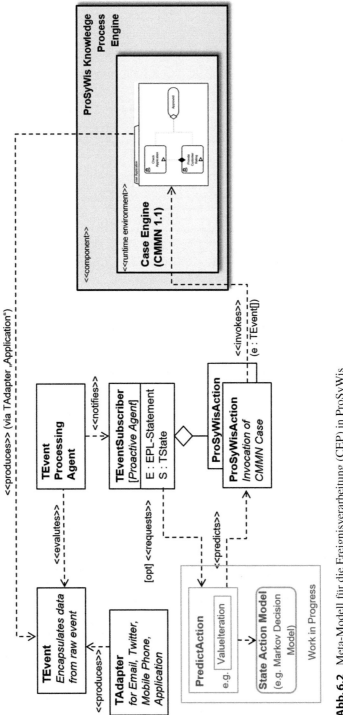

Abb. 6.2   Meta-Modell für die Ereignisverarbeitung (CEP) in ProSyWis

6.4.2 ProSyWis Knowledge Process Engine

Bereits in klassischen WfM-/BPM-System repräsentiert die Workflow- oder Process-Engine die zentrale Laufzeitkomponente [93]. Diese Engine (bzw. der sie umfassende Enactment Services,[12] siehe [93]) sorgt für die durch interne oder externe Ereignisse angestoßene Prozessinstanziierung, die Interpretation und Ausführung von Prozessmodellen, die Interaktion mit Aufgabenträgern (z. B. über Work Lists) sowie für den Aufruf der zur Ausführung der einzelnen Aktivitäten erforderlichen Anwendungen bzw. Services.

Process Engines für wissensintensive Geschäftsprozesse, auch als Execution Engines bezeichnet [94], sind in der Lage, deklarative und ggf. auch imperative Prozessmodelle zu interpretieren und auszuführen. In ProSyWis wird diese Aufgabe durch die Knowledge Process Engine übernommen, die bereits experimentell als regelinterpretierendes System auf Basis der Software-AG-Produkte webMethods und Blaze Advisor (Rule Engine) sowie als Kombination von webMethods und Camunda BPM realisiert wurde. Beim letztgenannten Ansatz steht jeweils eine eigene BPMN- bzw. CMMN-Engine für imperative und deskriptive Prozessfragmente zur Verfügung. Diese können folgendermaßen integriert werden[13]:

- CMMN bietet mit der Process Tasks [31] die Möglichkeit, in wissensintensive Geschäftsprozesse BPMN-Prozessfragmente aus anderen Systemen einzubinden.
- BPMN bietet mit der Service Task die Möglichkeit, externe Anwendung oder Web Service aufzurufen [7].

Sobald es bei der Abarbeitung wissensintensiver Geschäftsprozesse zu Entscheidungen bezügliche des weiteren Prozessablaufs kommt, greift die Knowledge Process Engine auf die Dienste des Recommenders zu, um z. B. priorisierte Empfehlungslisten erzeugen zu lassen.

6.4.3 ProSyWis Recommender

Wissensarbeiter sind in jeder Phase eines wissensintensiven Geschäftsprozesses bestrebt, die bestmögliche Entscheidung im Sinne einer optimalen Zielerreichung zu treffen. Diese Entscheidungen können sich z. B. auf die Auswahl der als nächstes auszuführenden Aktivität(en), auf zu Rate ziehende Dokumente, auf zu kontaktierende Personen oder auf

---

[12] Wir fassen hier die Funktionen der Engine (Ausführung) und des Enactment Services (Instanziierung, Modellinterpretation, …) unter dem Begriff Process Engine zusammen.

[13] Außerdem verfügt BPMN mit der Call Activity über einen Mechanismus, um globale Prozesse oder Tasks aufzurufen. Camunda hat ihre BPMN-Engine so erweitert, dass über Call Activities auch CMMN-Fragmente in einen BPMN-Prozess eingebunden werden können [95] (wird in ProSyWis gegenwärtig nicht genutzt).

fachlich/betriebswirtschaftliche Sachverhalte beziehen.[14] Meistens müssen solche Entscheidungen in komplexen Situation mit vielen Alternativen und Abhängigkeiten getroffen werden. Deshalb ist die Einbindung einer geeignete Empfehlungskomponente in das Laufzeitsystem wünschenswert (siehe z. B. [42, 97–100]). In ProSyWis ist diese Komponente der ProSyWis Recommender.

Die aktuellen Arbeiten am ProSyWis Recommender fokussieren auf kontextabhängige Empfehlungen bei Next-Step-Entscheidungen. Dafür stehen zwei Kernkomponenten zur Verfügung (siehe Abb. 6.1). Der Candidate Finder identifiziert zunächst alle in einer konkreten Situation relevanten Kandidaten für eine Empfehlung, z. B. alle als nächstes potenziell ausführbare Aktivitäten (Zustand *enabled* bei CMMN). Aus der so ermittelten Kandidatenliste erzeugt der Prioritizer anschließend eine nach Prioritäten geordnete Empfehlungsliste, aus der der Wissensarbeiter die von ihm präferierte Aktivität selektieren kann.

Zur Erzeugung der Empfehlungsliste können vom Prioritizer unterschiedliche, z.B. statische oder auch dynamische (lernende) Strategien angewendet werden, die zur Laufzeit je nach Verfahren interne und/oder externe oder auch keine Kontextinformationen auswerten. Nachfolgend geben wir einige Beispiele für mögliche Verfahren an (siehe ergänzend z. B. auch [97, 101]):

- Fest vordefinierter Prioritäten (festgelegt z. B. vom Wissensarbeiter oder vom Administrator)
- Priorisierung auf Basis vorgegebener Regeln, die z. B. in Form von Entscheidungstabellen oder Entscheidungsbäumen vorliegen (siehe hierzu auch den OMG-Standards DMN [68])
- Pattern-basierte Priorisierung (Verknüpfung von Prozessinstanzen mit Mustern (Pattern) für die Prozessausführung), basierend z. B. auf Best Practices oder Process Mining [98]
- Priorisierung von Aktivitäten unter Nutzung der Erfahrungen aus ähnlichen Fällen oder Situationen in der Vergangenheit (Case Based Reasoning (CBR) [102])
- Statistische Modelle (Priorisierung auf Basis empirischer, aus früheren Prozessinstanzen gewonnener Daten)
- Wahrscheinlichkeitstheoretische Modelle [103] (z. B. unter Nutzung Bayesscher Netze [104], Einflussdiagramme (Influence Diagrams) [104] oder Markovscher Entscheidungsprozesse [105])
- Priorisierung unter Nutzung von Operations-Research(OR)-Verfahren [106] (z. B. lineare, nicht lineare und ganzzahlige Optimierung [107], Zielprogrammierung bei mehreren Zielen (Goal Programing [107]), Simulation [108] etc.)

Im Rahmen des ProSyWis-Projektes entstand bisher ein lauffähiger Recommender-Prototyp, der Einflussdiagramme und Simulationsverfahren kombiniert (siehe Abb. 6.3). Die Modellierung und Auswertung der Einflussdiagramme erfolgte auf Basis von GeNIe/Smile (Graphical Network Interface) der Firma BayesFusion [110].

---

[14] Für Entscheidungen, die innerhalb einer Aktivität getroffen werden müssen, sind z. B. die weiter unten genannten Verfahren des Operations Research nützlich. Zur Entwicklung geeigneter mathematischer Optimierungsmodelle und deren Lösung wird im Rahmen von ProSyWis gegenwärtig IBMs ILOG CPLEX Optimization Studio [96] eingesetzt.

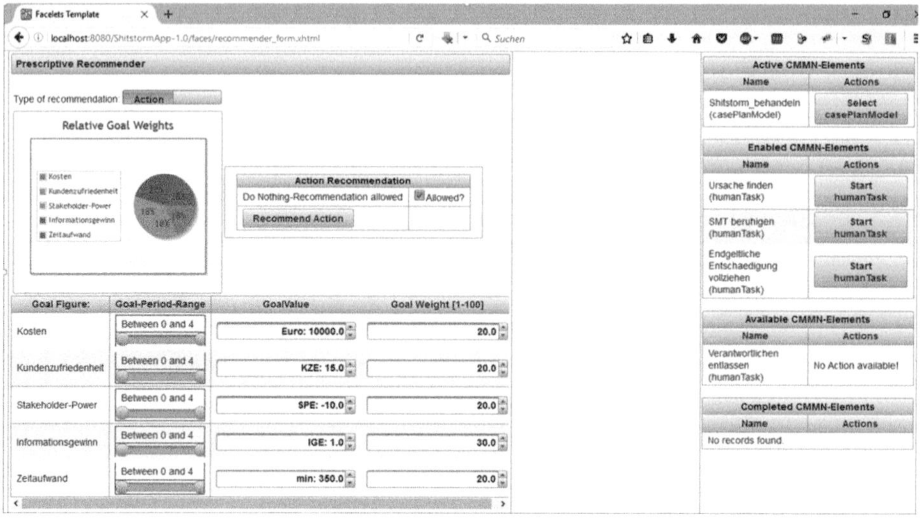

Abb. 6.3 ProSyWis Recommender für Folgeaktivitäten [109]

6.5 Zusammenfassung und Ausblick

Die adäquate systemtechnische Unterstützung von Wissensarbeitern bei der Abwicklung schwach strukturierter Geschäftsprozessen stellt nach wie vor eine Herausforderung dar. Die Relevanz der Thematik wird durch eine große Zahl aktueller Publikationen sowie durch eine Vielzahl laufender Forschungs- und Entwicklungsprojekten dokumentiert, in denen unterschiedlichste Konzepte zur Unterstützung wissensintensiver Geschäftsprozesse untersucht werden. Wir haben hierzu einen Überblick über wesentliche Herausforderungen, relevante Architekturkonzepte und mögliche Umsetzungen aufgezeigt.

Literatur

1. Dumas M, van der Aalst W, ter Hofstede A (2005) Process-aware information systems: bridging people and software through process technology. Wiley, Chichester
2. van der Aalst W (2013) Business process management: a comprehensive survey. ISRN Softw Eng 2013: Article ID 507984
3. Ko R (2009) A computer scientist's introductory guide to business process management (BPM). ACM Crossroads 15(4):11–18
4. van der Aalst W, ter Hofstede A, Weske M (2003) Business process management: a survey. In: Proceedings of the international conference on business process management (BPM 2003). Eindhoven, S 1–12
5. Weske M (2012) Business process management. Springer, Berlin/Heidelberg, S 333–371
6. van der Aalst W (2009) Process-aware information systems: lessons to be learned from process mining. Transactions on Petri Nets and other models of concurrency II, LNCS 5460. Springer, Berlin/Heidelberg, S 1–26

7. OMG (2013) Business process model and notation (BPMN), Version 2.0.2. Needham. http://www.omg.org/spec/BPMN/2.0.2/. Zugegriffen am 22.10.2016
8. Reijers H, Rigter J, van der Aalst W (2003) The case handling case. Int J Coop Inf Syst 12(3):365–391
9. Leymann F, Roller D (1999) Production workflow: concepts and techniques. Prentice-Hall, Upper Saddle River
10. Pegasystems (2016) Our products. https://www.pega.com/products. Zugegriffen am 22.11.2016
11. Davenport T (2005) Thinking for a living: how to get better performance and results from knowledge workers. Harvard Business School Press, Boston
12. Brinkley I (2006) Defining the knowledge economy. The Work Foundation, London
13. Motahari-Nezhad H, Swenson K (2013) Adaptive case management: overview and research challenges. In: Proceedings of the 15th IEEE international conference on business informatics, Vienna, 264–269
14. White M (2009) Case management: combining knowledge with process. BPTrends. http://www.bptrends.com/case-management-combining-knowledge-with-process. Zugegriffen am 17.09.2016
15. Buck-Emden R (2014) ProSyWis: concept and prototype for managing knowledge-intensive processes. Technical report 04-2014. University of Applied Sciences Bonn-Rhein-Sieg, Sankt Augustin
16. Buck-Emden R, Alda S (2015) Knowledge-intensive business process support with ProSyWis – concept and prototype. In: Proceedings of 1st international workshop on technologies of digital signal processing and storing (DSPTech'2015), vol. 1. Ufa, S 1–9
17. Drucker P (1959) The landmarks of tomorrow. Harper & Row, New York
18. Jacobs S, Holten R (1995) Goal driven business modelling – supporting decision making within information systems development. In: Proceedings of the ACM conference on organizational computing systems (COCS'95). Milpitas, S 96–105
19. Kulkarni U, Ipe M (2010) Knowledge intensive business processes: a process-technology fit perspective. In: Proceedings of the 4th international conference information systems, technology and management, ICISTM 2010, Bangkok, S 32–43
20. Di Ciccio C, Marrella A, Russo A (2014) Knowledge-intensive processes: characteristics, requirements and analysis of contemporary approaches. J Data Semant 4(1):29–57
21. Vaculin R, Hull R, Heath T, Cochran C, Nigam A, Sukaviriya P (2011) Declarative business artifact centric modeling of decision and knowledge intensive business processes. In: 15th IEEE international conference on enterprise distributed object computing (EDOC 2011), Helsinki, S 151–160
22. Hauder M, Pigat S, Matthes F (2014) Research challenges in adaptive case management: a literature review. In: Proceedings of 3rd international workshop on adaptive case management and other non-workflow approaches to BPM (AdaptiveCM), Ulm, S 98–107
23. Strong D, Miller S (1995) Exceptions and exception handling in computerized information processes. ACM Trans Inf Syst 13(2):206–233
24. Van der Aalst W, Stoffele M, Wamelink J (2003) Case handling in construction. Autom Constr 12(3):303–320
25. Abecker A, Bernardi A, Hinkelmann K, Kühn O, Sintek M (2000) Context-aware, proactive delivery of task-specific information: the KnowMore Project. Inf Syst Front 2(3):253–276
26. Goesmann T, Hoffmann M (2000) Unterstützung wissensintensiver Geschäftsprozesse durch Workflow-Management-Systeme. In: Proceedings of the DCSCW, München, S 139–152
27. Schwarz S, Abecker A, Maus H, Sintek M (2001) Anforderungen an die Workflow-Unterstützung für wissensintensive Geschäftsprozesse. Workshop „Geschäftsprozessorientiertes Wissensmanagement - Von der Strategie zum Content". In: Proceedings of the WM 01, Baden-Baden, S 1–20

28. Grudin J, Poltrock S (2012) CSCW – computer supported cooperative work. In: Encyclopedia of human-computer interaction, Aarhus. The Interaction-Design.org Foundation. http://www.interactiondesign.org/encyclopedia/cscw_computer_supported_cooperative_work.html. Zugegriffen am 16.10.2016

29. Swenson K (2010) Mastering the unpredictable. How adaptive case management will revolutionize the way that knowledge workers get things done. Meghan-Kiffer Press, Tampa

30. Le Clair C, Miers D (2011) The forrester wave™: dynamic case management. Forrester Research, Cambridge

31. OMG (2015) Case management model and notation (CMMN), Version 1.1. Needham. http://www.omg.org/spec/CMMN/1.1/Beta/. Zugegriffen am 19.09.2016

32. Marin M, Hauder M (2015) Case management: a data set of definitions. arXiv preprint arXiv:1507.04004

33. Marin M, Hauder M, Matthes F (2015) Case management: an evaluation of existing approaches for knowledge-intensive processes. In: Proceedings of the 4th international workshop on adaptive case management and other non-workflow approaches to BPM (AdaptiveCM), Innsbruck, S 1–12

34. Pucher M (2010) The difference between DYNAMIC and ADAPTIVE. https://acmisis.wordpress.com/2010/11/18/the-difference-between-dynamic-and-adaptive/. Zugegriffen am 07.10.2016

35. Swenson K (2011) Taming the unpredictable: real world adaptive case management: case studies and practical guidance. Future Strategies, Lighthouse Point

36. Kurz M, Schmidt W, Fleischmann A, Lederer M (2015) Leveraging CMMN for ACM: examining the applicability of a new OMG standard for adaptive case management. In: Proceedings of the 7th international conference on subject-oriented business process management, S-BPM ONE '15, Kiel, S 31–39

37. Adkins A (2009) The lawyer's guide to practice management systems software. American Bar Association, Chicago

38. Jordan P (2001) Paralegal studies. West Legal Studies, Albany

39. Le Clair C (2016) The forrester wave™: dynamic case management, Q1 2016. Forrester Research, Cambridge

40. Rücker B (2015) Neue Freiheiten durch Adaptive Case Management? https://jaxenter.de/neue-freiheiten-durch-adaptive-case-management-18119. Zugegriffen am 07.10.2016

41. Unger M, Leopold H, Mendling J (2015) How much flexibility is good for knowledge intensive business processes: a study of the effects of informal work practices. In: 48th Hawaii international conference on system sciences (HICSS 2015), Kauai, S 4990–4999

42. Burkhart T, Weis B, Werth D, Loos P (2012) Towards process-oriented recommender capabilities in flexible process environments – state of the art. In: 45th Hawaii international conference on system science (HICSS), Maui, S 4386–4395

43. Ariouat H, Andonoff E, Hanachi C (2016) Do process-based systems support emergent, collaborative and flexible processes? Comparative analysis of current systems. Proc Comput Sci 96:511–520

44. Mundbrod N, Reichert M (2014) Process-aware task management support for knowledge-intensive business processes: findings, challenges, requirements. In: Proceedings of the IEEE 18th international distributed object computing conference – workshops and demonstrations (EDOCW 2014), Ulm, S 116–125

45. Mertens S (2015) Supporting and assisting the execution of knowledge-intensive processes. Doctoral consortium at the 27th international conference on advanced information systems engineering (CAiSE 2015), Stockholm, S 10–18

46. Rychkova I, Kirsch-Pinheiro M, Grand BL (2015) Context-aware agile business process engine: Foundations and Architecture. In: Enterprise, business-process and information systems modeling (EMMSAD 2013). Springer, Berlin/Heidelberg, S 32–47

47. Müller G (2015) Workflow adaptation in process-oriented case-based reasoning. In: Proceedings of the ICCBR 2015 workshops, Frankfurt, S 277–279

48. Hill J, Chin K, Dunie R (2015) Magic quadrant for BPM-platform-based case management frameworks. ID: G00262751, Gartner, Stamford
49. Collenbusch D, Sauter A, Tastekil I, Uslu D (2015) Experiencing adaptive case management capabilities with cognoscenti. In: Proceedings of the digital enterprise computing conference (DEC 15), Böblingen, S 233–243
50. Swenson K (2014) Demo: cognoscenti open source software for experimentation on adaptive case management approaches. In: IEEE 18th international distributed object computing conference – workshops and demonstrations (EDOCW 2014), Ulm, S 402–405
51. La Rosa M, Dumas M, ter Hofstede A, Mendling J (2011) Configurable multi-perspective business process models. Inf Syst 36(2):313–340
52. Fahland D, Lübke D, Mendling J, Reijers H, Weber B, Weidlich M, Zugal S (2009) Declarative versus imperative process modeling languages: the issue of understandability. In: Enterprise, business-process and information systems modeling. Springer, Berlin/Heidelberg, S 353–366
53. Goedertier S, Haesen R, Vanthienen J (2008) Rule-based business process modelling and enactment. Int J Bus Process Integr Manag 3(3):194–207
54. van der Aalst W, Pesic M, Schonenberg H (2009) Declarative workflows: balancing between flexibility and support. Comput Sci Res Dev 23(2):99–113
55. Goedertier S, Vanthienen J, Caron F (2013) Declarative business process modelling: principles and modelling languages. Enterp Inf Syst 9(2):161–185
56. Bider I, Jalali A, Ohlson J (2013) Adaptive case management as a process of constructing of and movement in a state space. In: OTM2013 workshops, Graz, S 155–165
57. Pesic M, Schonenberg H, van der Aalst W (2010) Declarative workflow. In: Modern business process automation. Springer, Berlin/Heidelberg, S 175–201
58. Rychkova I, Nurcan S (2011) Towards adaptability and control for knowledge-intensive business processes: declarative configurable process specifications. In: Proceedings of the 44th Hawaii international conference on systems science (HICSS 2011), Kauai, S 1–10
59. De Giacomo G, Dumas M, Maggi FM, Montali M (2015) Declarative process modeling in BPMN. In: Proceedings of the international conference on advanced information systems engineering, CAiSE'15. Stockholm, S 84–100
60. Silver B (2014) BPMN and CMMN compared. http://brsilver.com/bpmn-cmmn-compared/. Zugegriffen am 30.10.2016
61. Hinkelmann K, Pierfranceschi A (2014) Combining process modelling and case modelling. In: Proceedings of the 8th international conference on methodologies, technologies and tools enabling e-Government, MeTTeG 2014, Udine, S 83–93
62. Camunda (2016) Camunda BPM. https://camunda.com/de/bpm/features/. Zugegriffen am 30.10.2016
63. Buchmann A, Appel S, Freudenreich T, Frischbier S, Guerrero PE (2012) From calls to events: architecting future BPM systems. In: Proceedings of the international conference on business process management (BPM 2012), Tallinn, S 17–32
64. Luckham D (2002) The power of events. Addison-Wesley, Reading
65. Mühl G, Fiege L, Pietzuch P (2006) Distributed event-based systems. Springer, Berlin/Heidelberg
66. Stumpf R, Teague L (2004) Object-oriented systems analysis and design with UML. Prentice Hall, Upper Saddle River
67. Etzion O, Niblett P (2011) Event processing in action. Manning Publications, Stamford
68. OMG (2016) Decision model and notation (DMN), version 1.1. http://www.omg.org/spec/DMN/1.1/PDF/. Zugegriffen am 20.10.2016
69. Batoulis K, Baumgrass A, Herzberg N, Weske M (2015) Enabling dynamic decision making in business processes with DMN. In: BPM 2015, Third international workshop on decision mining & modeling for business processes (DeMiMoP'15), Innsbruck, S 418–431

70. Mertens S, Gailly F, Poels G (2015) Enhancing declarative process models with DMN decision logic. In: Proceedings of the 13th international conference on enterprise, Business-process and information systems modeling, Gdańsk, S 151–165
71. Vanthienen J, Caron F, De Smedt J (2013) Business rules, decisions and processes: five reflections upon living apart together. In: SIGBPS workshop on business processes and service, Milan, S 76–84
72. Janssens L, Bazhenova E, De Smedt J, Vanthienen J, Denecker M (2016) Consistent integration of decision (DMN) and process (BPMN) models. In: Proceedings of the CAiSE'16 forum at the 28th international conference on advanced information systems engineering, Ljubljana, S 121–128
73. List B, Korherr B (2006) An evaluation of conceptual business process modelling languages. In: Proceedings of the 21st annual ACM symposium on applied computing, Dijon, S 1532–1539
74. Jander K, Braubach L, Pokahr A, Lamersdorf W (2011) Goal-oriented processes with GPMN. Int J Artif Intell Tools 20(6):1021–1041
75. Burmeister B, Arnold M, Copaciu F, Rimassa G (2008) BDI-agents for agile goal-oriented business processes. In: Proceedings of the 7th international conference on autonomous agents and multiagent systems, AAMAS 2008, Estoril, S 37–44
76. Keller G, Nüttgens M, Scheer A-W (1992) Semantische Prozessmodellierung auf der Grundlage „Ereignisgesteuerter Prozeßketten (EPK)". Veröffentlichungen des Instituts für Wirtschaftsinformatik 89, Saarbrücken
77. Salehie M, Tahvildari L (2012) Towards a goal-driven approach to action selection in self-adaptive software. Softw Pract Exper 42(2):211–233
78. Ferro S, Rubira C (2015) An architecture for dynamic self- adaptation in workflows. In: Proceedings of the 13th international conference on software engineering research and practice, Las Vegas, S 35–41
79. Rao A, Georgeff M (1995) BDI Agents: from theory to practice. In: Proceedings of the 1st international conference on multi-agent systems, San Francisco, S 312–319
80. Thi Kim TT, Pucher M, Mendling J, Ruhsam C (2013) Setup and maintenance factors of ACM systems. In: Proceedings of the OTM confederated international conferences „On the move to meaningful internet systems", Graz, S 172–177
81. Goedertier S, Vanthienen J (2006) Business rules for compliant business process models. In: Proceedings of 9th international conference on business information systems, BIS2006, Klagenfurt, S 558–572
82. Pesic M, van der Aalst W (2006) A declarative approach for flexible business processes management. In: Proceedings of the BPM 2006 workshops, Vienna, S 169–180
83. Taveter K, Wagner G (2001) Agent-oriented business rules: deontic assignments. In: Proceedings of the international workshop on open enterprise solutions: systems, experiences, and organizations (OESSEO2001), Rome, S 72–81
84. Wagner G (2002) How to design a general rule markup language? In: Proceedings of the workshop XML-Technologien für das Semantic Web (XSW 2002), Berlin, S 19–37
85. Pesic M, Schonenberg H, van der Aalst W (2007) DECLARE: full support for loosely-structured processes. In: Proceedings of the 11th IEEE international enterprise distributed object computing conference, EDOC 2007, Annapolis, S 287–300
86. van der Aalst W, Pesic M (2006) DecSerFlow: towards a truly declarative service flow language. In: Proceedings of the third international workshop, WS-FM 2006, Vienna, S 1–23
87. Bazire M, Brézillon P (2005) Understanding context before using it. In: Proceedings of the 5th international conference on modeling and using context, Paris, S 29–40
88. Wendt S (1998) Der Zustandsbegriff in der Systemtheorie. Interner Bericht, Universität Kaiserslautern. https://kluedo.ub.uni-kl.de/files/35/no_series_7.pdf. Zugegriffen am 26.10.2016
89. Alda S, Buck-Emden R (2017) SOAdapt: a framework for developing service-oriented multi-tenant applications. In: Proceedings of the 7th IARIA international conference on business intelligence and technology, BUSTECH 2017, Athens, S. 7–13

90. EsperTech (2016) Esper: event processing for Java. http://www.espertech.com/products/esper. php. Zugegriffen am 12.11.2016
91. Software AG (2016) The Apama platform. https://www.softwareag.com/corporate/images/ SAG_The_Apama_Platform_20PG_WP_Jun16_tcm16-113796.pdf. Zugegriffen am 12.11.2016
92. Engel Y, Etzion O (2011) Towards proactive event-driven computing. In: Proceedings of the 5th ACM international conference on distributed event-based systems (DEBS), New York, S 125–136
93. Hollingsworth D (1995) The workflow reference model. Workflow management coalition, document TC00-1003, issue 1.1. Winchester/Hampshire
94. Heath F, Boaz D, Gupta M, Vaculín R, Sun Y, Hull R, Limonad L (2013). Barcelona: a design and runtime environment for declarative artifact-centric BPM. In: Proceedings of the 11th international conference on service-oriented computing (ICSOC 2013), Berlin, S 705–709
95. Camunda (2015) Call activity. https://docs.camunda.org/manual/7.4/reference/bpmn20/sub-processes/call-activity/. Zugegriffen am 31.10.2016
96. IBM (2016) IBM ILOG CPLEX Optimization Studio. http://www-03.ibm.com/software/products/de/ibmilogcpleoptistud. Zugegriffen am 13.11.2016
97. Barba I, Weber B, Del Vallea C, Jiménez-Ramírez A (2013) User recommendations for the optimized execution of business processes. Data Knowl Eng 86:61–84
98. Benner-Wickner M, Brückmann T, Gruhn V, Book M (2015) Process mining for knowledge-intensive business processes. In: Proceedings of the 15th international conference on knowledge technologies and data-driven business, Graz, S 4:1–4:8
99. Haisjackl C, Weber B (2010) User assistance during process execution – an experimental evaluation of recommendation strategies. In: Proceedings of the international conference on business process management, BPM 2010, Hoboken, S 134–145
100. Schonenberg H, Weber B, van Dongen B, van der Aalst W (2008) Supporting flexible processes through recommendations based on history. In: Proceedings of the international conference on business process management, BPM 2008, Milan, S 51–66
101. Adomavicius G, Mobasher B, Ricci F, Tuzhilin A (2011) Context-aware recommender systems. AI Mag 32(3), S 67–80
102. Aamodt A, Plaza E (1994) Case-based reasoning: foundational issues, methodological variations and system approaches. AI Commun 7(1), S 39–59
103. Jerome Busemeyer, Timothy Pleskac (2009) Theoretical tools for understanding and aiding dynamic decision making. J Math Psychol 53(3):126–138
104. Jensen F, Nielsen T (2007) Bayesian networks and decision graphs. Springer, Berlin/Heidelberg
105. Petrusel R (2013) Using Markov decision process for recommendations based on aggregated decision data models. In: Proceedings of the 16th international conference on business information systems, BIS 2013, Poznań, S 125–137
106. Koop A, Moock H (2008) Lineare Optimierung: Eine anwendungsorientierte Einführung in Operations Research. Springer Spektrum, Berlin
107. Hillier F, Lieberman G (2014) Introduction to operations research, 10. Aufl. McGraw-Hill, New York
108. Domschke W, Drexl A, Klein R, Scholl A (2015) Einführung in operations research, 8. Aufl. Springer Gabler, Berlin/Heidelberg
109. van Helden A (2016) Konzeption, Realisierung und Bewertung präskriptiver Verfahren im Kontext wissens-intensiver Geschäftsprozesse. Masterthesis, Hochschule Bonn-Rhein-Sieg, Fachbereich Informatik, Sankt Augustin
110. BayesFusion LLC (2016) BayesFusion documentation. http://support.bayesfusion.com/docs/. Zugegriffen am 13.11.2016

Ein CMMN-basierter Ansatz für Modellierung und Monitoring flexibler Prozesse am Beispiel von medizinischen Behandlungsabläufen

Kathrin Kirchner und Nico Herzberg

Zusammenfassung

Wissensbasierte Prozesse sind häufig flexibel – zusätzliche Schritte können notwendig werden, andere Schritte weggelassen werden, oder die Reihenfolge kann sich ändern. Traditionelle Ansätze wie BPMN oder UML-Aktivitäts-Diagramme haben Schwierigkeiten, diese Flexibilität abzubilden. Zur Unterstützung flexibler Prozesse veröffentlichte die Object Management Group 2014 den neuen Standard Case Management Model & Notation (CMMN). Die Frage, ob CMMN in seiner jetzigen Version in der Praxis eingesetzt werden kann, und wenn ja, wie, ist noch nicht umfassend beantwortet.

In diesem Kapitel wird CMMN zunächst mit anderen Ansätzen bezüglich der Unterstützung flexibler Prozesse verglichen. Weiterhin wird ein eigener Ansatz vorgestellt, der Modellierung und Monitoring flexibler Prozesse auf Basis von CMMN ermöglicht.

Ein Einsatzbereich für den vorgestellten Ansatz ist das Gesundheitswesen, da im Laufe einer Behandlung häufig in Abhängigkeit vom Gesundheitszustand des Patienten oder der Verfügbarkeit von Ressourcen Anpassungen vorgenommen werden müssen. Daher wird in diesem Kapitel die Modellierung von Behandlungsprozessen mit CMMN aus Sicht von medizinischem Personal und Prozessberatern diskutiert. Weiterhin wird vorgestellt, wie ein Prozess-Monitoring in einer solchen flexiblen Umgebung

K. Kirchner (✉)
Hochschule für Wirtschaft und Recht Berlin, Berlin, Deutschland
E-Mail: kathrin.kirchner@hwr-berlin.de

N. Herzberg
Hasso-Plattner-Institut Potsdam, Potsdam, Deutschland
E-Mail: nico.herzberg@sap.com

© Springer Fachmedien Wiesbaden GmbH 2017
T. Barton et al. (Hrsg.), *Geschäftsprozesse*, Angewandte Wirtschaftsinformatik,
DOI 10.1007/978-3-658-17297-8_7

umgesetzt werden kann, um beispielsweise die Prozesslaufzeit oder den aktuellen Stand der einzelnen Prozessinstanzen zu analysieren. Darauf aufbauend lassen sich die Prozesse entsprechend anpassen und verbessern.

Schlüsselwörter

Flexibler Prozess • CMMN • Modellierung • Monitoring • Medizinischer Behandlungspfad

7.1   Flexible Prozesse und medizinische Behandlungspfade

Viele Organisationen und Unternehmen arbeiten heutzutage prozessorientiert. Diese Prozesse werden oftmals mittels Prozessmodellen beschrieben, damit sie als Arbeitsanweisungen, zum Knowledge-Transfer und zur Dokumentation genutzt werden können.

Viele Prozesse beruhen auf dem Fach- und Expertenwissen der Prozessausführenden. Dieser entscheidet, welche Aktivitäten tatsächlich ausgeführt werden und in welcher Reihenfolge dies geschieht [1]. Solche wissensintensiven Prozesse sind zum Beispiel im Gesundheitswesen zu finden. Bei der Patientenbehandlung verfolgt der Arzt nicht stur eine bestimmte Abfolge von Schritten, sondern wählt die bestmögliche Behandlung für einen Patienten aus, abhängig von der Situation, also zum Beispiel dem Gesundheitszustand des Patienten und der Verfügbarkeit von Ressourcen [2]. Die Entscheidung über den nächsten Prozessschritt wird während der Behandlung selbst vorgenommen. Ein klinischer Behandlungspfad als wissensintensiver Prozess kann nicht vollständig automatisiert werden [3]. Die Flexibilität in der Prozessausführung sollte aber schon in den Prozessbeschreibungen, also den Prozessmodellen, festgehalten werden.

Behandlungsprozesse werden in der Form von klinischen Pfaden beschrieben. Ein klinischer Pfad ist ein multidisziplinärer Behandlungsplan, der die einzelnen Schritte einer Patientenbehandlung bei einer bestimmten Krankheit in einem bestimmten Krankenhaus beschreibt [4]. Ein solcher Behandlungsprozess kann über mehrere Abteilungen eines Krankenhauses durch ein interdisziplinäres Team durchgeführt werden. Eine ganzheitliche Darstellung des gesamten Ablaufs in einem bestimmten Krankenhaus ist daher für eine transparente Patientenbehandlung und die Einarbeitung neuen Personals wichtig.

Klinische Behandlungspfade können in einer Klinik auf verschiedenen Stufen eine Unterstützung bei Behandlungen geben [5]. In einfachster Form kann der Patientenakte ein zusätzliches Dokument beigelegt werden, auf dem ein Fahrplan für die Behandlung beschrieben ist. Auf diesem Papier können die durchgeführten Behandlungsschritte dann auch dokumentiert werden. Auf einer höheren Entwicklungsstufe werden pfadbezogene Informationen in IT-Systeme integriert. Dies ermöglicht eine elektronische Behandlungsdokumentation sowie standardisierte Auswertungen, da Informationen zu geplanten und schon abgeschlossenen Behandlungsschritten patientenbezogen verfügbar sind.

In einem ersten Schritt müssen flexible medizinische Behandlungspfade dokumentiert werden. Dabei kann in Textform, aber auch grafisch dokumentiert werden. Eine mögliche Modellierungssprache ist die Case Management Model and Notation (CMMN) [6], ein Modellierungsstandard der OMG. Dieses Kapitel untersucht im ersten Teil, wie die Einsetzbarkeit dieses relativ neuen Modellierungsstandards für klinische Behandlungspfade von Prozessmanagement-Beratern und medizinischem Personal eingeschätzt wird. Im zweiten Teil des Kapitels wird dargestellt, wie Monitoring und Analyse flexibler klinischer Behandlungspfade auf der Basis eines CMMN-Modells aussehen können.

7.2   Modellierung flexibler Prozesse mit CMMN

Eine Möglichkeit, klinische Pfade in einem Prozessmodell darzustellen, ist die Anwendung des OMG-Standards BPMN [7]. Einzelne Aktivitäten (abgerundete Vierecke) und Ereignisse (Kreise) werden mit dem zentralen Element des Sequenzflusses (durchgezogener Pfeil) verbunden Abb. 7.1. Des Weiteren wird dargestellt, welche Daten wann geschrieben (ausgehender gestrichelter Pfeil), gelesen (eingehender gestrichelter Pfeil) beziehungsweise ausgetauscht werden. Logische Verknüpfungen wie beispielsweise UND oder ODER können mittels einer Raute und einem entsprechenden Symbol (Gateway) ausgedrückt werden.

Abb. 7.1 zeigt ein BPMN-Modell für den Genesungsprozess eines Patienten. Für die Beschreibung von Flexibilitäten wurden hier drei verschiedene Möglichkeiten genutzt:

1. Textuelle Beschreibung: „ggf." bei einem Task und einem Ereignis
2. Text-Annotationen: „Wenn ERCP nach Galleleck, dann Stenteinlage"
3. Verwendung eines AND-Gateways, um die Ausführung von Tasks in beliebiger Reihenfolge zu kennzeichnen

Diese Flexibilitäten im Prozess hätten auch anders modelliert werden können. So könnte (1) auch durch Nutzung eines OR-Gateways beschrieben werden. (2) kann unter Nutzung eines Ad-Hoc-Subprozesses ausgedrückt werden, der die beliebige Abarbeitung von Aktivitäten im Subprozess erlaubt. Sowohl OR-Gateways als auch Ad-Hoc-Subprozesse werden in der Praxis jedoch nicht häufig verwendet [8].

Die Modellierung und Ausführung flexibler Prozesse ist Gegenstand zahlreicher Forschungsarbeiten [9]. Roseman und van der Aalst schlagen konfigurierbare ereignisgesteuerte Prozessketten vor, die eine Modellierung möglicher Prozessvarianten in der Konfigurationszeit erlaubt [10]. vBPMN, basiert auf dem BPMN-Standard und ermöglicht die Anpassung eines Referenzprozessmodells unter Verwendung von Adaptierungsmustern [11]. CarePlan als domänenspezifischer Ansatz im Gesundheitswesen ermöglicht die Anpassung klinischer Pfade mittels eines semantischen Frameworks [12].

Eine weitere Möglichkeit, um klinische Pfade zu modellieren, ist die Verwendung des OMG-Standards CMMN [2]. CMMN konzentriert sich weniger auf die Beschreibung eines konkreten Ablaufs, sondern auf Aktivitäten und Zustände, die gegeben sein müssen,

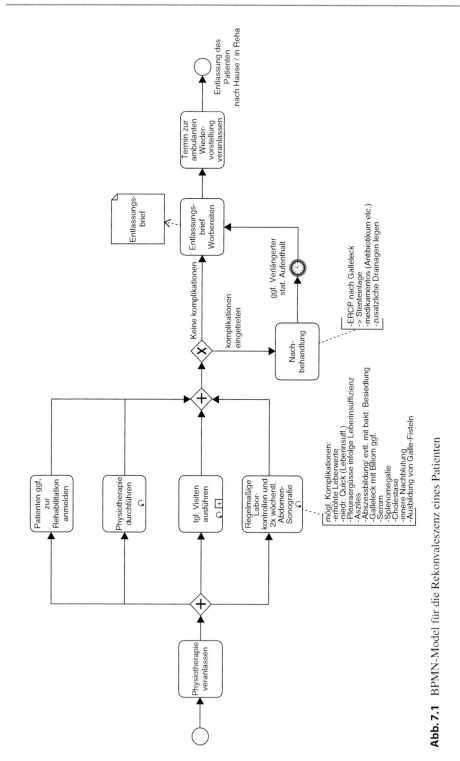

Abb. 7.1 BPMN-Model für die Rekonvaleszenz eines Patienten

um die Aktivitäten auszuführen. Die genaue Abfolge des Prozesses wird in die Hand des Wissensarbeiters, also z. B. des Mediziners, gelegt. Er bestimmt, wann für welchen Fall welche Aktivität ausgeführt werden muss. Die wesentlichen Elemente von CMMN sind:

- Aktivitäten (abgerundete Vierecke),
- Sentries (Rauten an Aktivitäten oder Stages) zur Beschreibung von Vor- und Nachbedingungen,
- Ereignisse (Kreise),
- Meilensteine (runde Rechtecke) zur Beschreibung zentraler Zustände während der Prozessausführung und
- Stages (abgeschrägte Rechtecke) zur Gruppierung von Aktivitäten mit gleichen Vor- und Nachbedingungen.

Jedes Modell ist als Case Plan Model (Karteikarte) beschrieben, das alle notwendigen Daten implizit beschreibt. Daten können auch explizit durch ein Dokumentensymbol beschrieben werden.

Abb. 7.2 zeigt ein CMMN-Modell für die Rekonvaleszenz eines Leberlebendspenders, basierend auf dem in Abb. 7.1 gezeigten BPMN-Modell. Das Modell ist im Case Plan Model zusammengefasst. Die einzelnen Aktivitäten können in beliebiger Reihenfolge ausgeführt werden, müssen aber nicht ausgeführt werden. Die Sentry am Stage stellt sicher, dass immer erst die Physiotherapie veranlasst sein muss, bevor weitere Schritte erfolgen. Die Stage gruppiert vier Aktivitäten. Das zentrale Element des Entlassungsbriefs

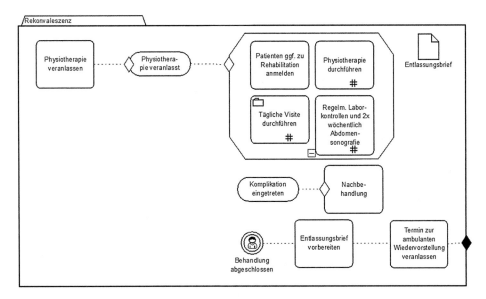

Abb. 7.2 Case Plan Model für die Rekonvaleszenz eines Patienten

wird explizit dargestellt. Informationen zu Ausführungsbedingungen können in einer zusätzlichen Planning Table hinterlegt werden. Damit sind diese Bedingungen nicht explizit sichtbar, sondern nur über die Planning Table aufrufbar.

7.3   Evaluation in der Praxis

Um die Verständlichkeit und Anwendbarkeit solcher CMMN-Modelle für klinische Pfade zu prüfen, wurden Interviews mit Ärzten durchgeführt. Weiterhin wurden verschiedene Fragestellungen in einem Workshop mit BPM-Beratern diskutiert und bearbeitet.

7.3.1   Evaluierung in der Medizin

Ziel der Evaluierung mit Ärzten und klinischem Personal war es, die Nützlichkeit und Verständlichkeit von CMMN-Modellen im Krankenhausalltag im Vergleich zu BPMN zu untersuchen. Dazu wurden drei BPMN-Modelle von klinischen Pfaden sowie die korrespondierenden CMMN-Modelle verwendet:

- die tägliche Visite für einen Leberlebendspender (Modell 1),
- die Rekonvaleszenz eines Leberlebendspenders (Modell 2, siehe Abb. 7.2) und
- die ambulante Nachsorge für einen Leberempfänger (Modell 3).

Die BPMN-Modelle wurden im Rahmen des Forschungsprojekts „Prozessintelligenz im Gesundheitswesen"[1] gemeinsam mit Medizinern in einem Klinikum erstellt [13]. Die dazu passenden CMMN-Modelle wurden auf Basis der BPMN-Modelle sowie zusätzlicher, während des Projekts erfasster Informationen modelliert. Die Modelle waren bezüglich der Anzahl und Art von Modellierungselementen unterschiedlich komplex (Tab. 7.1). Das erste Modell enthält zum Beispiel nur Kernelemente (Aktivitäten, Gateway) und ist daher im klinischen Alltag eventuell einfacher verständlich als Modell 3, in welchem auch Subprozesse verwendet wurden.

Nach einer kurzen Einführung in die Notationen von BPMN und CMMN wurden zu jedem Modell 13 Fragen zur Verständlichkeit und Nützlichkeit im klinischen Alltag gestellt. Aus der Analyse der Antworten aus vier Interviews mit Medizinern ergab sich, dass alle Modelle unabhängig von der Notation und Komplexität prinzipiell verständlich waren. Trotzdem wurden bei den BPMN-Modellen in zwei Fällen unverständliche Symbole gefunden, bei den CMMN-Modellen nur in einem Fall. Auch wenn unbekannte Symbole in den Modellen vorkamen, war der generelle Behandlungsverlauf jedoch zumeist verständlich.

Die Reihenfolge der abzuarbeitenden Behandlungsschritte wird in den BPMN-Modellen durch den Sequenzfluss klar, während diese bei den CMMN-Modellen nicht immer klar erkennbar waren. Im Gegensatz zum korrespondierenden BPMN-Modell

[1] www.pige-projekt.de.

Tab. 7.1 Komplexität der evaluierten Prozessmodelle

Modell	Notation	Verwendete Elemente
Modell 1: Tägliche Visite	BPMN	Task, paralleles Gateway, Dokument, Startereignis, Endereignis, Annotation
	CMMN	Task, Vorbedingung, Nachbedingung, Ereignis, Stage, Dokument, Planning Table
Modell 2: Rekonvaleszenz Leberlebendspender	BPMN Abb. 7.1	Task (teilweise mit Wiederholung), XOR-Gateway, paralleles Gateway, Startereignis, Endereignis, Event, Annotation, Dokument
	CMMN Abb. 7.2	Task, Stage Ereignis, Dokument, Meilenstein, Vorbedingung, Nachbedingung, Task mit Wiederholung
Modell 3: Ambulante Nachsorge Leberempfänger	BPMN	Subprozess mit Wiederholung, Event, Annotation, OR-Gateway, XOR-Gateway, Nachrichtenfluss, Schleife, Startereignis, Endereignis, aufgeklappter Subprozess, Dokument
	CMMN	Task, Task mit Wiederholung, Vorbedingung, Nachbedingung, Stage mit Wiederholung, Event, Ereignis, Meilenstein, Dokument

fehlten bei den CMMN-Modellen wichtige Behandlungsinformationen, oder die Befragten hielten das CMMN-Modell für zu allgemein und daher weniger nützlich für den praktischen Einsatz. Auf der anderen Seite fühlten sich die Mediziner bei den beiden komplexeren BPMN-Modellen durch zu viele Informationen in den BPMN-Modellen gestört, während dies bei den CMMN-Modellen nicht der Fall war.

Kannten die befragten Mediziner den abgebildeten klinischen Pfad durch eigene Erfahrung bisher nicht, scheinen BPMN-Modelle ungeeigneter für einen ersten Eindruck des Behandlungsverlaufs zu sein als die in CMMN erstellten Modelle. Ist der klinische Pfad prinzipiell bekannt, auch wenn der Befragte dabei auf keine praktischen Erfahrungen zurückgreifen kann, dann werden BPMN-Modelle für verständlicher gehalten als die CMMN-Modelle, um den genauen Behandlungsverlauf nachvollziehen zu können. Zudem waren Wiederholungen und Ausführungsbedingungen bei den CMMN-Modellen unklarer als bei den entsprechenden BPMN-Modellen.

Annotationen in den BPMN-Modellen geben wie in Abb. 7.1 Hinweise auf Flexibilitäten und somit Ausführungsbedingungen für bestimmte im Modell dargestellte Behandlungsschritte. Dadurch wurden die BPMN-Modelle von den Medizinern nicht als restriktiv wahrgenommen. Annotationen stellen jedoch kein adäquates Mittel zur Modellierung flexibler Bestandteile in einem Prozess dar.

Ein weiteres Problem waren auch Dokumente in CMMN-Modellen. So war es den Medizinern nicht klar, in welchem Behandlungsschritt sie entstehen, und in welchen Schritten sie weiter verwendet werden.

Unterschiede in der Verständlichkeit gab es auch durch die Komplexität der verwendeten Modelle. So war zum Beispiel Modell 1 für die befragten Mediziner verständlicher als Modell 2 und Modell 3.

Zusammenfassend ergibt sich, dass aus Sicht der Mediziner CMMN-Modelle prinzipiell genauso verständlich sind wie BPMN-Modelle, besonders bei komplexeren Prozessen. CMMN-Modelle können einen guten Überblick über einen klinischen Pfad geben. Allerdings wird aus dem Modell direkt nicht klar, welche Ausführungsbedingungen es für die einzelnen Schritte gibt. Diese Informationen sind in der Planning Table hinterlegt und somit nicht direkt sichtbar. Gerade für neue Mitarbeiter bilden Ausführungsbedingungen jedoch eine wichtige Grundlage zum Verständnis eines unbekannten klinischen Pfades.

Auf Grund der geringen Anzahl der bisher befragten Mediziner war eine detailliertere Auswertung der Ergebnisse nicht möglich. Die Befragung stellt daher nur einen ersten Eindruck zur Verständlichkeit bei der Darstellung klinischer Pfade dar.

7.3.2   Evaluierung durch BPM-Berater

Um die Akzeptanz von CMMN in der Praxis von BPM-Beratern zu ermitteln, wurde ein dreistündiger Workshop mit ca. 15 Praktikern durchgeführt. Alle teilnehmenden Berater hatten Erfahrung mit der BPMN-Modellierung in verschiedenen Branchen gesammelt.

Zunächst wurde die CMMN-Notation in einem Vortrag vorgestellt und diskutiert. Anschließend sollten an drei unterschiedlichen Stationen spezifische Fragestellungen diskutiert werden:

1. An der ersten Station wurden Fragen der Verständlichkeit von BPMN- und CMMN-Modellen an Beispielen aus der Medizin diskutiert. Die Teilnehmer des Workshops stellten fest, dass CMMN eine Übersicht zu einem Prozess gibt, die völlig fehlende Reihenfolge von Tasks aber auch verwirrend sein kann. Wichtige Informationen zu den Ausführungsbedingungen sind verdeckt in der Planning Table und so für den Betrachter nicht zu erkennen. Auf der anderen Seite sind BPMN-Diagramme sehr detailliert, ein strukturiertes Prozessdenken ist erforderlich. Weiterhin wurde angesprochen, wann welches Diagramm sinnvoll einsetzbar ist. CMMN-Diagramme sind vorstellbar als Einstiegspunkt in die Software-Entwicklung, als Requirements-Dokument, oder auch als eine Art Prozesslandkarte. Eine Verknüpfung zwischen BPMN und CMMN wurde als wichtig angesehen, um fixe mit variablen Prozessteilen zu verknüpfen.

2. Die zweite Station befasste sich mit der Frage, wann BPMN oder CMMN zum Einsatz kommen sollte. Dabei wurde herausgestellt, dass BPMN schon auf einer gewissen Reife aufbauen kann und durch seine Etablierung im Markt schon genügend Modellierungstools vorhanden sind. Durch BPMN lassen sich prozedurale Sichtweisen mit ggf. vielen Details abbilden, was eine spätere Automatisierung ermöglicht. CMMN-Diagramme sind dagegen deklarativ, und die Verwendung wird vor allem bei flexiblen Prozessen gesehen, insbesondere dann, wenn BPMN-Adhoc-Prozesse nicht mehr ausreichend sind.

Die Teilnehmer erarbeiteten eine Liste, wann man BPMN gegenüber CMMN vorziehen sollte. Dies ist besonders bei Fragestellungen der Fall,

- bei denen der gesamte Prozess als Menge geordneter Schritte betrachtet werden soll,
- Details in der Symbolik und Ausdrucksstärke von Ablaufdetails gebraucht werden,
- Kommunikation mit Partnern klar dargestellt werden soll, und
- Ausgereifte Tools vor allem in Richtung Automatisierung eingesetzt werden sollen.

Demgegenüber sollte CMMN genutzt werden, wenn:

- die Betrachtung der einzelnen Aktivitäten im Fokus steht und nicht deren Reihenfolge
- ein Überblick über die Aufgaben erforderlich ist oder die Menge an Aktivitäten nur als eine komplexe Stichpunktliste dargestellt werden kann
- die Ausführung von Aktivitäten komplexen Bedingungen unterliegt
- das Ergebnis stimmen muss, nicht der Weg
- mit der BPMN-Ad-Hoc-Task die Flexibilität nicht ausgedrückt werden kann

In der Diskussion selbst kristallisierte sich heraus, dass die Frage CMMN oder BPMN eher als Grundsatzfrage verstanden wird und ähnlich wie die Diskussion, ob man prozedural (BPMN) oder deklarativ (CMMN) programmieren sollte, gesehen wird. Dabei wurde CMMN unter anderem als Ansatzpunkt identifiziert, um Personen, die aus Prinzip Regelungen über Prozesse ablehnen, mit in die Modellierung einzubeziehen.

3. Die dritte Station beschäftigte sich mit der zentralen Frage nach einem Vorgehen bei der Modellierung mit CMMN. Viele Aspekte wurde parallel zur Modellierung mit BPMN gesehen und wie folgt definiert:

   1. Definition des Cases an sich (Scoping)
   2. Definition des Konsumenten des Modells und die Beantwortung der Frage „Warum
   3. und für welchen Nutzen wird das CMMN-Modell erstellt?“: In diesem Schritt werden
   4. auch die Kriterien für die Lesbarkeit des Modells und dessen Granularität festgelegt.
   5. Einteilung in Phasen/funktionale Blöcke und Strukturierung von Input und Output pro Phase als auch des gesamten Prozesses (Eingaben in den Prozess und deren Lieferanten, Prozessergebnis und dessen Konsumenten)
   6. Aus den ersten Schritten können als Zwischenergebnis ein Domänen-/Datenmodell und ggf. auch ein Zustandsübergangsmodell entstehen.
   7. Festlegen der Aktivitäten/Tasks und Einteilung in Muss/Soll/Kann-Ausführung: Hier wurde der erste große Unterschied zur BPMN-Modellierung gesehen, weil man sich hier auf die Menge der Aktivitäten/Tasks konzentrieren kann ohne gleich in die Aktivitäts-Reihenfolge-Diskussion – was oft in BPMN passiert – zu verfallen. Der Fokus liegt hier zunächst auf dem Brainstorming von Aktivitäten.
   8. Definition der Abhängigkeiten von Aktivitäten: Hier kann es unter Umständen auch
   9. Sinn machen, eine festgelegte Reihenfolge in ein BPMN-Modell auszulagern.
   10. Festlegung von Akteuren, Abbruchbedingungen, Ereignissen, Decisions.

11. Gegebenenfalls kann das auch Auswirkungen auf die Strukturierung der Stages haben.
12. Erstellung des CMMN-Modells: Dabei sollten die Festlegungen aus Punkt 2 beachtet werden, um gut lesbare Modelle zu erstellen. Die Anordnung der verschiedenen Komponenten sowie der Einsatz von gestrichelten Linien muss dabei bedacht werden.

Im Anschluss an die Modellierung folgen Verifikation, Validierung und ggf. Simulation. Dies wird bei CMMN um einiges komplexer als in BPMN angesehen. Des Weiteren stellte sich für die BPM-Berater die Frage, wie man von einem CMMN-Modell zur Abbildung in einem IT-System kommt. Dieses Vorgehen wird als iterativ angesehen.

7.4 Monitoring und Analyse von Prozessen

Neben der reinen Beschreibung von möglichen Abläufen können Prozessmodelle auch als Träger für Informationen zu konkreten Prozessabläufen selbst, aber auch als Kontext für Monitoring und Analyse von Prozessen genutzt werden. Dabei sind beispielsweise folgende Fragenstellungen von Relevanz: Wie lange dauert die Durchführung des gesamten Prozesses im Durchschnitt? Wie lange braucht eine Prozessinstanz mit bestimmten Parametern (bestimmte Charakteristika, z.B. bestimmtes Krankheitsbild bei einem männlichen Patienten einer bestimmten Altersgruppe) für einen bestimmten Prozessabschnitt? Welche Prozessschritte wurden für eine Instanz bereits durchlaufen, welche Schritte müssen noch durchgeführt werden?

In [14] wurde ein Lebenszyklusmodell für Prozessintelligenz vorgestellt (Abb. 7.3), das aus vier Phasen besteht. Der Ansatz geht davon aus, dass bei jeder Ausführung eines Prozesses verschiedene Ereignisse eintreten. Ein Ereignis findet zu einer bestimmten Zeit, an einem bestimmten Ort und in einem bestimmten Kontext statt. Einige, in den seltensten Fällen alle dieser Ereignisse werden in IT-Systemen repräsentiert, beispielsweise die Aufnahme eines Patienten im Krankenhaus (durch Einlesen der Krankenkassenkarte in ein IT-System) oder die Ergebnisse einer Blutuntersuchung, gespeichert in einer Laborsoftware. Der folgend beschriebene Ansatz für Prozessmonitoring und -analyse geht davon aus, dass nicht für jede Aktivität, die in einem Prozessmodell beschrieben ist, Daten in einem IT-System vorliegen. Manche Aktivitäten werden nur in der Papierakte des Patienten vermerkt oder gar nicht explizit dokumentiert (zum Beispiel ein Telefonat zur Besprechung eines Befundes).

Die erste der vier Phasen in Abb. 7.3 ist geprägt von der Prozessmodellierung, aber auch von der Modellierung der Prozess-Ereignis-Monitoring-Punkte (kurz: PEMP). Diese Punkte beschreiben wichtige Ereignisse während der Prozessausführung, um relevante Monitoring- und Analysefragen zu beantworten. In der darauffolgenden zweiten Phase werden die PEMPs mit den entsprechenden Datenquellen verbunden, aus denen zur Laufzeit dann die Daten für das Monitoring und die Analyse extrahiert werden. Während der

Abb. 7.3 Lebenszyklusmodel
für Prozessintelligenz

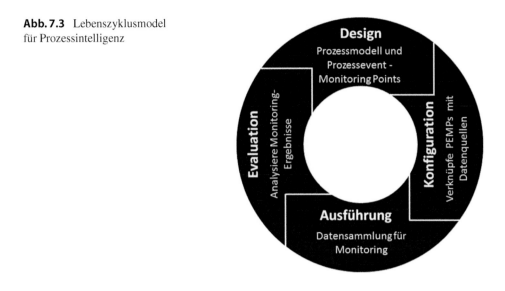

Prozesslaufzeit werden die Daten entsprechend der Konfiguration gesammelt (Phase 3)
und für Monitoring und Analyse genutzt (Phase 4). Mit den Aussagen aus Monitoring und
Analyse kann der Prozess dann verbessert werden. Gegebenenfalls wird das Prozessmodell verfeinert und/oder weitere PEMPs gesetzt, um aussagekräftigere oder weitere Moni-
toring- oder Analysefragen zu klären.

7.4.1 Phase 1 – Modellierung des klinischen Behandlungspfades und Definition der Prozess-Ereignis-Monitoring-Punkte

Ausgangspunkt für Monitoring und Analyse von Prozessen im Allgemeinen und von klinischen Behandlungspfaden im Besonderen sind Prozessmodelle. Diese müssen zunächst
erstellt werden (vgl. Abschn. 7.2). Bei der Modellierung der klinischen Behandlungspfade
können bereits die Anforderungen hinsichtlich Monitoring und Analyse eine Rolle spielen. Wenn man das Prozessmodell als Träger der Prozessinstanzinformationen nutzen
möchte, dann modelliert man es entsprechend übersichtlich beziehungsweise mit Fokus
auf die Monitoring- und Analysefragen. Die Modellierung des Prozessmodells zur
Anzeige der Monitoring- und Analyse-Informationen kann aber auch ein separater Schritt
sein und vom Modell des Behandlungspfades abgeleitet werden.

Darauf aufbauend werden Prozess-Ereignis-Monitoring-Punkte (PEMP) definiert.
Diese beschreiben, wann ein Ereignis zu einer konkreten Aktivität oder einem konkreten
Zeitpunkt während der Prozessausfürung eintritt. Beispielsweise können der Beginn und
das Ende einer Aktivität oder das Erreichen eines bestimmten Prozessfortschritts solche

Ereignisse sein [15]. Die Informationen zu diesen PEMP werden später aus den IT-Systemen für die konkreten Prozessinstanzen extrahiert. Mit diesen Informationen werden das Monitoring und die Analyse von Prozessen sichergestellt.

Definierte Punkte in einem Prozessmodell sind Zustandsänderungen, beispielsweise wenn eine laut Prozessmodell mögliche Aktivität gestartet wird. Die möglichen Zustände eines jeden Elements eines Prozessmodells werden durch einen Element-Lebenszyklus beschrieben [16], beispielsweise bei Aktivitäten durch den Aktivitätslebenszyklus [17, 18] (siehe Abb. 7.5). Ein Aktivitätslebenszyklus kann beispielsweise wie folgt beschrieben werden: Wenn eine Prozessinstanz eines Prozesses gestartet ist, dann sind zunächst alle Aktivitäten initialisiert (init). Wenn die durch das Prozessmodell vorgeschriebene Ausführungssemantik das Ausführen einer Aktivität ermöglicht, dann wird die Aktivität aktiv (enabled). Sobald mit der Abarbeitung begonnen wird, ist die Aktivität gestartet (started). Die Arbeiten an der Aktivität können im Folgenden abgebrochen (terminated) oder regulär beendet (completed) werden.

Die einzelnen Element-Lebenszyklen lassen sich beliebig feingranular definieren. Je nach verfügbaren Daten zu einzelnen Ereignissen können auch noch weitere Beschreibungen von Zustandsübergängen hilfreich sein. Des Weiteren sind auch noch zusätzliche Informationen wie zum Beispiel der Zustand eines im Prozess verwendeten Dokuments hilfreich [19].

Damit sind die Zustandsübergänge genau beschrieben beziehungsweise modelliert. Diesen Übergängen können nun genau die Ereignisse zuordnet werden, die den Zustandsübergang beschreiben. Sind die Ereignisse in einem IT-System repräsentiert, kann eine entsprechende Konfiguration vorgenommen werden, um diese Daten nutzen. Diese Konfiguration wird in der nächsten Phase im Detail betrachtet.

7.4.2 Phase 2 – Verknüpfung der PEMP zu deren Datenquellen

In der zweiten Phase wird das Monitoring- und Analyse-System konfiguriert. Dabei werden die PEMPs an die entsprechenden Datenquellen angebunden und eine Implementierung der Datenextraktion zugeordnet. Solche Implementierungen können zum Beispiel Web-Service-Aufrufe [17], das Auslesen einer Zelle aus einer Tabelle, oder das Ausführen einer SQL-Abfrage sein.

Dabei ist ein erster wichtiger Schritt, dass die vorliegenden Daten zu den einzelnen Ereignissen in eine normalisierte Form zur weiteren Verarbeitung gebracht werden. Eine Typbeschreibung des normalisierten Ereignisses definiert, wie welcher Inhalt konkret gebraucht wird und aus welcher Quelle die Daten kommen. Alle einzelnen Ereignisdaten werden in eine Form gebracht, die beschreiben, von welchem Typ das Ereignis ist, wann es eingetreten ist, welche Identifikation es hat und was der Inhalt rund um das Ereignis ist. Der Inhalt kann eine Menge zusätzlicher Informationen sein [20]. Die entsprechende Normalisierung findet im Betrieb und während der Prozessausführung kontinuierlich statt.

Die normalisierten Ereignisse haben noch keinen Bezug zu den einzelnen Prozessinstanzen eines Prozesses. Diese Zuordnung erfolgt erst durch die Transformation eines normalisierten Ereignisses zu einem Prozessereignis. Dabei wird auch die Korrelation der Daten über ein Ereignis mit der entsprechenden Prozessinstanz vorgenommen. Im Gesundheitswesen, speziell in Krankenhäusern, können das beispielsweise die Behandlungsfallnummern oder Patientennummern sein. Des Weiteren können bei der Transformation noch weitere Daten hinzugenommen werden, beispielsweise aus weiteren Datenquellen wie einer Datenbank. Wie genau die Transformation und auch die Korrelation zur konkreten Prozessinstanz erfolgt, ist im Prozess-Ereignis-Typ definiert.

Zur Modellierungszeit werden diese Prozess-Ereignis-Typen an den entsprechenden PEMP deklariert. Dabei können auch mehrere Prozessereignisse zur Laufzeit den PEMP beschreiben. Mehrere Prozessereignisse können logisch miteinander verknüpft werden. Oftmals genügt aber eine 1:1-Zuordnung.

7.4.3 Phase 3 – Sammeln von Monitoring- und Analyse-Informationen

In der dritten Phase werden anhand der PEMP Daten gesammelt und das Eintreten von Ereignissen überwacht. Die Informationen über eingetretene Ereignisse können dann in Echtzeit (je nach Implementierung) zur Visualisierung der aktuellen Prozessausführungen oder zum Berechnen und Messen von Leistungskennzahlen (Key Performance Indicators) genutzt werden. Dafür ist ein eigenständiges System notwendig, das die entsprechende Modellierung (siehe Abschn. 7.4.1) und die Konfiguration (siehe Abschn. 7.4.2) nutzt und entsprechende Daten sammelt.

Ein solches System kann beispielsweise wie im Folgenden beschrieben implementiert werden: Im Wesentlichen besteht das System aus drei Hauptkomponenten [19]: einer Schnittstelle zu den Ereignisdaten, einer Ereignisverarbeitungskomponente und einer Komponente zur Transformation der einzelnen Ereignisdaten zu definierten Ereignissen. Die Schnittstelle zu den Ereignisdaten fungiert als Adapter zu den einzelnen Datenquellen, wie zum Beispiel zu Datenbanktabellen oder Web Services. Die Ereignisverarbeitungskomponte verarbeitet entsprechende Anfragen zur Ereignisabfrage bzw. -transformation. In der Praxis gibt es bereits viele Systeme, die die Ereignisverarbeitung vornehmen, beispielsweise Esper [21], daher kann die Ereignisverarbeitungskomponente auch als Schnittstelle zu solchen Systemen implementiert werden. Die Komponente zur Transformation der einzelnen Ereignisdaten implementiert die Laufzeitfunktionalität, um die in Abschn. 7.4.1 und Abschn. 7.4.2 beschriebenen Aspekte sicherzustellen. Das beinhaltet das Sicherstellen der Normierung von Ereignisdaten, das Erstellen von Prozessereignissen und die Anbindung an die PEMP. Ein entsprechendes System benötigt eine Schnittstelle zu einer passenden Datenbank, um alle benötigten Daten vorzuhalten. Dabei wird zwischen administrativen Daten (Prozessmodelle, Element-Lebenszyklen, PEMP und Ereignistypen) und Laufzeitdaten (normalisierte Ereignisdaten, Prozessereignisdaten und Daten zu Prozessinstanzen) unterschieden. Um Analysen auf Daten aus der

Vergangenheit sicherzustellen, können auch alle Ereignisdaten nochmals in der Systemdatenbank vorgehalten werden. Ansonsten würden beispielsweise nicht normalisierte Ereignisdaten für einen späteren Zeitpunkt gegebenenfalls nicht mehr zur Verfügung stehen. Des Weiteren benötigt das System entsprechende Monitoring- und Analyseausgaben, die beispielsweise mittels eines User Interfaces auf Basis der Prozessmodelle erfolgen können.

Zur Laufzeit werden über die Schnittstelle zu den Ereignisdaten entsprechende Daten an das System übergeben und als normalisierte Ereignisse abgelegt. Die Komponente zur Transformation sorgt dafür, dass die normalisierten Ereignisse zur Prozessereignissen transformiert und damit zum Monitoring und zur Analyse genutzt werden können. Über entsprechende Ausgaben können dann konkrete Aussagen zum Verlauf eines überwachten Prozesses vorgenommen werden.

Im Gesundheitswesen sind solche Datenquellen beispielsweise das Krankenhausinformationssystem und seine Subsysteme [22]. Aber auch weitere Datenbanken (z. B. Labordatenbank) und elektronische Listen, zum Beispiel Excel-Dateien, können Datenquellen sein. In diese werden im täglichen Betrieb Daten eingegeben. Damit lassen sich ohne großen Aufwand aktuelle Informationen für das Monitoring und die Analyse von Prozessen gewinnen.

7.4.4   Phase 4 – Monitoring und Analyse des Prozesses

In der vierten Phase werden die Informationen zur Prozessausführung mit den Prozessmodellen zusammengebracht. Aus entsprechenden Anzeigen können dann beispielsweise Prozesslaufzeiten oder der aktuelle Stand bestimmter Prozessinstanzen abgelesen werden. Auf Basis der gesammelten Informationen kann der Behandlungspfad angepasst und optimiert werden [23].

Im Gesundheitswesen bedeutet dies, dass die Dauer von Behandlungen oder der aktuelle Stand der Patientenbehandlung transparent werden. Abb. 7.4 zeigt dies beispielhaft am Behandlungspfad der Lebertransplantation. Man sieht genau, wie viele Patienten sich aktuell in welchem Prozessschritt befinden. Dies bietet eine gute Basis für Prozessoptimierungen. Im Fall eines Behandlungspfades für Leberlebendspender konnte durch solche Analysen die Liegezeit für Leberlebendspender im Krankenhaus halbiert werden [22].

7.5   Monitoring von Behandlungsfällen

Ein Monitoring von Behandlungsfällen kann zur Überwachung von Behandlungszeiten und -kosten sowie zur Auswertung Klinik-relevanter Fragen genutzt werden. So zum Beispiel:

- Wie viele Operationen werden durchgeführt?
- Wie lange verweilen Patienten nach einer Operation noch im Krankenhaus?

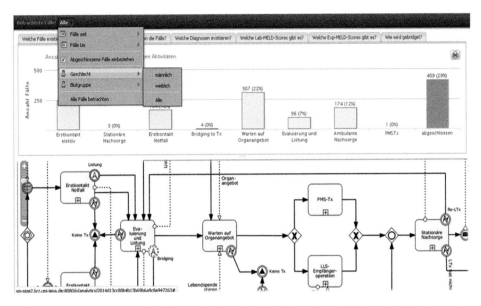

Abb. 7.4 Analyse der aktuellen Zustände aller aktuellen Behandlungsfälle bei der Lebertransplantation

In [24] wird ein Überblick über Business Activity Monitoring (BAM) gegeben. Um Prozesse evaluieren zu können, können Process Performance Indicators (PPI) verwendet werden, einen Prozess zum Beispiel bezüglich der Indikatoren Zeit, Kosten und Anzahl der bearbeiteten Fälle zu beurteilen [25].

Das Sammeln und Speichern von Ausführungsdaten wird in der Literatur vielfach diskutiert, z. B. in [26]. Die meisten Ansätze zum Prozessmonitoring gehen allerdings davon aus, dass jeder Prozessschritt elektronisch erfasst wird und die Datensammlung daher vollständig ist. Dies ist jedoch im Gesundheitswesen, wo viele Prozessschritte manuell durchgeführt werden, nicht der Fall. Daher wird der in Abschn. 7.4 beschriebene Ansatz angewendet, um trotzdem das Monitoring und die Analyse von Behandlungsfällen sicherzustellen.

Um das Monitoring von Behandlungsfällen zu unterstützen, wurde ein existierender Ansatz zum Prozessmonitoring adaptiert [16]. Hierbei werden Daten von Prozessausführungen (Ereignisse) mit dem Wissen aus den Prozessmodellen verknüpft. Ein Ereignis findet zu einem bestimmten Zeitpunkt, an einem bestimmten Ort und in einem bestimmten Kontext statt. Mit Hilfe der Kontextinformationen können Ausführungsinformationen mit dem Prozessmodell verknüpft werden.

Die während der Behandlung auftretenden Ereignisse werden teilweise in verschiedenen IT-Systemen gespeichert (Abb. 7.5). Diese Rohereignisse müssen aufbereitet werden, um sie für Monitoring und Analyse verwenden zu können (normalisierte Ereignisse, [16]). Zur Normalisierung der Ereignisdaten werden Ereignis-Typen, beispielsweis NET_1,

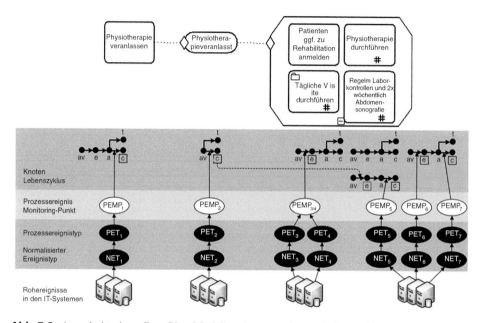

Abb. 7.5 Ausschnitt eines Case Plan Modells mit zugeordneten Lebenszyklen für Tasks, Stages und Meilensteine sowie zugeordnete Prozess-Ereignis-Monitoring-Punkte (PEMPs)

genutzt. Sie werden zur Entwurfszeit festgelegt und beschreiben Struktur der normalisierten Ereignisse und den Speicherort der Rohereignisdaten. Damit können beispielsweise die Daten zur Veranlassung eine Physiotherapie nutzbar gemacht werden. Die Anreicherung von normalisierten Ereignissen mit Kontextinformationen als auch Prozessinformationen wird ebenfalls in Ereignis-Typen, z. B. PET_1, beschrieben. Zur Laufzeit entstehen nach dieser Typdefinition konkrete Prozessereignisse, welche dann mit Hilfe der definierten Prozess-Ereignis-Monitoring-Punkte (PEMP) einer Stelle im Prozess zugeordnet werden. Ein PEMP beschreibt konkret einen Zustandsübergang eines Falles bzw. Cases und kann über die Lebenszyklen der einzelnen Aufgaben, Meilensteine, Stages und Sentries zugeordnet werden. Dadurch können die Informationen zur Veranlassung einer Physiotherapie in den Prozesskontext gesetzt werden, zur konkreten Prozessinstanz zugeordnet und somit für Monitoring und Analyse verwendet werden. In Abb. 7.5 zeigt ein Prozessereignis des Typs PET_1 für eine bestimmte Fallinstanz, dass die Aktivität „Physiotherapie veranlassen" in den Zustand „abgeschlossen" überführt wurde.

Darüber hinaus kann das im Case Plan Model hinterlegte Prozesswissen genutzt werden, um auch ohne Ereignisse zu einer Aktivität Aussagen zu deren Zustand zu treffen. Der Zustand einer Knoteninstanz im Case Plan Model kann aus den Zuständen anderer Knoteninstanzen abgeleitet werden. Die Aktivierung eines Knotens, zum Beispiel der Stage in Abb. 7.6, kann aus dem Abschluss eines früheren Knotens, zum Beispiel des Meilensteins, hergeleitet werden.

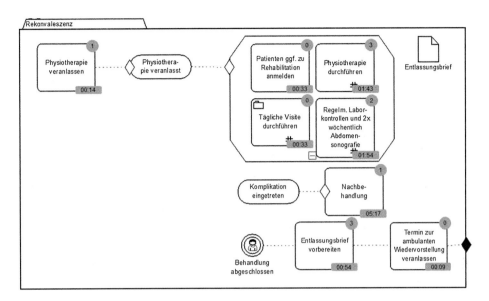

Abb. 7.6 Beispiel für die Analyse von Daten zu Behandlungsprozessen anhand eines CMMN-Modells. Es werden die durchschnittliche Durchführungszeit pro Aktivität und die aktuell in dieser Phase stehenden Patientenfälle gezeigt.

7.6 Zusammenfassung und Ausblick

In dieser Arbeit wurde die Anwendbarkeit des CMMN-Standards für flexible Prozesse am Beispiel des Gesundheitswesens diskutiert. Dazu wurden sowohl medizinisches Personal als auch BPM-Berater befragt. Basierend auf dem in [14] vorgestellten Lebenszyklus wurde aufgezeigt, wie Prozessmonitoring und -analyse auf den modellierten CMMN-Modellen auf Grundlage von definierten Ereignissen zur Laufzeit erfolgen kann.

Nachdem das Prozessmodell in CMMN beschrieben ist, werden PEMPs gemeinsam mit dem medizinischen Personal definiert, um interessante Aspekte während der Prozessausführung zu überwachen. Die einzelnen Fälle können somit analysiert und damit eine höhere Behandlungsqualität und -transparenz erreicht werden. Dabei werden Informationen von den Ereignissen, die während der Prozessausführung auftreten und in IT-Systemen repräsentiert werden, genutzt. Die Rohdaten werden entsprechend aufbereitet und in einen Kontext mit der konkreten Prozessinstanz und dem darunterliegenden Prozessmodell gebracht. In einem weiteren Schritt können noch die Zustände von Datenobjekten und anderen Elementen rund um den Prozess respektive Behandlungspfad mit in Betracht gezogen werden.

Literatur

1. Reichert M, Weber B (2012) Enabling flexibility in process-aware information systems. Challenges, methods, technologies. Springer, Berlin/Heidelberg
2. Herzberg N, Kirchner K, Weske M (2015) Modeling and monitoring variability in hospital treatments: a scenario using CMMN. In: Fournier F, Mendling J (Hrsg) Business process management workshops. BPM 2014. Lecture notes in Business Information Processing, vol 202. Springer, Cham, S 3–15
3. Lenz R, Reichert M (2007) IT support for healthcare processes – premises, challenges, perspectives. Data Knowl Eng 61(1):39–58
4. Rotter T, Kinsman L, James E, Machotta A, Gothe H, Willis J, Snow P, Kugler J (2010) Clinical pathways: effects on professional practice, patient outcomes, length of stay and hospital costs. Cochrane Database Syst Rev 3:3
5. Uerlich M, Dahmen A, Tuschy S, Ronellenfitsch U, Eveslage K, Hein OV, Türk-Ihli G, Schwarzbach M (2009) Klinische Pfade–Terminologie und Entwicklungsstufen. Perioper Med 1(3):155–163
6. Object Management Group (2015) Case management model and notation version 1.1. http://www.omg.org/spec/CMMN/1.1/. Zugegriffen am 09.03.2017
7. Business process model and notation (BPMN) version 2.0 (2011). http://www.omg.org/spec/BPMN/2.0. Zugegriffen am 09.03.2017
8. Zur Muehlen M, Recker J (2008) How much language is enough? Theoretical and practical use of the business process modeling notation. In: International conference on advanced information systems engineering. Springer, S 465–479
9. Schonenberg H, Mans R, Russell N, Mulyar N, van der Aalst W (2008) Process flexibility: a survey of contemporary approaches. In: Dietz JLG, Albani A, Barjis J (Hrsg) Advances in enterprise engineering I. Lecture notes in Business Information Processing, vol 10. Springer, Berlin/Heidelberg, S 16–30
10. Rosemann M, van der Aalst WMP (2007) A configurable reference modelling language. Inf Syst 32(1):1–23
11. Döhring M, Zimmermann B, Karg L (2011) Flexible workflows at design- and runtime using BPMN2 adaptation patterns. In: Abramowicz W (Hrsg) Business information systems. BIS 2011. Lecture notes in Business Information Processing, vol 87. Springer, Berlin/Heidelberg, S 25–36
12. Abidi SSR, Chen H (2006) Adaptable personalized care planning via a semantic web framework. 20th international congress European federation for medical informatics. Maastricht
13. Kirchner K, Malessa C, Scheuerlein H, Settmacher U (2014) Experience from collaborative modeling of clinical pathways. In: Heß M, Schlieter H (Hrsg) Modellierung im Gesundheitswesen: Tagungsband des Workshops im Rahmen der Modellierung 2014. ICB, Essen, S 13–24
14. Kirchner K, Herzberg N, Rogge-Solti A, Weske M (2013) Embedding conformance checking in a process intelligence system in hospital environments. Process support and knowledge representation in health care: BPM 2012 joint workshop, ProHealth 2012/KR4HC 2012, Tallinn, Estonia, September 3, 2012, Revised Selected Papers. In: Process support and knowledge representation in health care. BPM 2012 joint workshop, ProHealth 2012/KR4HC 2012. Springer, Berlin/Heidelberg, S 126–139
15. Herzberg N, Kunze M, Rogge-Solti, A (2012) Towards process evaluation in non-automated process execution environments. Proceedings of the 4th Central-European workshop on services and their composition, ZEUS 2012, S 97–103
16. Herzberg N, Meyer A, Weske M (2013) An event processing platform for business process management. 17th IEEE Enterprise Distributed Object Computing Conference (EDOC), IEEE Washington DC, S 107–116

17. Herzberg N, Khovalko O, Baumgrass A, Weske M (2014) Towards automating the detection of event sources. In: Lomuscio AR, Nepal S, Patrizi F, Benatallah B, Brandić I (Hrsg) Service-oriented computing – ICSOC 2013 workshops. ICSOC 2013. Lecture notes in Computer Science, vol 8377. Springer, Cham, S 111–122
18. Weske M (2012) Business process management: Concepts, languages, architectures. Springer Publishing Company, Berlin
19. Herzberg N, Meyer A, Weske M (2015) Improving business process intelligence by observing object state transitions. Data Knowl Eng 98:144–164
20. Herzberg N, Meyer A, Weske M (2013) An event processing platform for business process management. 17th IEEE international enterprise distributed object computing conference (EDOC), 2013, S 107–116
21. Bernhardt T, Vasseur A (2007) Esper: event stream processing and correlation. ONJava, in O'Reilly. http://www.onjava.com/lpt/a/6955
22. Kirchner K, Krumnow S, Clauberg K, Herzberg N, Krohn K, Specht M, Malessa C, Habrecht O, Scheuerlein H, Settmacher U (2013) Intelligente Klinikpfade in der Chirurgie – Ein Pilotprojekt am Universitätsklinikum Jena. Chir Allg Ztg 14(2):103–107
23. Kirchner K, Scheuerlein H, Malessa C, Krumnow S, Herzberg N, Krohn K, Specht M, Settmacher U (2014) Was ein klinischer Pfad im Krankenhaus bringt. Evaluation klinischer Pfade am Uniklinikum Jena am Beispiel des PIGE-Projekts. Chir Allg Ztg 15(7+8):475–478
24. Dahanayake A, Welke RJ, Cavalheiro G (2011) Improving the understanding of BAM technology for real-time decision support. Int J Bus Inf Syst 7(1):1–26
25. Del-Río-Ortega A, Resinas M, Ruiz-Cortés (2010) A Defining process performance indicators: An ontological approach. In: Meersmann R (Hrsg) On the move to meaningful internet systems (OTM 2010), Part I, LNCS 4626. Springer Berlin/Heidelberg, S 555–572
26. Grigori D, Casati F, Castellanos M, Dayal U, Sayal M, Shan M-C (2004) Business process intelligence. Comput Ind 53(3):321–343

## Teil IV

Implementierung von Geschäftsprozessen

Praxisorientiertes Workflowmanagement im Sinne des kontinuierlichen Verbesserungsprozesses

8

Fabian Ludacka und Herbert Fischer

Zusammenfassung

Die Praxis zeigt, dass Prozesse in vielen Unternehmen mit E-Mails, MS Office und mit Papierformularen gelebt werden. Die modellierten Prozesse, die als Unternehmensstandard definiert wurden, geraten dabei in den Hintergrund. Wie kann ein Unternehmen also Prozesstreue und Nachverfolgbarkeit sicherstellen?

Die Modellierung der Prozesse und das Erstellen von prozessbegleitenden Formularen müssen so einfach sein, dass der Fachbereich seine Prozesse selbst verwalten kann. Eine übergeordnete Instanz, wie zum Beispiel das Qualitätsmanagement des Unternehmens, ist nicht agil genug, um der Dynamik der Prozesse gerecht zu werden. Eben aber diese Flexibilität sämtliche Änderungen sofort und selbst umsetzen zu können ist der Schlüssel zu einem gelebten Prozessmanagement.

Allerdings ist das reine Design der Prozesse nicht ausreichend. Solange diese nur im Intranet oder einem Handbuch schlummern, ist eine Auskunft zu einzelnen Vorgängen oder Kennzahlen nur mit unverhältnismäßig hohem Aufwand möglich.

Wenn die Prozesse aber im Sinne des Human Workflowmanagement ausführbar gemacht werden, ist die Einhaltung der Standards garantiert.

Die Digitalisierung der Prozesse ermöglicht darüber hinaus eine unternehmensinterne Informationslogistik. Konkret bedeutet das, dass E-Mails nur an diejenigen verteilt werden, die wirklich betroffen sind und dass Informationen prozessorientiert bereitgestellt werden. Nachverfolgbarkeit und Monitoring von Prozesskennzahlen sind dabei Nebenprodukte, die im Workflowmanagement als selbstverständlich erachtet werden.

F. Ludacka (✉) • H. Fischer
Technische Hochschule Deggendorf, Deggendorf, Deutschland
E-Mail: fabian.ludacka@gmail.com; herbert.fischer@th-deg.de

© Springer Fachmedien Wiesbaden GmbH 2017
T. Barton et al. (Hrsg.), *Geschäftsprozesse*, Angewandte Wirtschaftsinformatik,
DOI 10.1007/978-3-658-17297-8_8

Dieser Beitrag stellt das Fünf-Phasen Modell zum agilen Workflow vor. Dabei handelt es sich um ein Vorgehensmodell, dem ein agiler Verbesserungsprozess zugrunde liegt. Dabei werden die Phasen „Strategie", „Modellierung & Konfiguration (Design)", „Ausführung (Automate)", „Optimierung (Improve)" und „Organisatorische Integration" im Detail betrachtet.

Schlüsselwörter

Modellierung & Konfiguration (Design) • Ausführung (Automate) • Optimierung (Improve) • Organisatorische Integration • Agiles Workflowmanagement • Agiler kontinuierlicher Verbesserungsprozess • Digitalisierung • Human Workflow • Produktentstehungsprozess

8.1 Einführung in ein Phasenmodell zum agilen Workflow

8.1.1 Phase 1: Strategie

8.1.1.1 Geschäftsprozesse als strategischer Erfolgsfaktor
Das Management von Geschäftsprozessen gilt als Erfolgsfaktor in der betrieblichen Praxis. Viele strategische Unternehmensmodelle adressieren Anforderungen an Geschäftsprozesse.

Strategiefindungsmethoden wie beispielsweise ISO 9001 [1], EFQM (European Foundation for Quality Management) [2] oder Balanced Scorecard [3] stellen den Erfolgsfaktor „Prozesse" in den Mittelpunkt der strategischen Betrachtung.

Abhängig von der Unternehmensstrategie werden höchst unterschiedliche Anforderungen an die Gestaltung und Realisierung von Geschäftsprozessen gestellt. Diese können von qualitativer Natur wie Kundenzufriedenheit oder Umweltverträglichkeit oder von quantitativer Natur, zum Beispiel Durchlaufzeiten oder Ressourcenverbrauch sein. Zum Strategiebeitrag gehört auch die Einrichtung von Maßnahmen und Werkzeugen zur Kontrolle von Geschäftsprozessen [4].

8.1.1.2 Vorgehensmodelle zum Geschäftsprozessmanagement
Vorgehensmodelle werden in der Softwareentwicklung [5] und im Projektmanagement [6] bereits seit vielen Jahren verwendet. Hierzu gehören das Wasserfallmodell und das V-Modell, darauf aufbauend Varianten wie das V-Modell XT oder RUP (Rational Unified Process). Heute wird den klassischen Methoden eine gewisse Inflexibilität und Starrheit vorgeworfen. Die Anforderung an Flexibilität ist heute viel höher. Moderne Methoden wie Scrum oder Extreme Programming (XP) unterstützen Agilität und Flexibilität [7].

8.1.1.3 Paradigmen der Geschäftsprozessmodellierung
Geschäftsprozesse haben oft eine hohe Komplexität. Gleichzeitig sollen sie flexibel sein und agil an neue Situationen angepasst werden können. Sie müssen so strukturiert sein, dass sie zur Aufbauorganisation des Unternehmens passen. Es ist eine große Herausforderung, diesen vielfältigen Anforderungen gerecht zu werden und den Prozess „richtig" zu beschreiben.

Es gibt drei grundlegende Methoden zur Prozessbeschreibung. Sie orientieren sich an den Prinzipien der natürlichen Sprache. Geschäftsprozesse können nach diesen drei unterschiedlichen Prinzipien analysiert, modelliert und automatisiert werden. Diese Prinzipien zu kennen ist wichtig bei der Wahl der „passenden" Prozessbeschreibungsmethode und der entsprechenden Werkzeuge [8].

Im Folgenden werden diese drei Methoden vorgestellt und anschließend dazu „passende" Prozessbeschreibungsnotationen bzw. -methoden erläutert.

Aus dem Aufbau der natürlichen Sprache können die Grundprinzipien der textuellen Geschäftsprozessbeschreibung abgeleitet werden (Abb. 8.1).

Sprache ist Grundlage jeder Kommunikation. Über die Sprache legen die Kommunikationspartner Regeln fest, wie sie die Welt sehen und was sie austauschen wollen.

Für jede Sprache werden daher Regeln festgelegt.

Die wesentlichen Sprachbausteine sind: Subjekt, Prädikat, Objekt.

Für die textuelle Beschreibung von Geschäftsprozessen genügen diese drei Elemente. In [9] wird „Wissen über die Sprache benutzt, um Prozesse und ihre Einbettung in Organisationen auszudrücken".

Um die Anforderungen an die Beschreibung von Geschäftsprozessen erfüllen zu können, ist es notwendig, die Komplexität der textuellen Prozessbeschreibung zu reduzieren. Die Konzentration auf eine primäre Sicht stellt eine weitverbreitete Methode zur Komplexitätsreduzierung dar (Primäranalyse). Aus der Primäranalyse lassen sich die Grundprinzipien zur grafischen Geschäftsprozessbeschreibung ableiten.

Folgende Arten der Primäranalyse können unterschieden werden:

Subjektanalyse, es werden die Subjekte aus der textuellen Beschreibung extrahiert. Dabei stehen die Fragen „wer" oder „was" im Vordergrund.

Prädikatanalyse, es werden die Verben aus der textuellen Beschreibung extrahiert. Dabei steht die Frage „was tut das Subjekt" im Vordergrund.

Objektanalyse, es werden die Objekte aus der textuellen Beschreibung extrahiert. Dabei stehen die Fragen „wessen", „wem", „wen" oder „was" im Vordergrund.

Nach einer Subjektanalyse bietet sich die Verwendung von subjektorientierten Modellierungsmethoden (z. B. S-BPM) an.

Die Prädikatanalyse stellt die Funktionalität (Aufgaben) der Prozessbeschreibung in den Vordergrund. Aus diesem Grund sind aufgabenorientierte Modellierungsmethoden

Abb. 8.1 Grundprinzipien der Prozessbeschreibung

Analyse	Grundprinzip
der Prädikate	aufgabenorientiert
der Objekt	objektorientiert
der Subjekte	subjektorientiert

(z. B. BPMN) am besten geeignet. Während nach einer Objektanalyse objektorientierte Modellierungsmethoden zum Einsatz kommen (z. B. UML).

In diesem Beitrag wählen wir das aufgabenorientierte Grundprinzip und verwenden zur Modellierung und Automatisierung von Geschäftsprozessen (Workflows) die „Business Process Model and Notation", kurz BPMN [10].

8.1.2   Phase 2: Modellierung und Konfiguration (Design)

Die BPMN stellt das aufgabenorientierte Grundprinzip in den Vordergrund. Objekte und Subjekte werden jedoch bereits von Beginn an in die Geschäftsprozessmodellierung einbezogen.

Die BPMN bietet hierzu zahlreiche Beschreibungselemente in vier Kategorien [10] an:

Flussobjekte mit Aktivitäten, Ereignissen und Gateways: Sicht Prädikate

Artefakte mit Datenobjekten und Dokumenten: Sicht Objekte

Pools und Lanes: Sicht Subjekte

Zusätzlich sind noch Verbindungsobjekte für die Darstellung von Nachrichtenfluss, Sequenzfluss und Assoziationen definiert.

Beispiel: In Abb. 8.2 ist ein Geschäftsprozessmodell mittels BPMN dargestellt.

Dabei werden

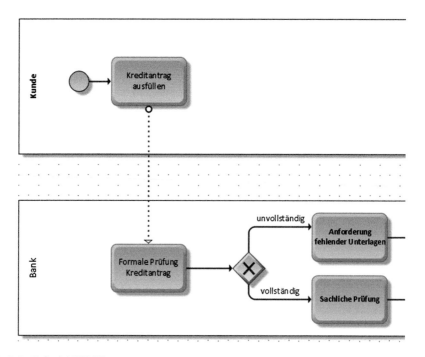

Abb. 8.2 Beispiel BPMN

a. die beteiligten Subjekte in Pools und Lanes
b. die notwendigen Aufgaben innerhalb der Pools und Lanes sowie
c. die auszutauschenden Objekte als Daten

dargestellt.

Weiterhin besteht die BPMN aus weit mehr als den bisher vorgestellten Beschreibungs-elementen, siehe dazu [10].

Die BPMN kann zur fachlichen und technischen Beschreibung von Geschäftsprozessen eingesetzt werden. BPMN-Modelle bilden eine fundierte Basis zur Automatisierung der beschriebenen Geschäftsprozessmodelle.

Die BPMN unterstützt agile Vorgehensweisen bei der Modellierung sehr effizient durch:

a. Ganzheitliches Modellierungsprinzip
b. Hierarchisierung
c. Kollaborationsdiagramme
d. Unterstützung von Werkzeugen
e. Organisatorische Integration aller Beteiligten

In der Phase 2 findet die Modellierung der Geschäftsprozesse statt.

Zunächst steht die Modellierung der fachlichen Prozesse im Vordergrund. Die BPMN bietet hierfür die passenden Modellierungselemente an.

Die fachliche Organisation wird in Pools und Lanes dargestellt. Für die Modellierung der fachlichen Abläufe stehen Aktivitäten, Ereignissen und Gateways zur Verfügung. Die Darstellung der Prozessteuerung erfolgt durch Sequenzflüsse, zwischen den Organisationsbereichen werden Nachrichtenflüsse definiert. Das fachliche BPMN-Modell kann schrittweise detailliert werden oder für die Automatisierung (Phase 3) vorbereitet werden.

Voraussetzung hierfür ist die Konfiguration und Verknüpfung des Prozessmodells mit den notwendigen Geschäftsobjekten und Datenstrukturen (Formulare). Die fachlichen Nachrichtenflüsse werden mit technischen Angaben konkretisiert und für die Automatisierung vorbereitet. Außerdem erfolgt bereits jetzt die Festlegung von Prozessschnittstellen. Es werden die betroffenen oder künftigen IT-Systeme (IT-Infrastruktur) im Prozessmodell berücksichtigt. Das fachliche Prozessmodell wird auf diese Weise zum technischen Prozessmodell.

Agile Vorgehensmodelle sind zur Modellierung und Konfiguration (Phase 2) von Prozessmodellen besonders geeignet.

8.1.3   Phase 3: Ausführung (Automate)

Prozessmodelle bilden also die konzeptionelle Grundlage für die Implementierung, Einführung und Nutzung der betrieblichen Abläufe [8].

In diesem Beitrag wird ein modellbasierter Ansatz zur Ausführung von Human Workflows vorgestellt. Hierzu wird ein Workflowmanagement System eingesetzt. Das in Phase 2 konfigurierte BPMN-Modell wird auf einer Workflow Engine ausgeführt.

Hierzu werden die Organisationselemente (Pools und Lanes) des Prozessmodells auf die betriebliche Organisation (Benutzer) abgebildet. Aktivitäten, Ereignissen und Gateways werden als Human Workflow auf der Workflow Engine ausgeführt. Die dazu notwendigen Daten werden aus den konfigurierten Formularen als Prozessvariablen der Workflow Engine zur Verfügung gestellt.

Bei der Ausführung von Prozessmodellen bietet sich eine agile Vorgehensweise an. Änderungs- und Ergänzungswünsche werden zunächst im Prozessmodell (Phase 2) aufgenommen und konfiguriert und anschließend zur Prozessausführung (Phase 3) übernommen. Es kann also zunächst ein „einfacher" Prozess modelliert, konfiguriert und ausgeführt werden und dann inkrementell erweitert und ergänzt werden, bis der gewünschte Sollprozess als Human Workflow vorliegt.

8.1.4 Phase 4: Optimierung (Improve)

Bevor der implementierte Human Workflow organisatorisch in die betriebliche Realität integriert werden kann (Phase 5), sind verschiedene Prüfungen unerlässlich.

Die Modellierung, Konfiguration (Phase 2: Design) und Ausführung (Phase 3: Automate) eines Geschäftsprozesses sind Voraussetzungen, um die Qualität und Zielerreichung des vorliegenden Workflows auf seine Tauglichkeit in der betrieblichen Praxis zu überprüfen. Eine sorgfältige Validierung zeigt, ob der Prozess alle Anforderungen erfüllt und die beabsichtigten Ergebnisse erreicht. Diese Qualitätskontrollen müssen frühzeitig stattfinden, bevor der Workflow Teil der betrieblichen Realität wird.

Die Qualitätskontrolle bei Geschäftsprozessen hat zwei wesentliche Aufgaben. Sie soll die Effektivität und die Effizienz von Prozessen gewährleisten. Effektivität bedeutet, dass der Prozess die an ihn gestellten Anforderungen erfüllt. Effizient ist der Prozess dann, wenn er mit möglichst geringem finanziellen und zeitlichen Mitteleinsatz ausgeführt werden kann. Diese qualitativen und quantitativen Ziele müssen durch entsprechende Messgrößen definiert werden. Ideal ist es, wenn für einen Prozess Effektivitäts- und Effizienzkennzahlen bereits in der Strategie (Phase 1) festgelegt werden.

Es stehen verschiedene Methoden zur Verfügung, mit deren Hilfe die Qualität von Prozessimplementierungen (Workflows) bewertet werden kann [8]:

f. Visuelle Begutachtung:
Eine systematische Begutachtung kann in Form von Reviews erfolgen. Dabei werden das Prozessmodell und die Prozessimplementierung von Personen, welche nach diesem Prozess arbeiten werden, beurteilt. Zur Vorbereitung eines Reviews wird die Prozessbeschreibung und eine Checkliste, nach der Workflow geprüft werden soll, kommuniziert. Diese Checkliste enthält Fragen, die die Gutachter unter Betrachtung des Workflows beantworten.

g. Walk-Through:

Beim Walk-Through wird ein Workflow gemeinsam mit Prozessbeteiligten Schritt für Schritt besprochen. Um das schrittweise Durchgehen anschaulicher zu gestalten, kann das Prozessmodell mit Hilfe eines praktischen Beispiels durchlaufen werden. Ein Prozessbeteiligter geht anhand eines konkreten Beispiels den Workflow schrittweise durch. Zu jedem Prozessschritt stellt ein Experte gezielte Fragen, um die Effektivität des Prozessmodells und der Prozessausführung zu hinterfragen.

Ein Walk-Through wird mit etwa zwei bis drei Prozessbeteiligten durchgeführt, die verschiedene Benutzergruppen vertreten.

Alle Kritikpunkte und Anregungen werden gesammelt, dokumentiert und anschließend mit den Prozessbeteiligten ausgewertet. Diese Auswertung führt zu einer Überarbeitung des Prozessmodells und der anschließenden Prozessimplementierung. Die Walk-Through-Methode eignet sich in besonderer Weise für eine agile Vorgehensweise bei Test und Validierung von Workflows.

h. Simulation:

Nach der Prüfung der Effektivität des Workflows, muss überprüft werden, ob das Ergebnis mit dem geringsten möglichen Einsatz von Ressourcen (Effizienz) zustande kommt. Die hierbei gewonnenen Erkenntnisse liefern die Basis für die Ermittlung des Ressourcenbedarfs bei einer angenommenen Anzahl von Prozessdurchläufen.

Bei der Simulation von Geschäftsprozessen werden die von einem Prozess verarbeiteten Geschäftsereignisse zufällig erzeugt. Im Rahmen der Simulationsläufe werden Informationen über die Ablauffähigkeit von Prozessen, über Prozess-Schwachstellen und Ressourcenengpässe geliefert. Auf Basis der simulierten Prozesskennzahlen können bereits im Vorfeld kostenintensiver Prozessänderungen innerhalb eines Unternehmens verschiedene Alternativen bewertet und ein realitätsgetreues Benchmarking durchgeführt werden. Moderne Werkzeuge und Simulationsmethoden ermöglichen die Analyse und Optimierung der Prozesse bezüglich der Kosten, der Durchlaufzeiten, der Auslastung oder der Engpässe. Zusätzlich bildet die Simulation der Geschäftsprozesse eine Ausgangsbasis zur Einführung der Prozesskostenrechnung anstelle der relativ ungenauen Zuschlagskalkulation. Die Gewinne bzw. Verluste der einzelnen Bereiche werden damit frühzeitig transparent.

i. Analyse von Prozesskennzahlen:

Da das Prozessmodell (Phase 2) frühzeitig als ausführbarer Prozess vorliegt, können Prozesskennzahlen (z. B. Durchlaufzeiten) aus der betrieblichen Anwendung extrahiert werden. Damit erhöht sich für alle Prozessbeteiligten die Transparenz. Optimierungsmöglichkeiten werden auf diese Weise erkennbar und können sofort in das Prozessmodell (Phase 2) eingearbeitet und erneut ausgeführt (Phase 3) werden. Eine erneute Analyse der Prozesskennzahlen kann unmittelbar Erfolg oder Misserfolg der Optimierungsmaßnahme nachweisen.

8.1.5   Phase 5: Organisatorische Integration

In dieser Phase wird die Workflow-Anwendung für den betrieblichen Einsatz vorbereitet.

Bevor der Rollout erfolgen kann, müssen organisatorische Voraussetzungen im Unternehmen geschaffen werden [8].

Eine neue Workflow-Anwendung hat Auswirkungen auf die Aufbau- und Ablauforganisation des Unternehmens. Bereits während der Gestaltungsphasen (Design, Automate, Improve) erfolgen die Vorbereitungen für organisatorische Veränderungen (Change-Management). Es muss beispielsweise geklärt werden, welche Anforderungen an die Nutzer der künftigen Workflow-Anwendung gestellt werden. Durch die Einführung einer Workflow-Anwendung ändern sich in der Regel auch die bestehenden Handlungsfolgen (Ablauforganisation). Teilweise werden manuelle Tätigkeiten durch automatisierte Schritte ersetzt.

Dabei geht es um Fragen zur Qualifikation, Berechtigungen und Entscheidungskompetenzen. Bei Bedarf müssen rechtzeitig personenspezifische Schulungen und Qualifizierungsmaßnahmen durchgeführt werden.

8.2   Praktische Anwendung des Fünf-Phasen Modells anhand eines Prozessbeispiels

8.2.1   Einführung in das Fünf-Phasen Modell zum agilen Workflow

Aus den theoretischen Erkenntnissen lässt sich nun ein Fünf-Phasen Modell ableiten, das sämtliche vorab erläuterten Aspekte berücksichtigt. Das Modell wird nachfolgend vorgestellt und in den weiteren Unterkapiteln anhand eines konkreten Prozessbeispiels (Abb. 8.3) angewandt.

In Phase 1 des Modells werden die Strategie des umzusetzenden Prozesses und die damit verbundenen Ziele hinterfragt. Diese strategischen Maßgaben bilden die Grundlage für die weiteren Phasen. Die Phasen 2, 3 und 4 bilden das Herzstück des Modells und werden im Folgenden näher betrachtet.

Die Phasen 2, 3 und 4 beschäftigen sich konkret mit der Umsetzung des Prozesses als Workflow und bilden den agilen Teil unseres Modells ab. Diese Phasen fassen wir unter dem Begriff „Workflow Lifecycle" zusammen, der den gelebten kontinuierlichen Verbesserungsprozess beschreibt. Dieser Teil des Modells wird iterativ durchlaufen und die Ergebnisse fließen direkt in die kontinuierliche Optimierung des Workflows ein. Die Methoden, die in Abschn. 8.1.4 erwähnt wurden, kommen hier zum Einsatz und können durch weitere ergänzt werden. So ist es beispielsweise auch möglich einen Workflow bewusst nur zu einem gewissen Prozentsatz zu realisieren um damit bereits Feedback der Prozessbeteiligten zu erhalten. Dieses praxisorientierte Feedback bildet dann den Grundstein für weitere Iterationen durch den Workflow Lifecycle.

Unserem Workflow Lifecycle liegt der Human Workflow Ansatz zu Grunde. Im Bereich der Human Workflows geht es primär darum Menschen durch den Prozess zu führen und sicherzustellen, dass der organisatorische Ablauf im Vordergrund steht.

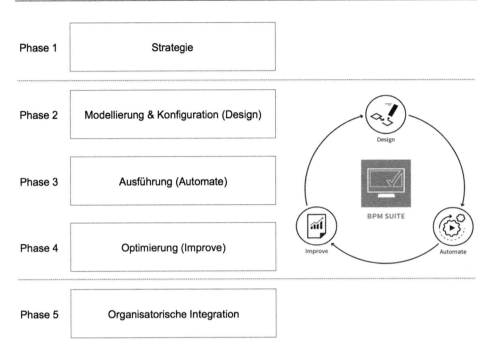

Abb. 8.3 Das Fünf-Phasen Modell zum agilen Workflow

Diese ablaufkontrollierten Prozesse eignen sich besonders, wenn der Faktor Mensch für die Prozesstreue maßgeblich ist. Wenn man den Menschen und nicht die Daten in den Vordergrund stellt, ist es einfach möglich, Geschäftsprozesse End-to-End abzubilden und dabei die bestehende Organisation nicht zu vergessen. Mit diesem Ansatz bildet ein Human Workflowmanagement System wie „TIM", der Firma TIM Solutions GmbH, die organisatorische Klammer um die bestehende IT-Landschaft. Systeme, die im Prozess eine Rolle spielen, werden punktuell eingebunden um die Effektivität im Prozessablauf weiter zu steigern. Man stößt in Prozessprojekten aber nicht ständig auf die Grenzen einzelner Systeme, sondern hat die Möglichkeit den Prozess ganzheitlich zu betrachten und gleichzeitig zur Ausführung als Workflow zu bringen.

Der erste Durchlauf des Workflow Lifecycle beginnt zunächst mit der Modellierung des Prozesses im Hinblick auf die spätere Ausführung als Workflow (Phase 2: Modellierung & Konfiguration (Design)). Wenn ein Prozess bereits analysiert und modelliert wurde, hilft dieses Modell dabei Rückschlüsse auf den ausführbaren Prozess zu treffen. Erfahrungsgemäß passt aber das theoretische Modell, das ohne einen Gedanken an Workflow modelliert wurde, nicht mit dem Modell zusammen, das nach der ersten Iteration durch den Workflow Lifecycle als Ergebnis bleibt. Dies liegt zum einen daran, dass theoretische Prozessmodelle zumeist nicht den Detaillierungsgrad aufweisen, den ausführbare Prozesse benötigen. Zum anderen werden Prozesselemente von der zukünftigen Workflowengine übernommen, die damit fachlich nicht mehr zwingend abgebildet werden müssen. Beispielsweise entfallen Prozessschritte wie „Informationen an zuständigen Mitarbeiter übergeben", da diese sich aus dem Workflow heraus von selbst ergeben. Die Prozessmodelle, die mit dem Gedanken an Ausführbarkeit modelliert wurden sind also reifer als diejenigen, die nur für Papier gedacht waren.

Dieser fachlich modellierte Prozess wird nun in die Workflowengine übertragen und kann zunächst ohne prozessbegleitendes Formular und ohne Anbindung von Drittquellen ausgeführt werden (Phase 3: Ausführung (Automate)). Die theoretisch erarbeiteten Prozessmodelle können beispielsweise in Workshops direkt erlebt werden. So erhalten die Prozessbeteiligten ohne großen Aufwand sofort ein Gespür für den Prozessablauf. Diese Agilität ist mit fest programmierten Workflows oder starren Systemworkflows unerreichbar. Gleichzeitig ist diese Agilität aber der Schlüssel zur Akzeptanz der Prozessbeteiligten. Denn selbst auf dieser Metaebene sind bereits Nutzen wie Prozesstreue, Transparenz und Nachvollziehbarkeit selbstverständlich.

Die Erkenntnisse aus der ersten Automatisierung des Prozesses werden nun in der Phase Improve des Workflow Lifecycles analysiert und plausibilisiert (Phase 4: Optimierung (Improve)). Prozessschritte werden zusammengefasst oder modular in Subprozesse aufgegliedert. Liegezeiten für Prozessschritte werden angepasst. Aufgabenbeschreibungen und E-Mail Inhalte werden überarbeitet. AdHoc Aufgaben, die für die Abarbeitung nötig waren, aber im Prozessmodell nicht berücksichtigt wurden, werden nun in das Standardmodell integriert. All das trägt zur weiteren Reifung des Prozesses maßgeblich bei. Da dieses Feedback meist von den Prozessbeteiligten direkt kommt, steigt die Akzeptanz unweigerlich.

Die ersten Iterationen können durchaus sehr schnell durchwandert werden, bis der Prozess einen höheren Reifegrad erlangt hat. In den weiteren Durchläufen des Workflow Lifecycles geht es nun darum, ein prozessbegleitendes Formular einzubringen, das das Prozessmodell ebenfalls beeinflussen kann. Ein prozessbegleitendes Formular entfaltet sein ganzes Potenzial, wenn es den Prozess mit Logik und Dynamik anreichert und mit ihm zu einer Einheit verschmilzt.

Darüber hinaus wird in einer weiteren Ausbaustufe darüber nachgedacht Systeme der vorhandenen IT-Landschaft mit dem Prozess zu verbinden. Dabei geht es häufig darum Inhalte des prozessbegleitenden Formulars mit Stammdaten aus Fremdsystemen zu befüllen und somit die Informationsqualität zu erhöhen. Anders herum werden Informationen aus dem Prozessfortschritt in Drittsysteme überführt. Selbstverständlich können auch Events in der bestehenden IT-Landschaft dazu führen, dass Prozesse im Workflowmanagement System instanziiert werden. Die Anwendungsfälle in diesem Bereich sind mannigfaltig und prozess- bzw. systemspezifisch zu betrachten.

In Phase 5 wird nun die organisatorische Integration beleuchtet. Diese beschreibt die dauerhafte Integration des Workflows und der damit verbundenen neuen Arbeitsweise in der Organisation. Phase 1 und Phase 5 bilden so in gewisser Weise einen Rahmen um den Workflow Lifecycle, der die höchst agilen Phasen 2, 3 und 4, beschreibt.

8.2.2 Steckbrief des Prozessbeispiels

Der Produktentstehungsprozess (PEP) ist einer der wichtigsten Prozesse eines produzierenden Unternehmens. Der Erfolg des Unternehmens hängt maßgeblich von den Ergebnissen dieses Kernprozesses ab. Nicht nur die Innovationskraft eines Unternehmens, sondern auch die Wettbewerbsfähigkeit gehen nahtlos mit diesem Prozess einher. Umso wichtiger ist es, diesen Prozess gesamtheitlich zu betrachten und Prozessbeteiligte zu steuern. Darüber hinaus gilt es Transparenz zu schaffen um als Unternehmen Reaktionsschnelligkeit beweisen zu können.

Der Produktentstehungsprozess wird oftmals als Projekt gesehen und mit Werkzeugen aus dem Projektmanagement gehandhabt. Dieser Ansatz ist nicht weniger erfolgreich, jedoch birgt die Prozessorientierung ergänzende Vorteile. Wenn man nämlich in einer Retrospektive vergangene Produktentstehungsprojekte miteinander abgleicht, sind wiederkehrende Muster zu erkennen. So sind beispielsweise Phasen, Meilensteine und Gates über die Projekte hinweg auf einen Nenner zu bringen. Mit diesen Erkenntnissen lässt sich aus dem projektgetriebenen Ansatz eine Prozessorientierung entwickeln, die dem PEP gesamtheitlich entscheidende Vorteile bringt.

In den nachfolgenden Unterkapiteln wenden wir unser Fünf-Phasen Modell mit dem Beispiel des Produktentstehungsprozesses an. Die Erläuterungen, die dabei einfließen, stammen aus den Erfahrungen von zahlreichen Prozessprojekten im Umfeld des PEPs.

Die Projekte wurden mit dem Workflowmanagement System „TIM" der Firma TIM Solutions GmbH realisiert. Das Unternehmen, das 2007 im Raum München gegründet wurde, konzentriert sich seit je her auf die Ausführung von fachlichen Prozessen. Das Produkt TIM ist dem Human Workflow Bereich zuzuordnen und bietet somit die Flexibilität, die nötig ist um einen PEP prozessorientiert leben zu können. Die Flexibilität in der Umsetzung von Prozessen mit TIM bildet gleichzeitig die nötige Grundlage der Agilität des Workflow Lifecycles, der den Kern des Fünf-Phasen Modells ausmacht.

8.2.3 Phase 1: Strategie

Der Produktentstehungsprozess kann direkt mit der unternehmerischen Strategie in Verbindung gebracht werden. Die Steigerung der Wettbewerbsfähigkeit durch Innovation und verbesserter Time to Market hängen beispielsweise direkt mit dem PEP zusammen. Die verbesserte Kundenorientierung ist ebenfalls eine Einflussgröße im Produktentstehungsprozess, die unter anderem Agilität erfordert. Aus diesen Strategien können Ziele abgeleitet werden, die von Prozessverantwortlichen mit dem Management des PEPs realisiert werden müssen. Bevor auf die Ziele eingegangen wird, muss geklärt werden, vor welchen Herausforderungen Unternehmen in diesem Umfeld stehen.

Der Autor hat im Rahmen seiner vertrieblichen Tätigkeiten Herausforderungen in diesem Umfeld eruiert. Der Erhebungszeitraum lief von Januar bis Dezember 2016. Bei den Antworten der 32 befragten deutschen Unternehmen (800 – 150.000 Mitarbeiter) waren Mehrfachnennungen möglich. Die folgende Statistik (Abb. 8.4) zeigt eine Auflistung der aktuellen Probleme und Herausforderungen im Produktentstehungsprozess.

Diese Herausforderungen verwenden wir in unserem Anwendungsfall als Ziele. So ist die Steigerung der Transparenz und der Nachvollziehbarkeit im Produktentstehungsprozess nicht nur eine Herausforderung, sondern gleichzeitig ein maßgebliches Ziel auf

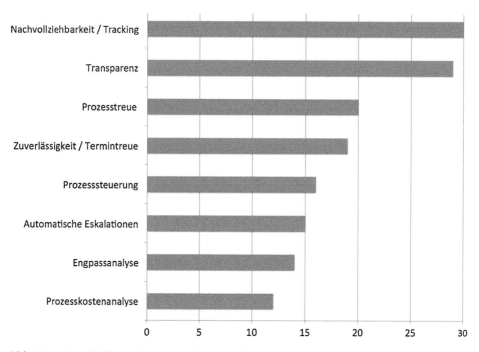

Abb. 8.4 Aktuelle Herausforderungen deutscher Unternehmen im Produktentstehungsprozess

operativer Ebene. Die Prozesstreue geht mit dem Ziel einher, im Rahmen der Vorgaben Zeit, Kosten und Qualität zu bleiben. Das Ziel effizient mit Ressourcen umzugehen spiegelt die Herausforderungen der Engpassanalyse, Termintreue, Eskalationsmanagement und Prozesskostenanalyse wider.

Mit diesen Erkenntnissen im Hinterkopf begeben wir uns nun in die weiteren Ebenen des Fünf-Phasen Modells.

8.2.4 Phase 2: Modellierung und Konfiguration (Design)

In der Phase „Design" des Workflow Lifecycles geht es darum, alle Elemente des Workflows zu definieren und zu erarbeiten. Im Fokus steht hier zuerst der eigentliche Prozess, der als Prozessmodell abgebildet werden muss. Dabei wird auf jeden organisatorischen Bereich Rücksicht genommen, der im Prozess eine Rolle spielt. Der Prozessverlauf definiert Arbeitspakete und Kommunikation zwischen den Prozessbeteiligten. Im Prozess wird sämtliche Fachlichkeit abgebildet, jedoch wird gleichzeitig die Workfloworientierung berücksichtigt. Mit der Workfloworientierung ist gemeint, dass im Prozessmodell nicht sämtliche Fachlichkeit abgebildet werden muss, da man mit Hinblick auf das System modelliert, in dem der Workflow zukünftig ablaufen wird. So ist es beispielsweise nicht zwingend nötig, sämtliche Kommunikationsflüsse zwischen Akteuren bildlich darzustellen, wenn beispielsweise eine Informationsmail versendet wird. Auch die Abbildung einer fachlichen RACI Matrix ist bei der Darstellung eines Workflows nicht erforderlich, sondern dient eher zur vorhergehenden Prozessanalyse. Die Akteure werden schließlich vollautomatisch in den Kontext des Prozesses eingebunden.

Ein Prozessmodell mit Anspruch auf Automatisierung sollte einerseits fachlich nachvollziehbar und andererseits nicht mit technischen Details überfrachtet sein. Die BPMN 2.0 erfüllt diesen Anspruch derzeit, so wie keine andere gängige Industrienorm.

Darüber hinaus ist es essenziell wichtig, dass es nur ein einziges Prozessmodell gibt, in dem Fachlichkeit und Technik gleichermaßen abgebildet werden. Sobald ein fachliches Prozessmodell in ein technisches Prozessmodell übersetzt werden muss, damit es ablauffähig wird, steht man vor den üblichen Problemen zwischen Fachbereich und IT. Die Orientierung an einem Prozessmodell löst diese Bremse und begünstigt zudem die agile Vorgehensweise des Workflow Lifecycles.

Die Digitalisierung von Geschäftsprozessen bedarf nicht nur einer Abbildung des ausführbaren Prozessmodells, sondern auch einer Informationslogistik während des Prozessablaufs. Die Informationen, die während eines Vorgangs für den Prozessbeteiligten sichtbar sind, sollten auf das Wesentliche reduziert werden. Gleichzeitig sollten Informationen möglichst einmalig elektronisch erfasst werden, ehe man sich in den aktuell vorherrschenden Wildwuchs an E-Mails und begleitenden Dokumenten begibt. Mit der Digitalisierung von Geschäftsprozessen ist nämlich nicht der Transfer von Papierformularen zu digitalen Formularen gemeint. Vielmehr geht es darum Informationen gezielt an diejenigen weiterzugeben, die an einem bestimmten Prozessvorgang beteiligt sind und aktuell ein Arbeitsergebnis, auf Basis dieser Informationen, erbringen müssen. Dies widerspricht der aktuellen Arbeitskultur der großen Emailverteiler und stundenlangen Abstimmungsmeetings. In Phase 5 unseres Modells werden weitere organisatorische Aspekte beleuchtet.

Um das gerade eben Erläuterte zu erreichen, bedarf es einem prozessbegleitenden Formular, das logisch mit dem darunterliegenden Prozessmodell verbunden ist. Sprich der Informationsgehalt muss sich dem aktuellen Prozessschritt und den involvierten Prozessbeteiligten anpassen. Gleichzeitig müssen Auswahlmöglichkeiten im Formular den darunterliegenden Prozessverlauf direkt beeinflussen können. Die Informationen steuern also den Prozess und umgekehrt. Die Erstellung eines solchen Formulars muss weitgehend per Konfiguration erfolgen, damit man innerhalb des Workflow Lifecycles agil bleibt. Einfache Änderungen müssen ohne Programmierung stattfinden, damit Fachbereiche auch größtenteils unabhängig von der IT optimieren können.

Zur Phase Design gehört aber auch die Berücksichtigung der bereits vorhandenen IT-Infrastruktur. Die Systeme, die Informationen zu den Prozessen zusteuern, gilt es optimal in den Prozessverlauf einzubinden. Diese Drittquellen können einerseits eine Rolle im Prozessablauf spielen, andererseits rückt auch hier das prozessbegleitende Formular wiederum in den Vordergrund. Die vorhandene IT-Landschaft wird üblicherweise durch typische Aktionen, wie „Erstellen", „Lesen", „Aktualisieren" und „Löschen" eingebunden. Auf diese Art und Weise ist es möglich Geschäftsprozesse End-To-End abzubilden ohne

vor Systemgrenzen Halt machen zu müssen. Ein Produktentstehungsprozess beispielsweise kann in einem ERP, DMS oder PLM System nicht gesamtheitlich abgebildet werden, da mindestens zwei der Systeme involviert sind. Diese oder weitere Systeme in reiner
Dunkelverarbeitung ohne Prozessorientierung miteinander zu verbinden, löst typische
Probleme wie Prozesstreue, Transparenz oder Termintreue nicht.

Wichtig ist jedoch zu verstehen, dass diese Drittquellenanbindung für die ersten Durchläufe durch unseren Workflow Lifecycle nicht essenziell ist. Um einen gewissen Reifegrad
des Workflows zu erreichen, genügt es die ersten Iterationen ohne echte Schnittstellen zu
leben. Eine fachliche Aufforderung zur Erbringung eines Arbeitsergebnisses in einem
anderen System bietet anfänglich genug Unterstützung für den Gesamtprozess und bietet
gleichzeitig weiteres Optimierungspotenzial für kommende Prozessausbaustufen.

8.2.5   Phase 3: Ausführung (Automate)

Ab sofort verlassen wir die theoretische Herangehensweise und erwecken den modellierten Prozess zum Leben. Ab hier wandern wir durch die unterste operative Ebene der theoretischen Welt einer übergeordneten Prozesslandschaft. Der Human Workflow Ansatz
greift nun und stellt die prozessorientierte Arbeitsweise sicher. Bereits in dieser Phase
gehen wir den ersten Schritt in Richtung einer organisatorischen Integration, die in Phase
5 des Modells manifestiert wird.

Jeder Prozessschritt, der vorab modelliert wurde, wird nun tatsächlich an die verant-
wortlichen Prozessbeteiligten verteilt. Jeder organisatorische Bereich, der vorab als Swim-
lane modelliert wurde, wird nun tatsächlich zur Rechenschaft gezogen. Prozesszeiten, die
man sich vorab theoretisch überlegt hat, gelten ab sofort als echte Liegezeit zur Erledigung
eines Prozessschritts. Arbeitsanweisungen müssen nicht mehr in dicken Handbüchern
nachgeschlagen werden, sondern werden rollenspezifisch und punktuell angezeigt. Vor-
gangsbezogene Informationen befinden sich nicht mehr an vielen unterschiedlichen Orten,
sondern werden zentral abgelegt oder zumindest zentral referenziert. Antworten auf Fragen wie, „Wo steht der Prozessvorgang gerade?", müssen nicht mehr per Telefon oder
Abstimmungsmeetings beantwortet werden. Informationsbedürftige werden automatisch
informiert oder haben ab sofort genug Transparenz geschaffen, um sich ohne Abstimmung
selbst informieren zu können. Compliance ist kein Sorgenkind mehr, sondern wird durch
dynamische Einbindung von Geschäftsregeln sichergestellt. Auch die ersehnte Prozesstreue ist kein Wunschtraum mehr, da man die Ebene des theoretischen Prozessmodells
verlässt.

Eskalationen werden nicht mehr in Dezibel gemessen, sondern werden automatisch
über zuvor definierte Eskalationswege eingeleitet. Prozessschritte können tatsächlich paral-
lelisiert werden und Folgeschritte werden erst dann aktiv, wenn sämtliche Arbeitsergebnisse vorliegen.

In unserem Beispiel des Produktentstehungsprozesses bedeutet das konkret, dass man
ab sofort eine gesamtheitliche End-To-End Betrachtung jedes einzelnen Vorgangs erreicht

hat. Um die Komplexität des Prozesses beherrschbar zu machen, spielt das prozessbegleitende Formular eine essenzielle Rolle. Durch die Kategorisierung der Entwicklung wie zum Beispiel „Neuentwicklung" oder „Produktvariante" und die Kategorisierung des Produkts wie zum Beispiel „Klimaanlage" oder „Ventilator" werden die Arbeitspakete für einen bestimmten Vorgang vorab skaliert. Eine Neuentwicklung eines Produkts ist beispielsweise wesentlich komplexer als eine Variante eines bestehenden Produkts zu erschaffen. Dennoch wird durch das „Überspringen" bestimmter Prozessschritte das Ruder der Prozesssteuerung nie aus der Hand gegeben. Der Prozessverlauf eines Vorgangs wird lediglich kürzer oder länger. Mit der Arbeitsweise einer Checkliste ist das nicht zu vergleichen und bietet zahlreiche weitere Vorteile.

Auch die hinterlegten Zeiten je Arbeitspaket können variieren, je nachdem ob es sich um ein langwieriges Projekt der Neuentwicklung handelt, oder man nur eine Produktvariante auf den Markt bringen möchte. Diese Parameter werden am Anfang oder während des Prozessverlaufs gesetzt und an Entscheidungspunkten im Prozess berücksichtigt. Um sämtliche Eventualitäten eines Prozesses workflowgesteuert abfedern zu können, gibt es bestimmte Mechanismen, die einen Ausbruch aus dem Prozessmodell zulassen. Beispielsweise können im Workflowmanagement System TIM AdHoc Aufgaben oder Rückfragen zu jedem Zeitpunkt im Prozessverlauf gestellt werden, damit dem Prozessbeteiligten in jeder Situation maximale Flexibilität zur Verfügung steht. Diese Abweichungen im Prozessverlauf sind menschlich und passieren auch, wenn der Prozess nicht ausgeführt wird. Wenn der Prozess jedoch mit dem Human Workflow Ansatz unterstützt wird, bleiben diese Ausbrüche aus dem Prozess nicht verborgen, sondern sind willkommenes Feedback für den Prozessverantwortlichen um den kontinuierlichen Verbesserungsprozess zum Leben zu erwecken. Eine weitere Möglichkeit, mehr Dynamik und Modularität in den Prozess zu bringen, bietet die Technik, jederzeit innerhalb eines Prozesses auf einen Fundus an vorab definierten Prozessen zuzugreifen. Dieser Ansatz ist nicht mit starr modellierten Subprozessen zu vergleichen, denn für eine maximale Flexibilität ist es erforderlich zuarbeitende Prozesse jederzeit starten zu können. So können beispielsweise nicht vorhersehbare Abstimmungs- oder Freigabeprozesse, die in einem PEP sehr häufig auftreten können, ausgelagert und dynamisch gestartet werden.

8.2.6 Phase 4: Optimierung (Improve)

Welche Erkenntnisse erlangt man, wenn man einen Prozess als Human Workflow gesamtheitlich lebt? Mit dieser Frage beschäftigt sich das folgende Teilkapitel und rundet damit den Workflow Lifecycle ab.

Zunächst einmal erhält man tiefe Einblicke in die Kennzahlen der tatsächlichen Prozessvorgänge. Wenn ein Prozess nämlich nur anhand eines Prozessmodells und organisatorischen Bordmitteln, wie E-Mails, Dokumente und Abstimmungsmeetings gelebt wird, kann darüber keine verlässliche Auskunft gegeben werden. Mit diesen unzuverlässigen Informationen werden oftmals zyklische Prozessoptimierungen vorgenommen, jedoch bleiben diese auf theoretischer Ebene. Anhand von Bauchgefühlen lassen sich keine Prozessoptimierungen vornehmen, sondern nur anhand von Kennzahlen des gelebten Prozessgeschehens. Mit der Auswertung von Kennzahlen der Human Workflows ist es möglich, den theoretischen kontinuierlichen Verbesserungsprozess in einen gelebten KVP zu wandeln.

Eine typische Kennzahl, die sich rein durch die Automatisierung eines Prozesses ergibt, ist die Prozessdurchlaufzeit. Man erhält nun Einblicke in die Zeiten eines jeden Prozessschritts eines jeden Prozessvorgangs. Auf diese Art und Weise können Engpässe im Prozessverlauf und Schwachstellen bei mangelhafter Termintreue offengelegt werden. Ein SOLL-IST Vergleich ist dabei ein selbstverständlicher Wertbeitrag, der Optimierungspotenzial sichtbar macht. Auch der Vergleich über Monate oder Jahre hinweg legt offen, welche Maßnahmen zu Verbesserungen im Gesamtprozess geführt haben.

Hinzu kommt die Transparenz über sämtliche Prozessvorgänge. Ein Prozessverantwortlicher weiß zu jedem Zeitpunkt über den Status eines jeden einzelnen Vorgangs und dessen aktuellen Bearbeiter Bescheid. Eskalationen laufen automatisch ab, jedoch kann natürlich auch manuell eingegriffen werden, z. B. indem Aufgabenpakete delegiert werden.

Im Gegensatz dazu weiß auch jeder Prozessbeteiligte was er wann und wo zu tun hat. Darüber hinaus ist durch die transparente Prozessdarstellung gewährleistet, dass jeder Prozessbeteiligte weiß welche Arbeitergebnisse bereits vorliegen müssten und wer im Zweifelsfall warten muss, wenn man selbst aus der Zeit gerät. Durch die automatische Priorisierung der offenen Aufgaben nach verbleibender Zeit, ist dem Mitarbeiter zusätzlich Last von den Schultern genommen. Die Transparenz ist also nicht nur für den Prozessverantwortlichen förderlich, sondern auch für die Prozessbeteiligten, die dadurch den Gesamtzusammenhang und Abhängigkeiten besser verstehen können. Schnittstellen zwischen Abteilungen werden sichtbarer und regen zur Diskussion an.

Die Prozesskostenrechnung in Bezug auf die Ressource Mensch kann mit Hilfe von Human Workflowmanagement ebenfalls aufgestellt werden. Zur Erledigung eines jeden Prozessschritts können Angaben zu angefallenen Kosten im Bezug zur aktuellen Aufgabe erhoben werden. Diese Informationen liefern, in Ergänzung zu den materiellen Kosten, einen detaillierten Wertbeitrag zur gesamten Prozesskostenrechnung.

Diese Kennzahlenerhebung und -analyse helfen dabei den Workflow zu plausibilisieren und stetig zu verbessern. Der Übergang in das erneute Überarbeiten des Prozessmodells und des prozessbegleitenden Formulars ist die logische Konsequenz.

8.2.7 Phase 5: Organisatorische Integration

Die Einführung eines toolgestützten Human Workflows steht und fällt mit der Akzeptanz der Prozessbeteiligten. Diese müssen daher frühzeitig in die Iterationen des Workflow Lifecycles eingebunden werden. Allen Aspekten des Workflows sollte Beachtung geschenkt werden, damit man zu einem gemeinsamen Konsens kommt. Jedoch sollte man sich auf das Wesentliche reduzieren und sich nicht im Detail verlieren. Die Integration des Workflows in die Organisation sollte durch einen definierten Kreis von Keyusern unterstützt werden.

Der globale Nutzen der Einführung ist einer der Wichtigsten Aspekte, die vermittelt werden müssen. Oftmals sehen Prozessbeteiligte die eigenen Vorteile nicht auf den ersten Blick, daher muss versucht werden, einen übergreifenden Blickwinkel und dadurch Akzeptanz zu schaffen. Gerade die organisatorischen Schnittstellen zwischen Abteilungen werden durch die Einführung des Workflows besser bedient als vorher. Unvollständige Arbeitsergebnisse werden durch die Workflowsteuerung gar nicht erst weitergegeben und Rückfragen werden dadurch reduziert. Auch die Entlastung der Mitarbeiter von unnötiger Bürokratie und Abstimmungsmeetings wird durch die Workflowsteuerung stark befördert. Zwischenstände müssen nicht abgeglichen werden, sondern sind an einer zentralen Stelle im Workflow einsehbar. Informationsweitergabe und Dokumentenlenkung übernimmt ebenfalls der Workflow und gibt den Prozessbeteiligten mehr Zeit für ihre Kernaufgaben. Spätestens wenn Prozessbeteiligte diese Vorteile selbst erkennen, ist die Akzeptanz ausreichend geschaffen um weitere Prozessthemen in die Organisation zu tragen.

Das Ziel dieser Phase ist es also den Workflowgedanken in den Köpfen der Prozessbeteiligten zu manifestieren. Die intrinsische Motivation ergibt sich meist von alleine, da die neue Arbeitsweise nach kurzer Zeit nicht mehr wegzudenken ist. Falls das im Einzelfall nicht so ist, kann man über ein Vergütungssystem und regelmäßige Feedbackrunden nachdenken, die den Prozessbeteiligten Gehör verschaffen. Erfahrungsgemäß überwiegen die Vorteile des Human Workflow allerdings schnell so sehr, dass Prozessbeteiligte nicht mehr anders arbeiten möchten.

Darüber hinaus wird die Informationsqualität durch fundiertes Reporting und Monitoring verbessert und hilft so auch dem Management dabei bessere Entscheidungen zu treffen.

8.3   Fazit

In der Anwendung des Modells wurde bewusst das Beispiel des Produktentstehungsprozesses gewählt, da dieser einerseits hoch komplex ist und andererseits nach Agilität verlangt. Dies schließt jedoch keineswegs aus, dass dieses Modell auch für die Digitalisierung anderer Prozessthemen verwendet werden kann. Die Entscheidung, den Prozess als Human Workflow darzustellen und auszuführen, unterstützt diese Flexibilität enorm und ist mit anderen Ansätzen nicht zu erreichen. So wäre die Anwendung von hochintegrativen Workflows anstelle von Human Workflows kontraproduktiv, da dort die Verbindung von Systemen, Daten und Transaktionen im Vordergrund steht. Bei dieser Herangehensweise wäre die Agilität im Keim erstickt und die ganzheitliche Betrachtung, sowie die Prozessorientierung, wären dahin. Darüber hinaus sind flexible Änderungen am Workflow nicht möglich und müssten mit langwierigen IT-Projekten umgesetzt werden.

Die ganzheitliche End-to-End Betrachtung von Geschäftsprozessen und deren Digitalisierung ist aber einer der wichtigsten Aspekte in einer sich immer schneller drehenden

Geschäftswelt. Geschäftsmodelle und -verfahren ändern sich häufiger als bisher und erfordern damit auch eine erhöhte Flexibilität in den Geschäftsprozessen. Das Fünf-Phasen Modell und eine Technologie wie TIM bieten Unternehmen eine agile Herangehensweise, um komplexe und gleichzeitig flexible Prozesse zu managen.

Literatur

1. Lehrke M, Behrends K-U, Seybold A (2016) ISO 9001:2015 – kompakt und verständlich. Ein Leitfaden für Anwender/Führungskräfte zum besseren Verständnis. Lehrke Verlag, Hamburg
2. Moll A, Kohler G (2014) Excellence-Leitfaden: Praktische Umsetzung des EFQM Excellence Modells. WEKA Media/Symposion Publishing, Kissing
3. Horváth und Partners (2016) Excellence-Leitfaden: Balanced Scorecard umsetzen. Schäffer Poeschel, Stuttgart
4. Ahlrichs F, Knuppertz T (2010) Controlling von Geschäftsprozessen: Prozessorientierte Unternehmenssteuerung umsetzen. Schäffer Poeschel, Stuttgart
5. Brandt-Pook H, Kollmeier R (2016) Softwareentwicklung kompakt und verständlich: Wie Softwaresysteme entstehen. Vieweg+Teubner Verlag, Heidelberg
6. Tiemeyer E (2014) Handbuch IT-Projektmanagement: Vorgehensmodelle, Managementinstrumente, Good Practices. Carl Hanser Verlag, München
7. Roock S, Wolf H (2015) Scrum – verstehen und erfolgreich einsetzen. dpunkt Verlag, Heidelberg
8. Obermeier S, Fischer H, Fleischmann A, Dirndorfer M (2014) Geschäftsprozess realisieren. Springer Vieweg, Heidelberg
9. Fleischmann A, Schmidt W, Stary C, Obermeier S, Börger E (2011) Subjektorientiertes Prozessmanagement: Mitarbeiter einbinden, Motivation und Prozessakzeptanz steigern. Carl Hanser Verlag, München
10. Allweyer T (2015) BPMN 2.0 – Business Process Model and Notation: Einführung in den Standard für die Geschäftsprozessmodellierung. Books on Demand, Berlin

Muster in BPM-Systemen mit Geschäftstransaktionen

Marc Jehle, Filippos Santas und Andreas Heberle

Zusammenfassung

In diesem Kapitel werden wiederverwendbare Muster zum Transaktionsmanagement vorgestellt. Diese vereinfachen die Implementierung transaktionaler Aspekte in automatisierten Prozessen und steigern gleichzeitig die Entwicklungseffizienz. Die Muster wurden aus realen Anwendungsszenarien abgeleitet, sind in unterschiedlichen fachlichen Kontexten einsetzbar und sind in BPMN beschrieben, damit sie leicht in BPM-Lösungen genutzt werden können.

Schlüsselwörter

BPM • Geschäftsprozess • Business Transaktion • Muster • Compensation Handling

9.1 Einführung

Das Thema Digitalisierung ist heute einer der großen Trends in Unternehmen und Gesellschaft. Digitalisierung bedeutet zum einen die Nutzung digitaler Technologien zur Verbesserung existierender Geschäftsprozesse, d. h. eine effizientere und kostengünstigere Ausführung. Zum anderen lassen sich mit Nutzung von IT neue digitale Geschäftsmodelle entwickeln. Vor allem in der Dienstleistungsbranche und in der Finanzindustrie verspricht Digitalisierung großes Potenzial. Geschäftsprozesse mit einem höheren Anteil

M. Jehle (✉) • F. Santas
Credit Suisse AG, Zürich, Schweiz
E-Mail: marc.jehle@credit-suisse.com; filippos.santas@credit-suisse.com

A. Heberle
Hochschule Karlsruhe – Technik und Wirtschaft, Karlsruhe, Deutschland
E-Mail: andreas.heberle@hs-karlsruhe.de

© Springer Fachmedien Wiesbaden GmbH 2017
T. Barton et al. (Hrsg.), *Geschäftsprozesse*, Angewandte Wirtschaftsinformatik,
DOI 10.1007/978-3-658-17297-8_9

an manuellen Aktivitäten werden weitest möglich automatisiert, um die Transaktionskosten zu senken. FinTech Startups drängen mit neuen Angeboten auf den Markt, was den Kostendruck bei den etablierten Anbietern weiter steigert.

Business Process Management (BPM) Lösungen kommen in unterschiedlichen Anwendungsszenarien zum Einsatz. In Fallbasierten Prozessen stehen die Mitarbeiter im Fokus, die unter Nutzung ihres Expertenwissens einzigartige Fälle mit jeweils unterschiedlichen Schritten lösen. Geschäftsprozesse mit einem festen Ablauf an Aktivitäten werden heutzutage mit Workflow-Anwendungen automatisiert. Dabei kommen Business Process Management Systeme (BPMS) zum Einsatz, welche die Entwicklung, das Monitoring und die Optimierung von Prozessen unterstützen. Aus BPMN-Modellen wird Code für so genannte Workflow Engines generiert, was die Effizienz der Entwicklung und der Wartung von prozessgesteuerten Anwendungen steigert.

Ziel der Digitalisierung von Prozessen sind komplett automatisierte Abläufe (Straight-Through Processing, STP). Dabei werden entsprechend der Prozesslogik unabhängige (Third-Party-)Anwendungen oder Dienste orchestriert, die einzelne Aktivitäten oder Teilprozesse automatisch ausführen. Die zugrundliegende Prozesslogik kann sehr komplex sein und geschäftliche Transaktionen können längere Zeit dauern, z. B. wenn ein Bestellprozess die Fertigung eines Produkts erfordert. Beteiligte Anwendungen oder Dienste werden über die BPM Plattform, z. B. unter Nutzung eines Enterprise Service Bus orchestriert. Auf Fehler bei der Ausführung wird mit Ausnahmebehandlung und Kompensation reagiert. Die Implementierung von transaktionalen Eigenschaften ist dabei eine große Herausforderung.

9.2   Problemstellung

Eine prozessgesteuerte Anwendung umfasst neben, üblicherweise in unterschiedlichen Kontexten wiederverwendbaren, logischen Bausteinen (*Services*) die Prozesslogik, die diese Services entsprechend der zugrunde liegenden Geschäftslogik komponiert. Diese Prozesslogik ist spezifisch für einen Geschäftsprozess und definiert den *Workflow* des Prozesses.

9.2.1   Workflows und Services

Workflows sind kontextabhängig und normalerweise nicht wiederverwendbar. Jeder Workflow korrespondiert mit einem Geschäftsprozess oder einem Teilprozess. Ein Workflow kann als *Business Service* angesehen werden, der die Prozesslogik realisiert. Ein solcher Business Service ruft andere Services auf, um die einzelnen Schritte des Workflows auszuführen. Ein Geschäftsprozess ist damit durch Komposition von Services (Orchestrierung) realisiert, die in einer spezifischen Reihenfolge, sequenziell oder parallel, aufgerufen werden, siehe Abb. 9.1.

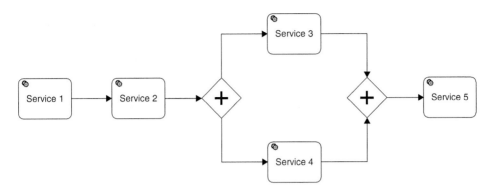

Abb. 9.1 Komposition von Services

Services, die in einem Business Service benutzt werden, können selbst wieder Business Services, Services zu Geschäftsentitäten (z. B. Kunde oder Auftrag) inklusive Operationen zur Verwaltung der Entitätsinformationen (CRUD-Operationen und zusätzliche domänenspezifische Operationen wie z. B. FindeAufträgeEinerRegion), Geschäftsregeln oder unterstützende (technische) Dienste sein. Alle Business Services werden im BPM System verwaltet und ausgeführt. Alle anderen Services werden genutzt und aufgerufen, sind aber in unterschiedlichen Plattformen außerhalb des BPMS implementiert und unterliegen fremder Kontrolle. Damit entsteht eine physikalisch dezentrale, verteilte Geschäftsprozessarchitektur.

Die Trennung von spezifischer, nicht wiederverwendbarer Logik und wiederverwendbaren Services hat mehrere Vorteile. Die Prozesslogik kann unabhängig von der Servicelogik analysiert, implementiert, und gewartet werden. Außerdem können Ausführungsmuster im BPMS identifiziert und in unterschiedlichen Workflows implementiert werden. Ein BPMS kann durch eine Business Rule Engine ergänzt werden, um Regeln und fachliche Entscheidungen von dem zugrundliegenden Prozess und den Anwendungen zu entkoppeln. Dabei werden Regeln von Fachexperten modelliert und zur Laufzeit von der Rule Engine angewendet bzw. ausgeführt.

9.2.2   Transaktionale Eigenschaften in Prozessen

Eine Geschäftstransaktion ist eine Transaktion zwischen mehreren Beteiligten, innerhalb oder über Firmengrenzen hinweg, die mit dem Ziel durchgeführt wird, einen gemeinsamen Geschäftsnutzen zu realisieren. Die Implementierung einer Geschäftstransaktion in einer dezentralen Architektur mit Prozesslogik sowie internen und externen Services führt jedoch zu hohen Anforderungen an die Middleware und die Infrastruktur eines Unternehmens. Diese Anforderungen können sehr unterschiedlich sein, da zwei unterschiedliche Arten von Prozessen bedient werden müssen: lang laufende Aktivitäten und atomare Transaktionen.

Außerdem müssen alle auftretenden Fehlersituationen adäquat behandelt werden, speziell wenn Aktivitäten parallel bearbeitet werden.

Lang laufende Aktivitäten können nicht zeitnah abgeschlossen werden. Zum Beispiel verzögern manuelle Schritte den Abschluss eines Prozesses für Minuten oder sogar Tage. Daraus ergeben sich Verfügbarkeits- und Skalierbarkeitsprobleme, weil der Zwischenzustand, also die Zustandsdaten einer Aktivität, persistiert werden muss, bis der Prozess weiterläuft. Die Persistierung von Zwischenzuständen ist ein wiederkehrendes Muster in Zusammenhang mit lang laufenden Aktivitäten. Für die Speicherung wird ein Zwischenspeicher verwendet, der sowohl von allen Aktivitäten eines Prozesses als auch prozessübergreifend genutzt werden kann. In [3] wird dieses Muster als State Repository eingeführt.

Geschäftstransaktionen können erfordern, dass die aus Datenbankmanagementsystemen bekannten Eigenschaften Atomarität bzw. Unteilbarkeit, Konsistenz, Isolation und Dauerhaftigkeit (ACID) [7] für parallel laufende Aktivitäten gegeben sind. Die Änderungen einiger oder sogar aller Services, die in einem Prozess zusammengeschaltet wurden, müssen dann im Fehlerfall zurückgenommen werden können (Rollback). Dazu registrieren sich Services als Teil einer Transaktion bevor Änderungen abgeschlossen werden. So lange eine Serviceaktivität läuft, kommunizieren beteiligte Services ihren Status an die Transaktionssteuerung. Zu einem Zeitpunkt fragt die Transaktionssteuerung alle Services, ob ihre Funktionen erfolgreich ausgeführt wurden. Falls ja, dann können alle Services ihre Änderungen abschließen und persistieren (Commit). Falls ein Service negativ antwortet, dann wird ein Rollback-Kommando ausgeführt und alle beteiligten Services verwerfen ihre Änderungen und gehen auf den ursprünglichen Zustand zurück.

Services, die eine atomare Transaktion implementieren, müssen einen Schnappschuss der betroffenen Geschäftsobjekte machen, bevor Änderungen vorgenommen werden. Der ursprüngliche Zustand bleibt aktiv bis der Service einen neuen Zustand persistiert. Falls die Transaktion auf einen Fehler läuft, werden alle Änderungen verworfen und der ursprüngliche Zustand bleibt erhalten. In [3] wird dieses Muster *Atomic Service Transaction* genannt. Diese Implementierung einer atomaren Transaktion blockiert Service Ressourcen, führt zu hohen Anforderungen an die Infrastruktur und skaliert nicht. Daher ist das Atomic Service Transaction Muster nur für kurz laufende Transaktionen geeignet.

Lang laufende Aktivitäten können im Fall einer Ausnahme nicht einfach ein Rollback durchführen, da Änderungen von beteiligten Diensten sofort persistiert werden. Das kann zu Inkonsistenzen führen, falls nicht alle beteiligten Services auf den neuen Zustand übergehen können. In diesem Fall werden zusätzliche Workflows angestoßen, die eine sogenannte Kompensation einer abgeschlossenen Änderung durchführen (*Compensating Service Transaction* [3]). Das Ziel der Kompensation ist nicht immer die Wiederherstellung des ursprünglichen Zustandes, da dies weder immer möglich noch immer erwünscht ist, vor allem, wenn schon eine gewisse Zeit vergangen ist. Es ist zum Beispiel nicht ausreichend, den Kaufbetrag eines fehlgeschlagenen Kaufvorganges nur auf dem Konto wieder gut zu schreiben. Hier müssen auch verlorene Zinserträge und weitere angefallene Kosten berücksichtigt werden. Kompensationslogik ist oft als zusätzlicher Workflow oder als Undo-Operation implementiert; in manchen Fällen kann die Kompensation auch aus manuellen Schritten bestehen, z. B. durch einen Anruf beim Kundenservice.

Eine lang laufende Aktivität kann auch aus mehreren atomaren Transaktionen bestehen. Atomare Transaktionen sind kurz laufende Aktivitäten und können keine lang laufende Aktivitäten beinhalten.

Kompensierende Transaktionen können in jedem Prozess angewendet werden. Man braucht daher nicht unbedingt atomare Transaktionen. Allerdings haben atomare Transaktionen mehrere Vorteile gegenüber Kompensation. Konsistenz ist während und nach einer Transaktion sichergestellt und man benötigt keine zusätzlichen Kompensationsschritte, die in Konsequenz neue Prozesse darstellen. Diese müssen fachlich analysiert, implementiert, getestet, deployt und gewartet werden, was Aufwand und Zeit kostet. Daher wird empfohlen, atomare Transaktionen zu nutzen, wann immer das möglich ist.

Wichtig in Zusammenhang mit der Implementierung transaktionaler Eigenschaften sind die zugrunde liegenden Kommunikationsmodelle in verteilten Umgebungen: asynchron transient, asynchron persistent, synchron transient sowie synchron persistent [11]. Bei einer synchronen Kommunikation wird die aufrufende Anwendung bis zum Erhalt einer Bestätigungsnachricht blockiert. Asynchrone Kommunikation zeichnet sich dagegen durch eine direkte Weiterverarbeitung des Prozesses aus. Während Nachrichten bei transienter Kommunikation nur während der Ausführung verfügbar sind, werden diese bei persistenter Kommunikation bis zur tatsächlichen Verarbeitung in einer Middleware-Komponente gespeichert. Persistente Kommunikation kann somit eine weitere Entkopplung der beteiligten Komponenten ermöglichen.

In Abschn. 9.3 werden unterschiedliche Muster beschrieben, die transaktionale Eigenschaften von lang laufenden Aktivitäten und atomaren Transaktionen realisieren. Im darauffolgenden Abschn. 9.4 wenden wir diese Muster in einem Fallbeispiel an. Während wir mit der formalen Definition der Muster beginnen und diese anschließend in unserem Fallbeispiel anwenden, kann der Leser alternativ auch in umgekehrter Reihenfolge vorgehen. Den Abschluss bildet die Diskussion in Abschn. 9.5.

9.3 Muster

Die Verwendung von Mustern vereinfacht die Konzeption und die Entwicklung von Softwareprodukten, erleichtert die Etablierung von Best Practices und verbessert die Kommunikation zwischen den beteiligten Parteien. Die konsistente Anwendung von Mustern führt zu höherer Qualität und weniger Missverständnissen. Generell können Muster sowohl fachlich und damit durch Geschäftslogik als auch technisch motiviert sein. Der Fokus der hier vorgestellten technischen Muster liegt eindeutig auf der Transaktionslogik verteilter Systeme und Prozesse.

Transaktionale Muster kombinieren Workflow-Muster und Transaktionsmechanismen unter der Prämisse der Transaktionssicherheit. Sie beschreiben wiederholbare Abfolgen von Aktivitäten (Ausführungssequenzen) in Prozessen, die spezifische Transaktionscharakteristika, wie wiederholbar, kompensierbar oder semantisch unumkehrbar [2], sicherstellen. Zusätzlich müssen dabei unterschiedliche Fehlersituationen bei der Ausführung adäquat behandelt werden. Zum Beispiel kann das System, das eine

Aktivität automatisiert, vorübergehend nicht erreichbar sein und der Aufruf eines Service muss wiederholt werden.

Moderne BPMS unterstützen die in Abschn. 9.2.2 vorgestellten Muster, aber es fehlt Unterstützung für transaktionale Muster, vor allem in Bezug auf langlaufende Transaktionen. Das macht Prozessmodelle unnötig komplex und führt zu Prozessanwendungen sub-optimaler Qualität [1, 4, 10]. Je größer die Anzahl paralleler oder sequenzieller Aktivitäten einer Transaktion ist, desto komplexer werden Modellierung und Implementierung.

Durch Analyse der Geschäftsprozesse eines großen Finanzinstituts und der entsprechenden Workflows in BPM-Systemen wurden zahlreiche asynchrone und synchrone Muster identifiziert. In diesem Beitrag werden ausgewählte Muster vorgestellt, die bei der Automatisierung transaktionaler Prozesse sehr häufig zum Einsatz kommen:

- *Process Handshake*: Koordination von zwei oder mehr Transaktionen, die parallel ablaufen
- *Business Transaction Island*: Lokale und globale Kompensation unabhängiger Transaktionen
- *Human Compensation Handler*: Manuelle Bearbeitung von Ausnahmen und Fehlern
- *Compensation Fault Handler*: Die automatische Behandlung von Fehlern
- *Incremented Retry Loop*: Wiederholte Ausführung einer Transaktion im Fehlerfall
- *Transaction Duration*: Erkennen von und Reaktion auf Timeouts bei einer Transaktion

Die letzten beiden Muster decken Standardsituationen bei der Implementierung von Geschäftstransaktionen ab, sie werden am Fallbeispiel in Abschn. 9.4. erklärt. Eine ausführlichere Beschreibung des kompletten Muster-Katalogs findet man in [8]. Bei der Beschreibung der Muster wurde auf die bewährte Struktur nach [12] und [5] zurückgegriffen. Die Struktur umfasst dabei Mustername, Motivation und Kontext der Anwendung, Konsequenzen der Anwendung des Musters und ein Implementierungsbeispiel. In diesem Beitrag wird aus Gründen der Übersichtlichkeit jedoch eine vereinfachte Darstellung verwendet. Die Bezeichnung der BPMN-spezifischen Elemente orientiert sich in Übereinstimmung mit der Praxis weitestgehend an den englischen Originalbegriffen.

9.3.1   Process Handshake

Die Ausführung von Geschäftstransaktionen unter Einbeziehung verteilter Ressourcen in komplexen Applikationslandschaften erfordert die Synchronisation aller beteiligten Ressourcen. Transaktionen mit mehreren Beteiligten laufen in drei Phasen ab: die Initiierungsphase durch den Koordinator, die Ausführungsphase in der die beteiligten Services ihre Ergebnisse erzeugen und abschließend die Ergebnisphase in der im Erfolgsfall die Ergebnisse übertragen und durch den Initiator akzeptiert werden. In der Initialisierungsphase einer Transaktion kann das *Process Handshake* Muster nützlich sein.

Kontext: Komplexe Geschäftstransaktionen mit hohen Anforderungen an Synchronisierung und Zuverlässigkeit erfordern die Koordination der beteiligten externen Ressourcen während der Initiierungsphase der Transaktion. Die beteiligten externen Ressourcen können dabei andere BPM-Systeme oder auch unabhängige Applikationen umfassen.

Beschreibung: Wenn ein Geschäftsprozess eine Transaktion mit einer externen Ressource aufbaut, sind drei Nachrichten erforderlich. Der Workflow fordert zunächst die Transaktionsvorbereitung beim externen System an, das dann eine Bestätigung an das BPMS schickt. Sollte die Bestätigung des externen Systems nicht innerhalb eines vorab definierten Zeitraumes eintreffen, kann die Anforderung zur Transaktionsvorbereitung erneut vom BPMS versendet werden. Der Empfang der Bestätigung führt schließlich zum Senden der Ausführungsanforderung an das externe System, das damit die eigentliche Geschäftstransaktion starten wird. Falls die Anforderung nicht innerhalb eines vorab definierten Zeitraums vom externen System empfangen wird, so wird die vorbereitete Transaktion abgebrochen. Dieses Muster kann nur angewendet werden, wenn der Transaktionspartner mit diesem spezifischen Kommunikationsablauf umgehen kann.

Konsequenzen: Das *Process Handshake* Muster wird für die Interaktion mit externen Prozessen und Systemen verwendet. Die Anwendung des Musters kann zu enger Kopplung mit der zugrundeliegenden Infrastruktur (Vendor Locking) oder der Prozessimplementierung führen. Auch wenn das Muster erhöhten Koordinations- und Kommunikationsaufwand erfordert, so werden Zuverlässigkeit und Wiederholbarkeit signifikant verbessert.

Implementierung: Generell bietet BPMN verschiedene Mechanismen für die Kommunikation zwischen Prozess und externen Ressourcen an. Die Beispielimplementierung verwendet *Throw* und *Catch Message Events*, wobei sowohl der Prozessablauf innerhalb des BPMS als auch die Schritte im externen System in BPMN modelliert sind. Die Transaktionsvorbereitung startet mit dem Versand der Transaktionsvorbereitungsnachricht durch den Workflow. Das externe System bereitet daraufhin die Transaktion vor und bestätigt die Komplettierung an das externe System. Auf das initiale *Throw Message Event* im Hauptprozess folgt ein Gateway mit zwei parallelen Flows, die entweder die zuvor angesprochene Bestätigung oder den Ablauf eines *Timer Events* erwarten, wobei Letzteres einen erneuten Versand der Transaktionsanforderung auslösen würde. Als nächster Schritt wird im Hauptprozess die eigentliche Transaktionsanforderung an das externe System versendet. Analog dazu kann die Transaktionsvorbereitung von der externen Ressource über ein *Timer Event* abgebrochen werden. Abb. 9.2 illustriert eine BPMN-Modellierung des Musters.

Die Modellierung des *Process Handshake* ist aus der Beschreibung von [1] abgeleitet.

9.3.2 Business Transaction Island

Für lang laufende Transaktionen mit verteilten Ressourcen und Systemen können traditionelle ACID-Eigenschaften entweder nicht angewendet werden oder sind für eine vollumfängliche Ressourcensicherheit bei Geschäftstransaktionen unzureichend. In diesem Fall

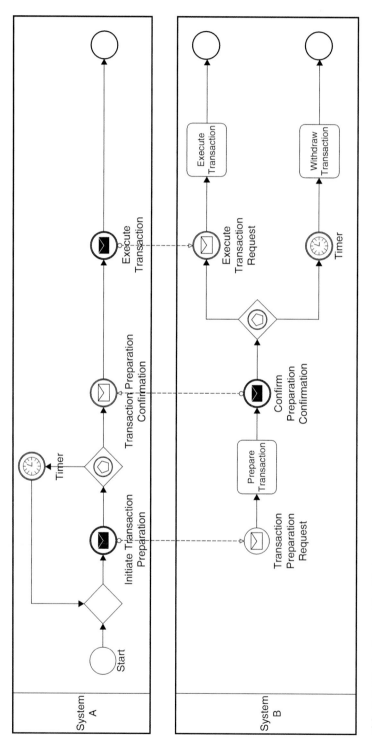

Abb. 9.2 Muster Process Handshake

wird häufig auf Kompensationsaktivitäten mit domänenspezifischer Geschäftslogik zurück-gegriffen.

Kontext: Das *Business Transaction Island* Muster kann sowohl auf eigenständige Geschäftsprozesse als auch auf transaktionale Abschnitte eines komplexeren Geschäfts-prozesses angewendet werden. Das Muster betrifft eher eine logische Gruppe von Aktivi-täten als einzelne Aktivitäten. Da Daten- und Transaktionskonsistenz über alle beteiligten Ressourcen bei Geschäftstransaktionen essenziell sind, beinhaltet das Muster *Business Transaction Island* Kompensationsaktivitäten.

Beschreibung: Für dieses Muster wird ein transaktionaler Subprozess implementiert, der die einzelnen Schritte der Geschäftstransaktion umschließt und der durch entspre-chende Kompensationslogik erweitert wird. Im Fehlerfall wird ein Ereignis die Ausführung des transaktionalen Subprozesses abbrechen und die vorab definierten Kompensationsakti-vitäten anstoßen.

Konsequenzen: Dieses Muster bietet eine strukturierte Herangehensweise, um Transak-tionen innerhalb einer BPM-Lösung vollumfänglich zu implementieren. Der Geschäfts-transaktionsblock wird als transaktionaler Subprozess interpretiert, der entweder komplett ausgeführt wird oder fehlschlägt. Eine teilweise Ausführung muss daher unter allen Umstän-den vermieden werden. Die Definition einer passenden Kompensationslogik führt dabei zu zusätzlichem Implementierungsaufwand. Die korrekte Anwendung des Musters verringert das Risiko inkonsistenter Ausführungsergebnisse signifikant.

Implementierung: Um das Muster *Business Transaction Island* zu implementieren, kann sowohl ein eingebetteter als auch ein unabhängiger transaktionaler Subprozess ver-wendet werden. Die relevanten Elemente der Geschäftstransaktion werden innerhalb des Subprozesses implementiert, da dieser einen Ausführungskontext bereitstellt. Anschlie-ßend werden für jeden Teilprozessschritt Kompensationsaktivitäten definiert, die über *Compensation Boundary Events* an die Prozessaktivitäten angebunden werden. Eine Transaktion kann gemäß der BPMN 2.0 Spezifikation auf drei Arten abgeschlossen wer-den: Erfolgreich, Abbruch inklusive Kompensation oder Fehlerhaft ohne Kompensation. Abweichungen vom regulären Transaktionsergebnis werden daher über an den Transakti-onskontext angeheftete *Boundary Events* adressiert. Ein *Error Boundary Event* reagiert auf abgebrochene Transaktionen oder bewusst ausgelöste Abbrüche. In diesem Fall wer-den im Transaktionskontext implementierte Kompensationsaktivitäten automatisch ausge-löst. Die Fehlerbehandlungsmechanismen können bei Bedarf durch weitere Aktivitäten ergänzt werden. Als Alternative können Kompensationsereignisse im Hauptprozess selbst entsprechende Aktionen initiieren. Tritt keines der beschriebenen Fehlerszenarien ein, wird die Transaktionen erfolgreich beendet und der Hauptprozessflow fortgeführt. Abb. 9.3 zeigt eine BPMN-Implementierung des Musters *Business Transaction Island*.

Die Konzeption des Musters *Business Transaction Island* ist durch die Beschreibung eines transaktionalen Subprozesses in [9] motiviert.

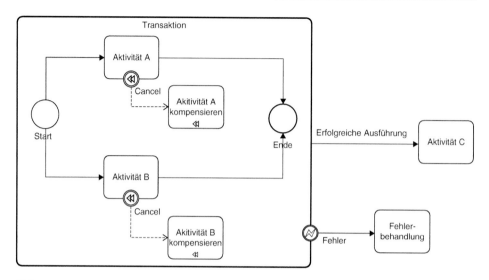

Abb. 9.3 Muster Business Transaction Island

9.3.3 Human Compensation Handler

Insbesondere bei transaktionalen Prozessen ist die Sicherung der Konsistenz der beteiligten Ressourcen üblicherweise besonders wichtig. Im Fehlerfall muss sichergestellt werden, dass bereits persistierte Teilergebnisse der Transaktion bereinigt werden. Zu diesem
Zweck können Kompensationsschritte definiert werden, die sowohl automatisch als auch
manuell erfolgen können. Das Muster *Human Compensation Handler* beschreibt die Nutzung manueller Kompensationslogik.

Kontext: Dieses Muster kann auf eine Gruppe von Aktivitäten angewendet werden, die
entweder einen eigenständigen Geschäftsprozess oder einen transaktionalen Abschnitt eines
komplexeren Prozesses bilden. Um die an der Transaktion beteiligten Ressourcen im Fehlerfall zu schützen, werden diese explizit um manuelle Kompensationsaktivitäten erweitert.

Beschreibung: Immer wieder kann es vorkommen, dass bestimmte Aktivitäten eines
Geschäftsprozesses nur mit erheblichem Aufwand oder überhaupt nicht automatisch kompensiert werden können. Aus Business-Sicht kann es darüber hinaus vorkommen, dass Prozessschritte im Fehlerfall explizit eine manuelle Überprüfung erfordern, die beispielsweise
durch User Tasks oder eine Eskalation realisiert wird. Fehler in der Ausführung des transaktionalen Kontexts können bei Bedarf die manuellen Kompensationsaktivitäten auslösen.

Konsequenzen: Eine manuelle Kompensationsaktivität kann in bestimmten Fällen
eine valide Alternative zu komplexen und eventuell fehleranfälligen automatischen Kompensationsaktivitäten sein. Die manuelle Adressierung der Kompensationsschritte erfordert jedoch ein funktionales und wohldefiniertes User Interface, welches die eventuell

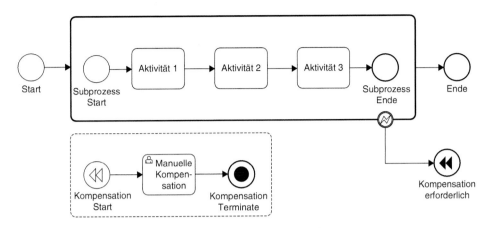

Abb. 9.4 Muster Human Compensation Handler

komplexe Behandlung der Kompensation optimal unterstützen sollte. Da manuelle Aktivitäten per Definition asynchron sind, muss deren Auswirkung auf die nichtfunktionalen Eigenschaften des Prozesses berücksichtigt werden.

Implementierung: Ein eingebetteter Subprozess, welcher in den Prozess integriert werden kann, definiert den Ausführungskontext der transaktionalen Aktivitäten. Zusätzlich wird ein Event Subprozess außerhalb des Transaktionskontexts definiert, wobei dieser durch ein *Compensation Start Event*, einen Human Task für die manuelle Kompensation sowie beispielsweise ein *Terminate End Event* implementiert werden kann. Wie bereits zuvor beschrieben kommt dem User Interface der manuellen Kompensationsaktivität besondere Bedeutung zu. Um Fehler im transaktionalen Subprozess zu behandeln, wird ein *Error Boundary Interrupting Event* hinzugefügt. Dieses Event wird im Fehlerfall zu einem *Compensation End Event* führen, welches die eigentliche Kompensationslogik im Event Subprozess aufrufen wird. Die vorgestellte Implementierung kann beliebig erweitert werden und beispielsweise nach erfolgter manueller Kompensation eine erneute Ausführung der Transaktion auslösen. Abb. 9.4 zeigt eine exemplarische BPMN-Implementierung des Musters *Human Compensation Handler*.

9.3.4 Compensation Fault Handler

Fehler bei der Ausführung einer Transaktion können durch kompensierende Aktivitäten behandelt werden. Allerdings können während dieser kompensierenden Aktionen auch wieder Fehler auftreten, die ebenfalls behandelt werden müssen. Das ist speziell für Workflows in komplexen verteilten Umgebungen mit hohen Anforderungen an Konsistenz wichtig.

Kontext: Das Muster kann für Geschäftstransaktionen angewendet werden, die aus einer oder mehreren Aktivitäten bestehen. Es soll Konsistenz über alle beteiligten Ressourcen

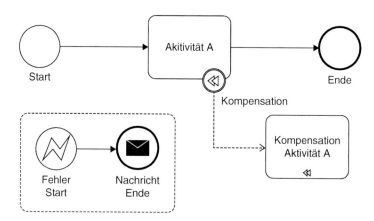

Abb. 9.5 Muster Compensation Fault Handler

sichergestellt sein, daher müssen auch Fehler behandelt werden, die bei kompensierenden Aktionen auftreten können.

Beschreibung: Gibt es zu einer Geschäftstransaktion eine kompensierende Aktivität, die über ein *Compensation Event* angestoßen wird. dann wird für die kompensierende Aktion zusätzlich ein Fehler zur Behandlung von Ausnahmen definiert, der im Transaktionskontext einen Subprozess initiieren kann. Abhängig vom aktuellen Fall kann damit eine passende Fehlerbehandlung ausgelöst werden.

Konsequenzen: Die Kombination aus Kompensation und Fehlerbehandlung sichert einen hohen Grad an Konsistenz. Allerdings vergrößert das Muster die Komplexität des Prozessmodells, das die Kommunikationsgrundlage zwischen Fachexperten und der Entwicklung darstellt. Damit die Verständlichkeit, auch für Fachexperten erhalten bleibt, kann man das Muster in einem eigenen Subprozess kapseln.

Implementierung: An die zu schützende Aktivität wird eine *Compensating Interrupting Boundary Event* angehängt. Dieses Event führt zu der dazugehörigen kompensierenden Aktivität, die z. B. durch eine Skript Task, eine User Task oder einen Subprozess realisiert sein kann. Fehler bei der Ausführung der kompensierenden Aktivität werden über einen zuvor für diese Aktivität definierten Fehlertyp erkannt und über einen *Error Event Subprocess* behandelt. Über ein im Subprozess ausgelöstes *Message Send End Event* wird ein Supervisor über den Fehler und das Ende der Prozessinstanz informiert. Abb. 9.5 illustriert die Modellierung des Musters *Compensation Fault Handler*.

9.4   Fallbeispiele

Das von uns für die Musteranwendung herangezogene Fallbeispiel beschreibt das *Self Service Onboarding* eines neuen Kunden, oder allgemein die Online-Eröffnung einer neuen Geschäftsbeziehung zwischen einem Kunden und einer Finanzinstitution. Vergleichbare Prozesse werden beispielsweise bei der Registrierung neuer Kunden auf Web-Plattformen herangezogen. Online-Registrierungen reduzieren den Kostenaufwand einer einzelnen Beziehungseröffnung und skalieren linear bei gleichbleibenden Kosten. Der wesentliche Unterschied der beiden Ausprägungen liegt dabei in den anzuwendenden regulatorischen und organisatorischen Regelwerken, denen eine Finanzinstitution Folge leisten muss. Dies führt dazu, dass die Eröffnung einer neuen Kundenbeziehung für eine Bank signifikant von einer einfachen Online-Registrierung oder einer Online-Zahlung abweicht. Die Bank muss bei der Beziehungseröffnung besondere Sorgfalt walten lassen und Sicherheit, Zuverlässigkeit, Reproduzierbarkeit sowie Konsistenz jederzeit gewährleisten, da Verstöße im Extremfall den Lizenzentzug zur Folge haben können. Aus Sicht der Informationstechnologie diktieren diese Rahmenbedingungen eine konsistente Anwendung transaktionaler Muster und führen zur Prämisse, dass Systeme sowohl robust und zuverlässig als auch kostengünstig und einfach zu implementieren sein müssen. Dieser Zielkonflikt kann unter anderem durch Musterverwendung adressiert werden.

Das *Self Service Onboarding* kann als Ablauf von 4 Phasen mit insgesamt 12 Subprozessen modelliert werden. Der Prozess beinhaltet Benutzeraktivitäten, die durch den Kunden manuell ausgeführt werden. Der Gesamtprozess kann daher als langlaufende Transaktion mit kürzeren Subtransaktionen angesehen werden. Verschiedene Muster aus der serviceorientierten Architektur können daher angewendet werden:

1) Jeder einzelne der Subprozesse kann zu Ausnahmen, Fehlern oder unvorhergesehenem Verhalten führen. Die Anwendung von *Kompensationsaktivitäten* ist daher essenziell, da nur so Kundenzufriedenheit sichergestellt und Reputationsrisiken vermieden werden können. Konkret können diese Kompensationsflows beispielsweise einen Filialbesuch des Kunden oder ein Support-Telefonat umfassen.
2) Der Persistierung der Produktauswahl und sonstiger Kundeninformationen kommt besondere Bedeutung zu. Eventuell vorhandene Zwischenzustände können in einem sogenannten *State Repository* gespeichert werden.
3) Die finalen Schritte der Kundenaktivierung umfasst keine manuellen Aktivitäten, weshalb hier auf *Atomic Transactions* zurückgegriffen werden kann. Dadurch können Kompensationsflows und Inkonsistenzen vermieden werden.

Im Folgenden werden sowohl die Phasen als auch die darin enthaltenen Subprozesse inklusive der verwendeten Muster genauer beschrieben. Abb. 9.6 illustriert den *Self Service Onboarding* Prozess mit einem hohen Abstraktionsgrad.

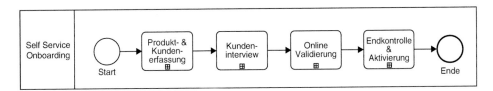

Abb. 9.6 Self Service Onboarding

9.4.1   Produkt- und Kundenerfassung

Noch vor dem Einsatz jedweder Kontrollmechanismen sollte der Kunde seine Präferenzen online erfassen. Der frühe Einsatz rigoroser Know-your-Client (KYC) Mechanismen vor der initialen Produktauswahl wird sonst möglicherweise zu einem Interessensverlust des Kunden führen und so die Eröffnung einer Geschäftsbeziehung verhindern. Der Prozess sollte daher bis zur finalen Überprüfung alle möglichen Optionen offen halten, was zu einer Erhöhung der Komplexität beitragen kann.

Der *Self Service Onboarding* Prozess (Abb. 9.7) beginnt mit der Erfassung der Produktinformationen. Der Kunde selektiert eines oder mehrere Produkte der Bank, die in der Regel in einem Paket mit verschiedenen Konten, Kreditkarten und sonstigen Produkten gebündelt sind. Über die einfache Auswahl der Pakete hat der Kunde gegebenenfalls weitere Konfigurationsmöglichkeiten wie beispielsweise monatliche Maximalausgaben. Alternativ kann der Kunde die vordefinierten Einstellungen des Standardprodukts übernehmen. Bereits ausgewählte Produkte können weiter verändert oder entfernt werden.

In Abhängigkeit der ausgewählten Produkte wird das Gesamtrisiko für die Bank bestimmt, wobei darauf basierend zusätzliche Identifikations- oder Auskunftspflichten für den Kunden abgeleitet werden können. Die erforderlichen Dokumente können beispielsweise Steuerbescheide oder Gehaltsabrechnungen umfassen. Darüber hinaus kann der Kunde zu einer Bonitätsauskunft aufgefordert werden.

Sollte der Kunde die Mindestkriterien für die selektierten Produkte nicht erfüllen, können alternative Pakete mit reduzierten Anforderungen angeboten werden. Dieser Subprozess kann daher mehrere Durchläufe und Kundeninteraktionen erfordern.

Im nächsten Schritt stellt der Kunde persönliche Informationen wie Anschrift und Kontaktinformationen zur Verfügung. Ein standardisiertes KYC-Formular sowie eine Erklärung zum automatisierten Informationsaustausch muss beantwortet werden. Sollte der Kunde einer Hochrisikogruppe zugeordnet werden, wird der automatisierte Prozess ausgesteuert und eventuelle Kompensationsaktivitäten eingeleitet.

Abschließend werden sowohl die Kundenstruktur als auch die entsprechenden Konten im Backoffice angelegt. Daraufhin werden die entsprechenden Vertragsunterlagen erstellt und die bereits vorhandenen Kundeninformationen eingefügt.

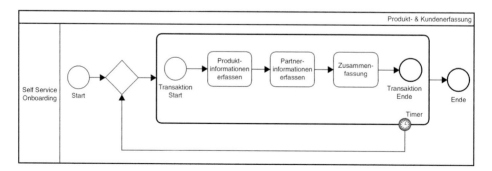

Abb. 9.7 Self Service Onboarding: Produkt- und Kundenerfassung

Die *Produkt- und Kundenerfassung* beinhaltet eine erhebliche fachliche Komplexität, die über Geschäftsregeln und Wiederholungen in den jeweiligen Subprozessen implementiert werden kann. Aus Sicht des Gesamtprozesses kommt der Behandlung von Timeouts besondere Bedeutung zu, die hier über das Muster *Transaction Duration* adressiert wird. Der Wiederholungsflow kann in diesem Zusammenhang bei Bedarf um Mechanismen zur Sitzungswiederherstellung erweitert werden. Inaktivität des Kunden oder eine Verbindungsunterbrechung führen daher zu einer Wiederholung der Sitzung.

9.4.2 Kundeninterview

Die Subprozesse 4,5 und 6 beinhalten alle ein Online-Interview mit dem Kunden. Diese Prozesse laufen in verschiedenen Umgebungen und Organisationen ab, wobei der Kunde, ein automatisiertes Callcenter und eine aus Compliance-Gründen externe Firma für die Aufzeichnung der Prozesse beteiligt sind. Die einzelnen Subprozesse werden parallel ausgeführt und müssen sowohl synchronisiert als auch korreliert werden. Zu diesem Zweck muss ein eindeutiger *Korrelationsidentifikator* zwischen den Prozessen ausgetauscht werden, um beispielsweise Zustandsmanagement zu ermöglichen. Da es sich in der Regel um asynchrone Online-Transaktionen handelt, müssen eventuell erforderliche Wiederholungen, Fehlermanagement und Kompensationsaktivitäten unterstützt werden, die sowohl auf Subprozess- als auch auf Hauptprozesslevel auftreten können. Mögliche Timeouts, beispielsweise durch Inaktivität oder Infrastrukturprobleme, müssen ebenfalls behandelt werden. Im Gegensatz zu anderen Subprozessen sind diese Subprozesse nicht bankspezifisch und können daher auch in anderen Bereichen Anwendung finden.

Nachdem der Kunde die Verzichtserklärung akzeptiert hat, kann das Online-Interview mit dem Ziel der Kundenidentifikation gestartet werden. Der Kunde muss dabei die einzelnen Schritte des Interviews befolgen und dieses am Ende per Unterschrift bestätigen.

Die externe Kundenidentifikation ist vollständig automatisiert, wobei das automatisierte Callcenter das Interview initiiert. Im Laufe des Interviews werden beispielsweise Fotos des Kunden und seiner Ausweisdokumente angefertigt, welche umgehend mit dem Kunden assoziiert werden. Zusätzlich werden die Ausweisdokumente mit den jeweiligen Behörden überprüft, was in den USA beispielsweise über die Sozialversicherungsnummer erfolgt. Die erstellten digitalen Artefakte werden elektronisch signiert und der Bank übermittelt.

Ein unabhängiger Anbieter zeichnet die Aktivitäten der beiden vorherigen Subprozesse über Audio und Video auf. Die Aufzeichnungen werden anschließend digital signiert und der Bank übermittelt. Jegliche Abweichung vom Standardablauf der Schritte 4,5 und 6 hat eine erneute Ausführung zur Folge, da nur so sichergestellt werden kann, dass die gleiche Person das Interview erbringt.

Das *Kundeninterview* (Abb. 9.8) mit den Subprozessen *Online Identifikation, Externe Kundenidentifikation* und *Prozessaufzeichnung* wird zunächst in einen Transaktionskontext eingebettet. Mehrere parallele Flows über System- und Organisationsgrenzen hinweg erfordern eine gewisse Synchronisation untereinander. Aus diesem Grund wurde das Muster

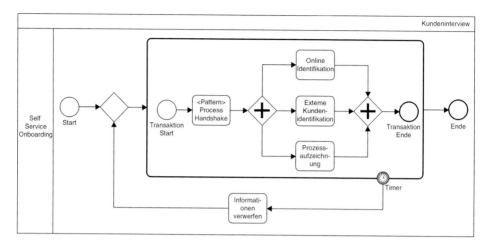

Abb. 9.8 Self Service Onboarding: Kundeninterview

Process Handshake in den Flow integriert, wobei hier im Gegensatz zum Basismuster insgesamt drei Akteure beteiligt sind. Zusätzlich kann ein eindeutiger *Korrelationsidentifikator* in das Muster integriert werden. Auf eine vollständige Modellierung des Musters Process Handshake wurde in diesem Rahmen verzichtet. Der Verbund der Subprozesse wird logisch als Transaktion behandelt und kann daher nur in seiner Vollständigkeit abgeschlossen werden.

Aus regulatorischen Gesichtspunkten muss sichergestellt werden, dass die gleiche Person während dem kompletten Interview anwesend ist. Daher führt jegliche Unterbrechung zu einem Abbruch des Interviews und erfordert einen Neustart. Dies wird über das Basis-Muster *Transaction Duration* und ein *Timer Boundary Event* des Transaktionskontexts erreicht, wobei der Wiederholungsflow gegebenenfalls um weitere Aktivitäten ergänzt werden kann.

9.4.3 Online Validierung

Im Rahmen der Online Validierung wird die digitale Unterschrift des Kunden erfasst und weitere Kundendaten validiert. Die Ausführung der beiden Subprozesse muss dabei synchronisiert werden. Dem Kunden wird anschließend der Vertrag präsentiert, den dieser elektronisch akzeptieren und signieren kann. Jeglicher Fehlerfall hat eine komplette Wiederholung der Phase zur Folge. Der signierte Vertrag kann per E-Mail versendet oder direkt heruntergeladen werden. Die in den vorherigen Subprozessen bereitgestellten Informationen werden nun von der Bank validiert. Das System versendet anschließend den nun vollständigen Vertrag an den Kunden.

Die *Online-Validierung* (Abb. 9.9) erfordert die Anwendung des Musters *Business Transaction Island*. Da aus Geschäftssicht jeder der involvierten Subprozesse als elementarer Bestandteil der Validierung angesehen wird, müssen bereits abgeschlossene Teile im Fehlerfall durch entsprechende Kompensationsaktivitäten korrigiert werden.

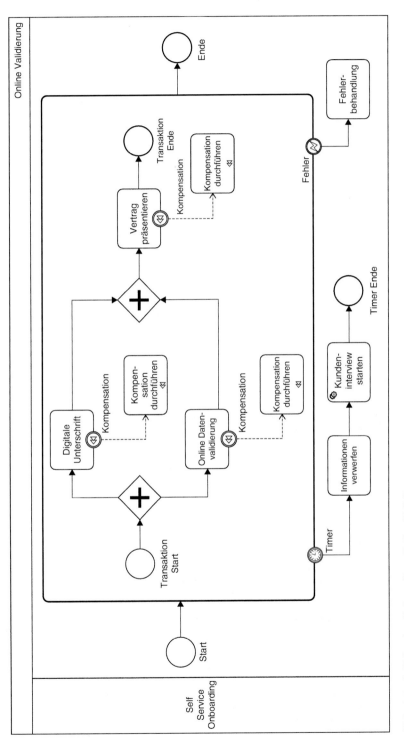

Abb. 9.9 Self Service Onboarding: Online Validierung

Wie zuvor beim Kundeninterview muss sichergestellt werden, dass die gleiche Person während dem kompletten Interview anwesend ist. Deswegen wird das Muster *Transaction Duration* über ein *Timer Boundary Event* des Transaktionskontexts integriert. Die bereits zuvor verwendete Basisvariante des Musters ist in diesem konkreten Fall um zwei Aktivitäten erweitert worden. Zunächst werden in der Aktivität *Informationen verwerfen* bereits vorhandene Artefakte wie Aufnahmen, Unterschriften und Validierungsergebnisse im Falle eines Timeouts gelöscht. Der darauffolgende Schritt *Kundeninterview starten* initiiert die vorherige Phase Kundeninterview von Beginn an erneut und beendet den aktuellen Subprozess.

9.4.4 Endkontrolle & Kundenaktivierung

Die letzten Subprozesse laufen strikt sequenziell und sind bankspezifisch. KYC-Überprüfungen im Backoffice adressieren verschiedene Compliance-Aspekte und damit verbundene Risikoabwägungen. So werden beispielsweise politisch exponierte Personen identifiziert oder mögliche Geldwäschevorwürfe analysiert. Die gewählten Produkte werden initialisiert und für die produktive Nutzung vorbereitet. Der Kunde wird über die Eröffnung der Kundenbeziehung informiert und kann die gewählten Produkte und Dienstleistungen nun nutzen.

Die *Endkontrolle und Kundenaktivierung* (Abb. 9.10) mit den Subprozessen *Know Your Client*, *Produktinitialisierung* und *Kundeninformation* beinhaltet komplexe Aktivitäten, die insbesondere im Fehlerfall menschliche Intelligenz erfordern. Aus diesem Grund werden Fehlersituationen über das Muster *Human Compensation Handler* gehandhabt und über einen *Compensation Event Subprocess* ausgesteuert, wobei letztlich ein Benutzer über die erforderlichen Kompensationsschritte sowie über eventuelle Wiederholungen entscheidet. Die manuelle Aussteuerung der Kompensationsaktivitäten in Zusammenhang mit KYC leitet sich in diesem Fall aus regulatorischen Anforderungen ab. Darüber hinaus

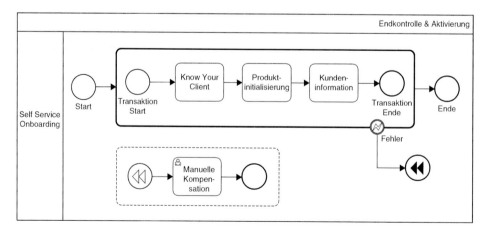

Abb. 9.10 Self Service Onboarding: Endkontrolle und Aktivierung

kann eine vollständige Automatisierung der Kompensationsschritte gegebenenfalls nur mit erheblichem Aufwand erreicht werden. Das Prozessdiagram zeigt hier eine vereinfachte Version, die bei einer tatsächlichen Implementierung weiter verfeinert werden kann.

Das Fallbeispiel zeigt die Anwendung transaktionaler Muster in einem realen Geschäftsprozess. Üblicherweise ist eine Kombination von Mustern notwendig, um den Workflow transaktionssicher zu implementieren. Einige der vorgestellten Muster können auch auf der fachlichen Ebene zum Einsatz kommen. Es ist durchaus üblich, einen fachlichen Teilprozess bei Auftreten eines Fehlers zu wiederholen (*Incremented-Retry-Loop*) oder bei Überschreiten einer Deadline (*Transaction Duration*) eine Geschäftstransaktion abzubrechen oder ebenfalls zu wiederholen. Obwohl der vorgestellte Prozess aus dem Finanzumfeld kommt, können die Schritte auch auf andere Prozesse übertragen werden.

9.5   Diskussion und Ausblick

Muster kommen bei der Implementierung von Geschäftsprozessen auf unterschiedlichen Ebenen zum Einsatz. Grundlegende Kommunikationsmuster gibt es für synchrone und asynchrone Kommunikation. Integrationsmuster werden über den Enterprise Service Bus implementiert. Auf der Serviceebene wird kontextspezifische Logik von kontextunabhängiger Logik getrennt, um Wiederverwendung zu verbessern. Rollback-Mechanismen werden für atomare, kurzlaufende Transaktionen implementiert und Kompensation kommt für länger laufende Transaktionen zum Einsatz. Workflow Patterns beschreiben grundlegende Muster, die bei der Automatisierung von Geschäftsprozessen genutzt werden [12]. Allerdings reichen diese Muster für die automatisierte Ausführung von Geschäftsprozessen mit Transaktionsanforderungen, und erfolgreiches Straight-Through Processing auch bei Auftreten von Fehlern, nicht aus.

In diesem Kapitel wurden deshalb neue Muster für transaktionssichere Workflows vorgestellt, die durch Analyse realer Geschäftsprozesse im Finanzumfeld identifiziert wurden und in einer realen BPM-Umgebung zum Einsatz kommen. Die Muster sind abstrakt beschrieben und so allgemein, dass sie für beliebige transaktionale Geschäftsprozesse genutzt werden können. Da die Muster in BPMN 2.0 beschrieben sind, können sie in unterschiedlichen BPM-Produkten bzw. mit unterschiedlichen Process Engines implementiert werden. Die Verwendung dieser Muster steigert die Entwicklungseffizienz für Geschäftsprozesse im Allgemeinen und die Umsetzung transaktionaler Eigenschaften im Speziellen.

Die vorgestellten Muster fokussieren auf Prozessorchestrierung und strukturierte Prozesse mit menschlicher Interaktion. Sie decken unterschiedlichste Fehlersituationen ab und unterstützen die asynchrone bzw. die synchrone Interaktion mit externen Services. Bei synchroner Kommunikation wiederholt man mit dem *Retry-Loop* Muster einen fehlgeschlagenen Serviceaufruf bis der Aufruf funktioniert oder eine maximale Anzahl von Wiederholungen erreicht ist. Dauert eine Transaktion zu lange, dann kann das mit Transaction Duration erkannt und behandelt werden. Mittels *Process Handshake* synchronisiert man in der Initiierungsphase einer Transaktion den Prozess und ein asynchron angesprochenes externes System.

Mit dem *Business Transaction Island* Muster realisiert man eine Geschäftstransaktion als transaktionalen Subprozess und reagiert dabei auf alle relevanten Fehlersituationen mittels Kompensation oder geeignetem Exception Handling. Falls eine automatische Kompensation nicht möglich oder nur sehr teuer umzusetzen ist, nutzt man einen *Human Compensation Handler*, um Aktivitäten eines Prozesses manuell zurückzunehmen und dadurch wieder einen konsistenten Zustand herzustellen. Fehler bei der Kompensation behandelt man mit dem *Compensation Fault Handler*.

Der existierende Musterkatalog umfasst aktuell ca. 15 Muster. Damit können schon vielfältigste Prozesse in Unternehmen unterstützt und implementiert werden. Interessant ist, dass bestimmte Muster sowohl auf Workflow- als auch auf Prozessebene auftreten, z. B. *Incremented-Retry-Loop* oder *Transaction Duration*. Der Katalog ist sicher nicht vollständig. Unternehmen agieren heute z. B. in globalen Märkten über Unternehmens-grenzen hinweg. Es ist zu erwarten, dass in diesen firmenübergreifenden Interaktionen andere Architekturoptionen und neue Muster relevant sind. Für fallbasierte Prozesse existieren erste Arbeiten zu Mustern [8]. Aber auch hier ist es sehr wahrscheinlich, dass zukünftig weitere Muster zu transaktionalen Aspekten identifiziert werden.

Existierende BPMS bieten bisher wenig Unterstützung für die Verwendung von Mustern. Teilweise können durch entsprechende Konfiguration von BPMN-Aktivitäten Mustereigenschaften realisiert werden. Zum Beispiel kann man in der Oracle-Lösung eine Retry-Loop über einem Subprozess konfigurieren. Allerdings sollten Workflow-Muster noch deutlich besser von den Werkzeugen unterstützt werden, um die Prozessmodelle möglichst einfach und verständlich zu halten.

Für die Anwendbarkeit von Mustern sind Architektureigenschaften und nicht-funktionale Aspekte ausschlaggebend. Es macht einen relevanten Unterschied, ob man kurze oder lang laufende Transaktionen oder einen Prozess mit menschlicher Interaktion implementiert und ob die Interaktion mit Systemen synchron oder asynchron, transient oder persistent abläuft. Auch zu erwartende Latenzzeiten und möglicher Durchsatz sind wichtig, wenn man z. B. eine sehr große Anzahl von Prozessinstanzen in kurzer Zeit bearbeitet. Die Auswahl geeigneter Prozessmuster sollte formalisiert und standardisiert möglich sein. Dazu ist es notwendig, obige Eigenschaften für die unterschiedlichen Muster adäquat zu beschreiben und als Teil der Musterbeschreibung zu etablieren.

Literatur

1. Ackermann L (2012) A BPM transaction pattern. http://ackermann-consulting.de/business/process/management/bpm-transaction-pattern/. Zugegriffen am 18.05.2014
2. Bhiri S, Perrin O, Godart C (2006) Extending workflow patterns with transactional dependencies to define reliable composite web services. In: AICT-ICIW '06 proceedings of the advanced international conference on telecommunications and international conference on Internet and web applications and services. IEEE Computer Society, New York, S 145–151
3. Erl T (2008) SOA design patterns. Prentice Hall, Upper Saddle River

4. Forster A, Engels G, Schattkowsky T, Straeten R (2007) Verification of business process quality constraints based on visual process constraints. In: TASE '07 proceedings of the first joint IEEE/IFIP symposium on theoretical aspects of software engineering. IEEE Computer Society, Washington, DC, S 197–208

5. Gamma E, Helm R, Johnson R, Vlissides J (1994) Design patterns: elements of reusable object-oriented software, 13. Aufl. Addison-Wesley Professional, Reading

6. Gschwind T, Koehler J, Wong J (2008) Applying patterns during business process modeling. In: Dumas M, Reichert M, Shan M (Hrsg) Business process management: 6th international conference, BPM 2008, Milan, Italy, September 2–4, 2008. Springer, Heidelberg, S 4–19

7. Haerder T, Reuter A (1983) Principles of transaction-oriented database recovery. ACM Comput Surv 15(4):287. doi:10.1145/289.291

8. Jehle M (2014) Patterns of transactional management in a BPM environment. Master's thesis, University of Applied Sciences Karlsruhe

9. OMG (2011) Business process model and notation (BPMN) 2.0. http://www.omg.org/spec/BPMN/2.0/PDF. Zugegriffen am 20.01.2014

10. Smirnov S, Weidlich M, Mendling J, Weske M (2009) Action patterns in business process models. In: Baresi L, Chi C, Suzuki J (Hrsg) Service-oriented computing: 7th international joint conference, ICSOC-ServiceWave 2009, Stockholm, Sweden, November 24–27, 2009. Proceedings. Springer, Heidelberg, S 115–129

11. Tanenbaum A, van Steen M (2007) Distributed systems – principles and paradigms, 2. Aufl. Prentice Hall, Upper Saddle River

12. van der Aalst W, ter Hofstede A, Kiepuszewski B, Barros A (2003) Workflow patterns. Distributed Parallel Databases XIV(1):5–51

Teil V

Fallstudien

Geschäftsprozesse mit BPM und ERP in der Lehre – Ein komplexes Ersatzteilbeschaffungs-Szenario von der Modellierung zur Implementierung

Jörg Courant

Zusammenfassung

Bei diesem Kapitel zum Themengebiet „Anwendungsszenarien" handelt es sich nicht um ein Forschungs- oder Praxisprojekt, sondern um ein komplexes Ersatzteilbeschaffungs-Szenario aus der Master-Lehrveranstaltung „Serviceorientierte Anwendungsintegration" des Autors. Die Grundidee der Lehrveranstaltung entspricht vollkommen dem Buchtitel „Geschäftsprozesse – von der Modellierung zur Implementierung" – mit besonderer Betonung auf „Effektive und effiziente abteilungs-, unternehmens- und anwendungsübergreifende Geschäftsprozesse durch serviceorientierte Anwendungsintegration". Ausgangspunkt ist ein Ersatzteilbeschaffungs-Szenario, das so in SAP ERP nicht abgebildet werden kann. Alternativ zum klassischen Customizing durch Parametrierung und Add-on-Programmierung soll der Prozess mit Hilfe eines BPM-Systems (zum Einsatz kommt SAP Process Orchestration) optimal umgesetzt werden. Dabei soll so viel wie möglich von der Standardsoftware genutzt werden. Dies erfolgt über Serviceaufrufe. Zusätzlich werden weitere frei verfügbare Webservices und selbst erstellte Business Rules verwendet. Die Studierenden werden mit zwei ausführlichen Fallstudien in das BPM-Tool eingeführt. Anhand von selbstständigen Erweiterungen der Fallstudien wird das Verständnis der Konzepte überprüft und in kleinen Projektaufgaben vertieft, so dass in Summe aller Projekte die Gesamtlösung entsteht. In einer Hausaufgabe reflektieren die Studierenden dann die bearbeitete Thematik. Im Folgenden wird sowohl der Prozess selbst – vom Modell zur Implementierung – als auch die Didaktik der Lehrveranstaltung beschrieben.

J. Courant (✉)
Hochschule für Technik und Wirtschaft Berlin, Berlin, Deutschland
E-Mail: joerg.courant@htw-berlin.de

© Springer Fachmedien Wiesbaden GmbH 2017
T. Barton et al. (Hrsg.), *Geschäftsprozesse*, Angewandte Wirtschaftsinformatik,
DOI 10.1007/978-3-658-17297-8_10

Schlüsselwörter
Fallstudie • Anwendungsintegration • BPM • ERP • SAP PO

10.1 Vorarbeiten und Vorprojekte

10.1.1 SAP NetWeaver Process Orchestration

Zuerst stellte sich die Frage, welches System zum Einsatz kommen soll, da das in vorangegangenen Semestern eingesetzte SAP Netweaver Process Integration (PI) mit seinem EAI-Konzept den Integrationsgedanken zwar sehr gut unterstützt, dem übergeordneten BPM-Gedanken aber kaum entspricht. Deshalb wurden in einigen studentischen Projekten andere BPM-Suiten getestet.

Die Wahl fiel letztlich auf SAP NetWeaver Process Orchestration (PO), das eine Reihe von historisch gewachsenen SAP-Produkten zu einer vollständigen BPM-Suite verbindet. SAP Business Process Management (BPM) bietet nun die Möglichkeit, sowohl benutzer- als auch systemzentrierte Prozesse durchgängig mit BPMN zu modellieren, zu implementieren, auszuführen und zu überwachen. SAP Process Integration (PI) bringt mit der Adapter Engine Extended (AEX) einen Enterprise Service Bus (ESB) zur Integration von SAP- und Nicht-SAP-Systemen ein. Und mit SAP Business Rules Management (BRM) können den Prozessen von Fachexperten ohne Implementierung Geschäftsregeln hinzugefügt und zur Laufzeit angepasst werden.

Camunda fand keine Berücksichtigung, weil für die Implementierung der Service-Tasks zu viel Programmieraufwand erforderlich ist. Gleiches gilt für ProcessMaker und AxonIvy, wo es z.B. nicht gelang, ein Nachrichten-empfangendes Zwischenereignis zu implementieren. Mit Bonita ist es keinem Team gelungen, einen Service-Task über einen der zahlreichen Konnektoren zu implementieren. Signavio Workflow kam zu spät und hat auch noch zu wenig Adapter. Webservices lassen sich nur per JavaScript aufrufen. Ansonsten ist nur eine Dateiablage möglich. Für Bizagi waren nach mehreren Jahren des freien Zugangs plötzlich Lizenzen für die Engine erforderlich. Und Inubit, das mit SAP PO vergleichbar ist, ist mit dem Aufkauf durch Bosch im Prinzip nicht mehr verfügbar. Ein auf persönlichen Kontakten beruhender Zugang und Service schien für die Gewährleistung einer kontinuierlichen Lehrveranstaltung nicht sicher genug.

10.1.2 Fallstudie

Die Lehrveranstaltung basiert auf zwei allgemein verfügbaren Fallstudien. Die eine entstammt dem Buch „Business Process Management mit SAP NetWeaver BPM" von Heilig und Möller [1] (im Folgenden nur als BPM-Buch bezeichnet) und die andere einem von SAP entwickelten[1] und vom UCC Magdeburg bereitgestellten Workshop zur SAP Process

---

[1] Der Workshop wurde von Volker Stiehl bei SAP entwickelt und von André Siegling beim UCC Magdeburg gemeinsam mit einigen Hochschulen für die Lehre angepasst und getestet.

Orchestration (im Folgenden nur als Workshop bezeichnet). Beide sind sehr umfangreich und überdecken sich teilweise, so dass anfangs die Frage stand, welche von beiden man verwenden sollte, oder ob vielleicht doch ein eigenes Tutorial notwendig ist. So verwendet die Fallstudie des BPM-Buchs ein ansatzweise realistisches Ersatzteilbeschaffungs-Szenario, während im Workshop nur ein anonymer Bestellgenehmigungsprozess Pate steht. Im Rahmen einer Projektlehrveranstaltung wurden deshalb beide Fallstudien detailliert auf ihre Eignung zur Einführung in SAP NetWeaver Process Orchestration analysiert, wobei die Kriterien:

- Sinnhafte Erklärung der Arbeitsschritte,
- Kontextbezug von verwendeten Funktionen,
- Autodidaktik und
- Umfang und Detaillierungsgrad der Funktionsbeschreibung

bewertet wurden. Eine sinnhafte Erklärung beschreibt, wofür welcher Arbeitsschritt des Tutorials notwendig ist und zeigt auf, welche Auswirkungen durchzuführende Schritte im späteren Verlauf des Tutorials haben, so dass der Bearbeiter ständig weiß, wofür der aktuelle Arbeitsschritt gebraucht wird. Idealerweise wird ausgehend von den betriebswirtschaftlichen Anforderungen deren sinnvolle technische Umsetzung verständlich aufgezeigt. Die in den Aufgaben verwendeten Funktionen sollen betriebswirtschaftlich sinnvoll sein und zum Kontext der Fallstudie passen. JavaBeans mit hart codierten Prüfungen von Zeichenketten zur Simulation einer Geschäftslogik greifen da zu kurz. Die Aneignung der behandelten Inhalte soll im Selbststudium möglich sein. Dazu gehört auch, dass nötige Arbeitsschritte bei ihrer ersten Erwähnung ausführlich behandelt werden und bei erneuter Umsetzung bereits erläuterter Arbeitsschritte nur noch auf vorhergehende Kapitel referenziert wird. So kann der Lernende zunächst versuchen, bereits behandelte Arbeitsschritte abzurufen, hat durch genaue Verweise aber auch schnell die Möglichkeit, an den relevanten Stellen nachzuschlagen. SAP-Produkte haben in der Regel einen sehr großen Funktionsumfang, für dessen Verwendung viel Know-how notwendig ist. Dieses soll im notwendigen Umfang durch das Tutorial vermittelt werden.

Wie aus Tab. 10.1 ersichtlich, erfüllt das Buch die Anforderungen besser. Allein kann es jedoch nicht alle Bereiche von SAP NetWeaver PO abdecken, da es nur auf den BPM-Teil fokussiert, während der Workshop auch den PI-Teil betrachtet. Schließlich konnte die Frage dahingehend positiv beantwortet werden, dass sich beide Fallstudien sinnvoll ergänzen könnten, wenn man die Redundanzen beseitigt und beide auch technisch miteinander verbindet. Dies gelingt, indem der Workshop-Prozess als Unterprozess vom Buch-Prozess aufgerufen wird. Damit stehen zwei aufeinander aufbauende Fallstudien zur Verfügung, die eine selbstständig Einarbeitung in SAP NetWeaver Process Orchestration ermöglichen. Im betriebswirtschaftlichen Kontext sind beide Tutorials im Blick auf die den Prozessen zugrunde liegende Geschäftslogik ausbaufähig, was viel Raum für selbstständige Erweiterungen lässt. Dass der Workshop nur in Englisch verfügbar ist, wurde von den Studierenden überhaupt nicht thematisiert, so dass eine Übersetzung nie zur Diskussion stand.

Tab. 10.1 Eignung der Fallstudien

	Buch	Workshop
Sinnhafte Erklärung	ja	nein (nur Klick-Anleitung)
Kontextbezug	nein (nur Dummy-JavaBeans)	nein (Bestellung landet als XML-Datei im Dateisystem des ESB)
Autodidaktik	ja	nein (viel Redundanz)
Umfang und Detaillierungsgrad	BPM (fast komplett)	BPM und PI (aber ohne Monitoring)

10.1.3 Infrastruktur

Stellte sich noch die Frage, welche Infrastruktur genutzt werden soll. Infrage kamen:

- die Installation eines von SAP bereitgestellten Trials durch jeden Studenten auf dem eigenen Rechner,
- die Installation des Trials auf einem Server der Hochschule,
- die Installation des Trials in der Cloud oder
- die Nutzung des Angebots des UCC Magdeburg.

Die Installation durch die Studierenden kam nicht in Frage, da in vorangegangenen Tests viel Zeit für die Installation benötigt wurde und einige Teilnehmer die Installation überhaupt nicht erfolgreich abschließen konnten. Die Installation in der Hochschule war wegen fehlender Ressourcen auch nicht möglich. Und eine Testinstallation in der Cloud (AWS) war in den Kosten leider nicht so günstig, wie man erwarten durfte. Da die Studierenden über das ganze Semester auch unabhängig von den Übungszeiten an dem System arbeiten sollten, waren kostengünstige Szenarien nicht nutzbar oder nicht administrierbar. So kam die Nachricht vom UCC Magdeburg über die Verfügbarkeit von SAP PO gerade zur rechten Zeit. Gemeinsam mit anderen Hochschulen wurde das System getestet und für den Lehrbetrieb freigegeben. Im Nachgang hat sich diese Entscheidung hinsichtlich Stabilität und Performance als vollkommen richtig erwiesen.

10.2 Anwendungsszenario

Der Beispielprozess im verwendeten BPM-Buch bildet eine Abwicklung von Ersatzteilaufträgen ab, die eine Servicefirma von ihren Kunden bekommt. Diese Servicefirma kann das Unternehmen sein, das die Maschine, zu der das betreffende Ersatzteil gehört, hergestellt hat, eine von diesem Unternehmen beauftragte Servicefirma oder ein auf standardisierte

Ersatzteile spezialisierter Händler. In jedem Fall handelt es sich aber um eine stabile Kundenbeziehung. Und egal, ob die Ersatzteile aufgrund akuter Störungen oder einer geplanten Maschinenwartung, bei der weitere Schäden oder vorzeitiger Verschleiß aufgedeckt wurden, angefordert werden, muss das Ersatzteil in sehr kurzer Zeit verfügbar sein. Dies führt auch in der Servicefirma zu einem hohen zeitlichen Druck, so dass es zweckmäßig und lohnend erscheint, diesen komplexen und kollaborativen Prozess, in den die Kunden ebenso wie diverse unternehmensinterne Abteilungen und externe Lieferanten zeitnah eingebunden sein müssen, über ein BPM-System sicherzustellen.

Der Prozess (siehe Abb. 10.1) beginnt mit dem Eingang der Bestellung des Kunden über einen entsprechenden Serviceaufruf, durch den die Artikelnummer, die angeforderte Menge und die Kundendaten an den Prozess übergeben werden. Im ersten Schritt wird geprüft, ob das Ersatzteil im Lager der Servicefirma verfügbar ist. Wenn das der Fall ist, wird sofort der Versandprozess eingeleitet. Ist es nicht vorhanden, weil der frei verfügbare Lagerbestand nicht ausreicht oder es gar kein Lagermaterial ist, versucht der Einkauf, das Ersatzteil beim Hersteller oder einem Händler zu beschaffen (siehe Abb. 10.2). Dazu findet über einen Serviceaufruf eine Verfügbarkeitsprüfung beim Händler statt. Ist das Ersatzteil lieferbar, ergänzt der Einkauf ein mit Artikelnummer, Preis pro Stück und Lieferzeit vorausgefülltes Bestellformular um die Bestellmenge. Hierbei wird angenommen, dass der Einkäufer das Ersatzteil vielleicht in den Bestand der Servicefirma aufnehmen bzw. diesen erhöhen möchte. Bevor dann die Bestellung beim Händler erfolgt, muss diese abhängig vom Bestellwert evtl. erst noch genehmigt werden. Ist das Ersatzteil vom Händler nur mit einer Verzögerung lieferbar, wird dies über eine Eskalationsmeldung sofort an den Vertriebsprozess zurückgemeldet, so dass der Kunde entsprechend informiert werden kann. Ist der Artikel nicht lieferbar, wird auch dies über eine Fehlermeldung an den Vertriebsprozess zurückgemeldet und dieser abgebrochen. Der Versandprozess wird nur angedeutet. Um das Potenzial des Business Rules Managements zu demonstrieren, wird das Auslieferungslager regelbasiert in Abhängigkeit von der ersten Ziffer der Postleitzahl der Kundenadresse ermittelt. In der Auftragsabrechnung wird nur die Ablage der Prozessdaten simuliert.

10.2.1 Umsetzung mit SAP ERP

Um besser zu verstehen, worin der Wert eines BPM-Systems besteht, zeigt Abb. 10.3 die Umsetzung des oben beschriebenen Szenarios in SAP ERP. Und obwohl SAP die wahrscheinlich am besten integrierte betriebliche Anwendung ist, werden bei der Abbildung dieses Prozesses einige Schwachstellen offensichtlich, die vor allem in der fehlenden Kommunikation zwischen Vertriebs- und Einkaufsabwicklung begründet sind. Hier nützt die im Allgemeinen an SAP bewunderte Integration von Logistik, Buchhaltung und Controlling nicht viel (vgl. [2]). Im typischen SAP-Szenario liegt zwischen Vertrieb und Einkauf entweder die Produktionsplanung, die Wartungsplanung oder das Projektmanagement, von denen die notwendigen Bestellanforderungen erzeugt werden.

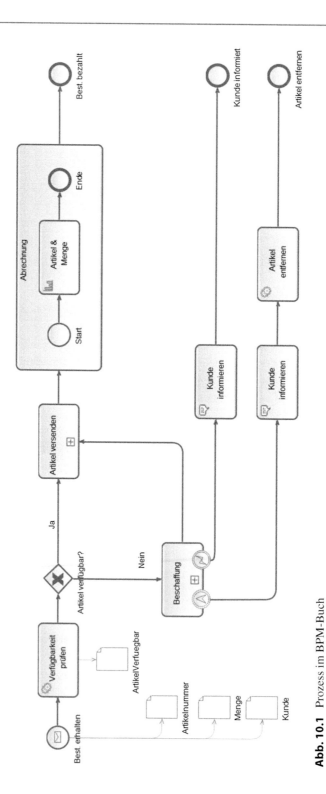

Abb. 10.1 Prozess im BPM-Buch

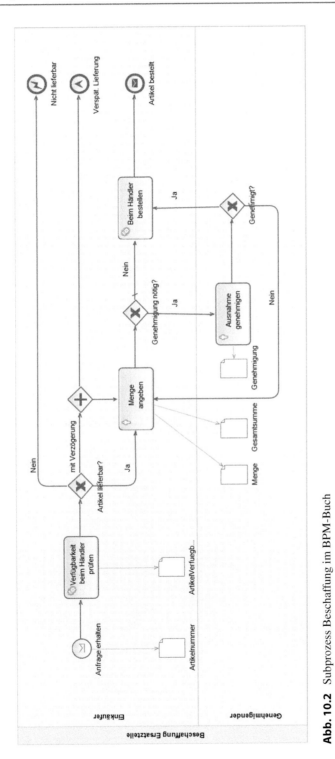

Abb. 10.2 Subprozess Beschaffung im BPM-Buch

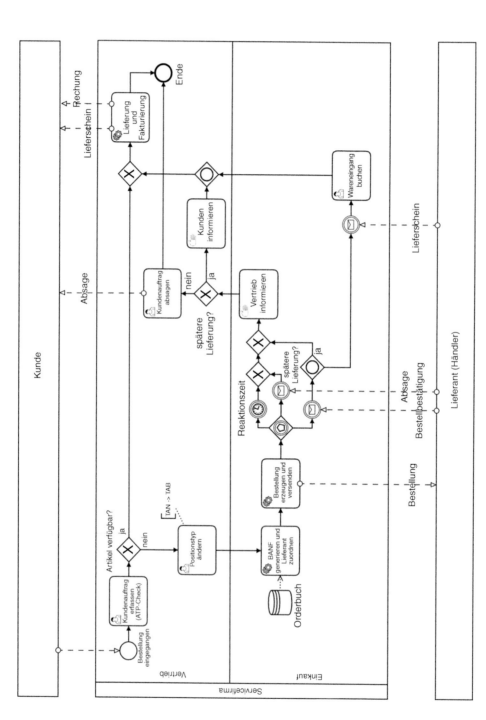

Abb. 10.3 Umsetzung mit SAP ERP

Soll, wie in diesem auf Schnelligkeit angewiesenen Szenario, im Fall der Nichtverfügbarkeit eines Ersatzteils sofort durch den Vertriebsmitarbeiter eine Bestellanforderung aus dem Kundenauftrag heraus erstellt werden, ist das zwar durch die Änderung des Positionstyps möglich, aber der ganze Prozess ist wenig effizient. Auffällig sind die vielen manuellen Aktivitäten. Neben der Kundenauftragserfassung, der Auswertung der Verfügbarkeitsprüfung und der Änderung des Positionstyps sind auch die Aktivitäten zur Kommunikation zwischen Einkauf und Vertrieb und Vertrieb und Kunden nicht systemseitig unterstützt, und auch eine eventuelle Absage des Kundenauftrags müsste manuell erfolgen. Dies ist aber erst nach manueller Löschung der Bestellung möglich. Ein weiterer Schwachpunkt ist die asynchrone Kommunikation zwischen Einkauf und Lieferant, die, abhängig von der Reaktionszeit, zu unnötigen Absagen von Kundenaufträgen führen kann. Und sollten zur Einhaltung von Mindest- oder optimalen Bestellmengen Bestellbündelungen notwendig sein, so ließen sich auch diese nur manuell überwachen, was zu einer weiteren Verzögerung führen würde.

10.2.2 Umsetzung mit BPM

Die Umsetzung des oben beschriebenen Ersatzteilbeschaffungs-Szenarios mit einem BPM-System, wie sie im BPM-Buch beschrieben ist, beseitigt all diese Schwächen, denn der Prozess:

- ist schnell und
- überwiegend automatisch,
- kann durch weitere Services z. B. zur Abfrage von Wetterdaten und
- Verwendung von Business Rules z. B. zur Ermittlung von Mindest- oder optimalen Bestellmengen abhängig vom Liefertermin erweitert werden,
- gestattet durch User Tasks, z. B. für Genehmigungen abhängig von der Bestellmenge und dem Bestellwert, menschliche Interventionen bei minimalem Aufwand,
- ermöglicht eine adäquate Kommunikation mit allen Prozessbeteiligten per XML oder Mail und
- gewährleistet die Synchronisation aller Teilprozesse.

Aber der Preis dafür ist hoch, denn hierfür müssen alle im betriebswirtschaftlichen Kontext wichtigen Funktionen nachprogrammiert werden. Die mit dem Buch zur Verfügung gestellten JavaBeans zur Verfügbarkeitsprüfung im Lager und beim Händler und zur Ermittlung des Auslieferungslagers sind nur Dummies zur Simulation einer Geschäftslogik, deren Komplexität man nicht unterschätzen sollte. Nicht immer ist die Abbildung mit Business Rules hier sinnvoll. Und mit der Ablage einer Bestellung als XML-Datei im Filesystem, wie sie im Workshop gezeigt wird, ist der Prozess eben noch nicht zu Ende. Hier setzt das Konzept der Lehrveranstaltung an.

10.3   Konzept der Lehrveranstaltung

10.3.1 Geschäftsprozesstypen

Geschäftsprozesse haben unterschiedliche Eigenschaften. Relevant für die Beurteilung der Eignung eines Anwendungssystems zu deren Unterstützung sind vor allem:

- der Strukturierungsgrad,
- die Wissensintensität,
- die Datenintensität,
- der Automatisierungsgrad,
- die Integrationsintensität und
- die Durchführungshäufigkeit

des Prozesses.

Der Strukturierungsgrad eines Prozesses gibt an, inwiefern der Prozessablauf im Voraus bekannt ist. Die Wissensintensität gibt Auskunft über den Anwendertyp des Prozesses. Bei einer hohen Wissensintensität sind hohes Fachwissen und umfassende praktische Erfahrung eines sogenannten Wissensarbeiters notwendig. Die Datenintensität gibt die Wichtigkeit der Verarbeitung von strukturierten Daten an. Bei Prozessen mit hoher Datenintensität ist es wichtig, dass alle Daten jederzeit zur Verfügung stehen. Der Automatisierungsgrad gibt an, wie hoch der menschliche Einfluss im Prozess ist. Je höher die Integrationsintensität ist, umso komplexere (Backend-) Integrationen existieren im Prozess. Die Durchführungshäufigkeit beziehungsweise Wiederholungsfrequenz zeigt auf, wie häufig Prozessinstanzen in einem gewissen Zeitraum ausgeführt werden (vgl. [3, 4, 5, 6]).

Abb. 10.4 zeigt die Einsatzbereiche von ERP- und BPM-Systemen. ERP-Systeme haben als klassische Datenbankanwendungen ihre Stärken in der Datenintegration und sind damit vor allem für daten- und integrationsintensive Prozesse geeignet, also Administrations- und Dispositionsprozesse, für die ERP-Systeme ursprünglich entwickelt wurden. Das verlangte einen hohen Strukturierungsgrad u. a. in Form von Standardisierung, der zu Lasten der Flexibilität ging. Routineprozesse mit hoher Durchführungshäufigkeit sind in ERP-Systemen in der Regel sehr gut unterstützt. Aber nur, wenn sie innerhalb des Systems und einer Abteilung ablaufen. Schon bei einem Bearbeiter-Wechsel kommt es zu Synchronisationsproblemen. Das Grundprinzip ist nämlich die Holschuld. Hier setzen die BPM-Systeme an. Durch Auswertung von Ereignissen sind sie in der Lage, automatisch den nächsten Schritt auszuwählen, einem zuständigen und auch geeigneten Bearbeiter vorzulegen oder auch gleich selbstständig auszuführen. Verbindet man nun beide Konzepte, können nahezu alle Prozesstypen effektiv und effizient unterstützt werden. Nur bei sehr wissensintensiven Prozessen mit ansonsten geringeren Anforderungen an Strukturierung, Daten, Automatisierung und Integration sind vor allem aufgrund der geringen Wiederholfrequenz leichtgewichtige adaptive BPM-Systeme oder eCollaboration-Anwendungen (noch) überlegen.

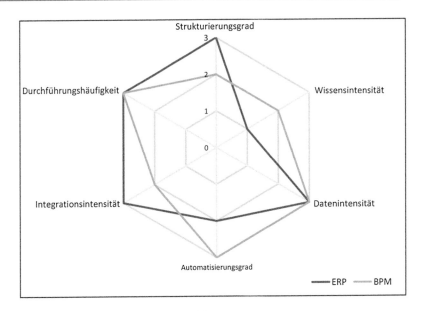

Abb. 10.4 Einsatzbereiche von ERP und BPM

10.3.2 Umsetzung mit BPM und ERP

Abb. 10.5 zeigt die Umsetzung des Ersatzteilbeschaffungs-Szenarios mit SAP Netweaver Process Orchestration und SAP ERP. Der Prozess stimmt im Wesentlichen mit der aus dem Buch und dem Workshop kombinierten Fallstudie überein. Änderungen und Erweiterungen betreffen aber vor allem die Implementierung der Service Tasks. Hier werden jetzt Webservices in den ERP-Systemen und im Web aufgerufen, und über den RFC-Adapter der PI werden sowohl die Bestellung als auch die Lieferung im ERP-System angelegt, wo sie mit dessen bewährten Funktionen wie Rechnungsprüfung, Fakturierung und Zahlung weiterverarbeitet werden können. Außerdem wurden einige logische Fehler korrigiert. So wartet der Prozess jetzt auf das elektronisch versendete Lieferavis des Lieferanten, und die manuelle Eingabe der Bestellmenge wird durch eine Business Rule ersetzt (siehe Abb. 10.6). Des Weiteren wird die Meldung an den Kunden hinsichtlich des Liefertermins wetterabhängig angepasst.

10.3.3 Didaktik

Das Konzept der Lehrveranstaltung besteht darin, in Übungen, Seminaren und Projekten spezielle Themen der serviceorientierten Anwendungsintegration zu bearbeiten und in einer Hausarbeit wissenschaftlich aufzubereiten, wozu auch die Ergebnisse der anderen Projektgruppen genutzt werden sollen.

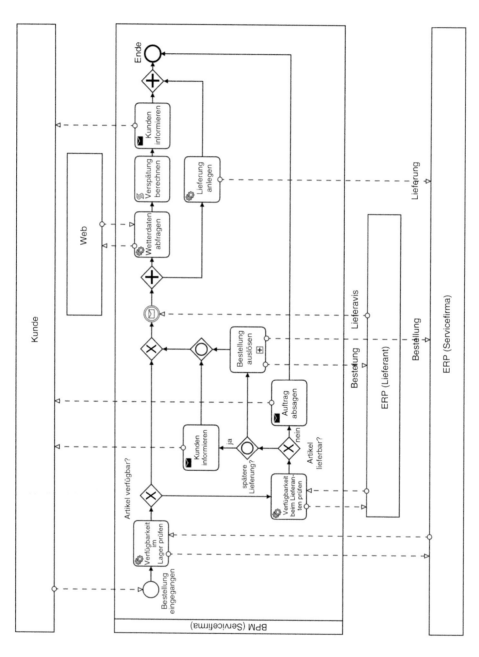

Abb. 10.5 Umsetzung mit SAP PO und SAP ERP

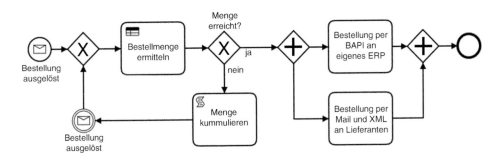

Abb. 10.6 Subprozess Bestellung

Integrationsplattform ist SAP Netweaver – speziell SAP Process Orchestration (SAP PO). Mit SAP PO bietet sich die Chance, anwendungsorientierte und methodisch-technologische Themen integriert zu lehren. SAP PO ist ein Musterbeispiel dafür, dass an der Nahtstelle von Anwendung und Technik Kompetenzen auf beiden Gebieten zusammenkommen müssen – Prozessmodellierung und ERP auf der einen Seite und HTTP, FTP, SOAP, HTML, XML, WSDL sowie Java auf der anderen. SAP PO ist damit geradezu für die Ausbildung von Wirtschaftsinformatikern prädestiniert. Das ist aber gar nicht so leicht umzusetzen. Die SAP-Dokumentation, die SAP-Schulungen und auch die UCC-Fallstudie erklären eher das „Wie" und weniger das „Warum". Grundidee ist es deshalb, anhand eines realistischen Szenarios die wichtigsten Konzepte zu vermitteln und deren Einsatzbereiche zu diskutieren. Das didaktische Konzept beinhaltet dem Masterstudium adäquate Lehrmethoden. Die Studierenden sollen selbst „entdecken" und dadurch „verstehen". Der Dozent ist nur noch Coach.

10.4   Ablauf der Lehrveranstaltung

Zu Beginn der Lehrveranstaltung wird das Szenario vorgestellt. Dann wird zuerst die Abwicklung in SAP ERP am System gezeigt. Hierbei empfiehlt es sich, dies gemeinsam zu machen, da für einen fairen Vergleich schon einiges an Know-how und Vorbereitung erforderlich ist. Ebenfalls seminaristisch kann die Modellierung des Prozesses erfolgen, wobei auch gleich das Thema BPMN wiederholt wird. Falls es Studierende geben sollte, die damit noch nicht vertraut sind, können sich diese mit dem BPMN-Buch selbstständig einarbeiten. Anhand des Modells lassen sich dann die Schwachstellen analysieren.

10.4.1 Fallstudien

Für die Umsetzung mit dem BPMN-System wird dann das BPMN-Buch verwendet, das Schritt für Schritt sowohl die Methoden der Implementierung als auch die Funktionalitäten des Tools beschreibt.

Die in dem BPM-Buch detailliert beschriebene Fallstudie kann aber nur in einer eigenen Netweaver-Instanz durchgeführt werden. Alle Beschreibungen sind darauf ausgerichtet, dass es nur einen Nutzer gibt, der auf ein lokal installiertes System zugreift. Das würde bedeuten, dass jeder Studierende entweder eine eigene Installation auf seinem Rechner durchführen müsste, was erstens Zeit kostet und nicht unproblematisch ist sowie zweitens einen sehr leistungsfähigen Rechner voraussetzt, oder dass für jeden Studierenden eine eigene Instanz bei einem Cloud-Anbieter (aktuell AWS von Amazon) eingerichtet wird, was zwar weniger Zeit kostet, aber dafür Geld und für einen ganzen Kurs selbst bei sparsamster Nutzung der Cloud-Dienste letztlich zu teuer ist.

In einer eigens erstellten Anleitung[2] werden die wenigen Voraussetzungen und Abweichungen beschrieben, um die Fallstudie auch in einer gemeinsamen genutzten Instanz des UCC Magdeburg durchzuführen. Dort sind tabellarisch mit Angabe der Seitenzahl die zu beachtenden Abweichungen beschrieben. Überwiegend sind es Angaben zum Namespace und den Instanzen. Außerdem ist angegeben, welche Kapitel übersprungen werden können. Diese Tabelle soll ausgedruckt, in Streifen geschnitten und diese an den entsprechenden Seiten in das Buch eingelegt werden.

Nachdem die Fallstudie von den Studierenden durchgearbeitet wurde, wofür sie 10 bis 20 Stunden benötigen, haben alle einen lauffähigen Prozess modelliert und implementiert. Bevor nun die zweite Fallstudie – der Workshop – durchgearbeitet wird, empfiehlt es sich, ein weiteres Seminar zum Thema XML und WSDL einzuschieben, da im Workshop Service-Interfaces aufbauend auf Daten- und Nachrichtentypen erstellt werden, ohne den Hintergrund zu erläutern (siehe Kritik oben). Nach Durcharbeiten der Workshop-Übungen, wofür sie ebenfalls ca. 10 Stunden benötigen, kennen die Studierenden auch die PI, also die ESB-Funktionalitäten von SAP PO, und können die Bestellung als XML-Datei per E-Mail an den Lieferanten versenden. Außerdem können sie dann mit Listen umgehen. Ergänzend sollte der Dozent an dieser Stelle aber noch auf die Fähigkeiten des ESB zur asynchronen Massenverarbeitung von Nachrichten und die weiteren Adapter hinweisen, die leider nicht im Workshop thematisiert werden.

10.4.2 Erweiterungen und Projekte

Nach der Bearbeitung der Fallstudien sollen die Studierenden das dort erworbene Wissen anwenden. Zwei kleinere Aufgaben werden dabei erst einmal von allen Studierenden gelöst.

Die erste ist eine Korrektur. Bei genauer Analyse des Prozessmodells und der JavaBeans aus dem BPM-Buch fällt auf, dass mit den so programmierten Dummy-Beans niemals der Pfad erreicht wird, in dem eine E-Mail an den Kunden versendet wird. Die entsprechenden Beans sollen deshalb so angepasst werden, dass Produkte, deren Produktnummer mit „na" (not available) beginnt, dem Kunden als nicht im Lager verfügbar zurückgemeldet werden, und für Produkte, deren Produktnummer mit „la" (late arrival) beginnt, dem Kunden eine

---

[2] Sämtliche Dokumente stehen auf der Website des Autors zum Download zur Verfügung.

verspätete Lieferzeit angezeigt wird. Das ist dann zwar immer noch ein Dummy, aber die Studierenden haben die Anwendungslogik und die Auswirkung der möglichen Ergebnisse auf den Prozessablauf noch einmal durchdacht und verstehen diesen spätestens jetzt.

Das BPM-Buch verwendet mehrere einfache EJBs, um die Services zu simulieren. Einer davon soll in der zweiten Aufgabe durch einen realen Service ersetzt werden, so dass die Verfügbarkeitsprüfung im SAP ERP ausgeführt wird – dort, wo die Bestandsführung der Servicefirma auch stattfindet. Dafür steht ein Webservice zur Verfügung, der vorher vom Dozenten auf Basis des Funktionsbausteins BAPI_MATERIAL_AVAILABILITY im Backend-System generiert und mit dem SOAMANAGER konfiguriert und in die Services Registry publiziert werden muss. Die Studierenden können die WSDL aus der Services Registry importieren und brauchen dann nur noch in dem Task das Interface zu tauschen und im Input die notwendigen Elemente zu „mappen". Hierbei benötigen die Studierenden eine Hilfestellung, da es immer wieder kleinere Abweichungen zwischen den dokumentierten Pflichtelementen eines BAPIs und den daraus generierten Webservices gibt, die dann leicht zum Show-Stopper werden können. Auch für das Output-Mapping sind Hinweise auf die unterschiedlichen Datentypen angebracht, die ein Casting erfordern.

Die weiteren Ergänzungen werden von je einem Team von 2 bis 3 Studierenden als Projekt bearbeitet, deren Ergebnisse dann dem ganzen Kurs präsentiert und für Folgeprojekte auch dokumentiert werden. Dabei standen folgende Aufgaben zur Auswahl:

- In der Aktivität „Versand starten" können im Web verfügbare Services zur Ermittlung der Entfernung verwendet werden, um die Versanddauer zu berechnen, oder ein Wetter-Service, um eine eventuelle wetterbedingte Verspätung anzukündigen. Weitere Services gibt es für die Prüfung der Adresse oder die Ermittlung der Versandkosten.
- In der Aktivität „Beim Händler bestellen" soll mit dem BAPI_PO_CREATE im SAP ERP eine Bestellung angelegt werden. Dazu werden ein Integration Flow in der PI und der RFC-Adapter benötigt. Hier bietet es sich an, das Interface bereits in das Enterprise Service Repository zu importieren. Weiterhin brauchen die Studierenden noch die Kommunikationsparameter zum ERP-System und ein paar Hinweise zum Mapping.
- Analog soll mit dem BAPI_OUTB_DELIVERY_CREATENOREF eine Lieferung im SAP ERP angelegt werden. Auch hier sind einige Hinweise, z. B. zum Mapping des Datums für Materialbereitstellung, Lieferung und Warenausgang, die in einer Liste mit Angabe des Datumstyps erwartet werden, notwendig.
- Das Szenario enthält einen logischen Fehler – der Versand erfolgt sofort nach Bestellung beim Lieferanten. Hier muss aber eigentlich die Lieferung vom Lieferanten abgewartet werden. Deshalb wird im Prozess ein passendes Zwischenereignis eingefügt. Bei der Erstellung des Service-Interfaces, des Event Triggers und der Korrelation können sich die Studierenden an der BPM-Fallstudie orientieren. Sie benötigen aber einen Hinweis, dass vorher aus der Service-Interface-Definition die OUTPUT-Elemente in der Source manuell gelöscht werden müssen. Dafür müssen die Artikelnummer und die Menge als Elemente aufgenommen werden. Die Benachrichtigung über den Wareneingang kann dann mit dem WSNavigator oder einem anderen Webservice-Client wie soapUI gesendet werden.

- Das im Workshop modellierte Warten auf weitere Nachrichten ist betriebswirtschaftlich nicht besonders sinnvoll. Typischer wäre das Warten auf das Erreichen einer Mindest- oder optimalen Bestellmenge abhängig von der Dringlichkeit des Bedarfs. Deshalb soll die Bestellung abhängig vom Element „Comment" im Auftrag erfolgen. Bei „sofort" ist die Bestellmenge gleich der Menge in der Bestellung des Kunden. Bei „heute" wird auf das Erreichen der Mindestbestellmenge gewartet. Und bei „sonst" auf die optimale Bestellmenge, wobei die Mindest- und optimale Bestellmenge produktabhängig sind. Es wird also solange auf weitere Aufträge zur selben Artikelnummer gewartet, bis die per Entscheidungstabelle ermittelte Bestellmenge erreicht ist. Hat einer der nachfolgenden Aufträge eine höhere Dringlichkeit, wird über die Entscheidungstabelle die Bestellmenge angepasst (siehe Abb. 10.7).
- Die Frage der Bestellmenge wird nach der oben beschriebenen Änderung anders geklärt. Anstelle der Eingabe der Menge in der ersten Benutzer-Aktivität soll deshalb die Bestellung zur Genehmigung vorgelegt werden, wenn der Deckungsbeitrag unter einem vorzugebenden Wert von z. B. 5 Prozent liegt. Dazu kann die JavaBean „HaendlerService" verwendet werden, indem zusätzlich auch ein fiktiver Verkaufspreis übergeben wird. In einer Mapping-Aktivität kann dann der Deckungsbeitrag berechnet werden, der nach Auswertung in einem zusätzlichen Gateway eine neue Benutzer-Aktivität zur Genehmigung auslöst.

Für die Studierenden ist es immer wieder überraschend, wie wenig frei verfügbare Webservices es gibt. Durch die SAP-seitige Einschränkung auf SOAP sind es dann noch weniger. Studierende mit guten Java-Kenntnissen können aber in einer Java-Bean auch leicht RESTful Webservices wie die Google-API zur Entfernungs- oder diverse APIs zur Preisermittlung einbinden. Die meisten Webservices stecken aber in den betrieblichen Anwendungen selbst. Ein SAP ERP stellt über 100 Services zur Verfügung, die nur noch konfiguriert werden müssen. Nimmt man die remotefähigen Funktionsbausteine dazu, aus denen Webservices generiert oder die über den RFC-Adapter der PI aufgerufen werden können, sind die Möglichkeiten fast endlos.

10.4.3 Hausaufgabe

Zum Abschluss der Lehrveranstaltung sollen die Studierenden die bearbeitete Thematik noch einmal in einer Hausaufgabe zum Thema:
Effektive und effiziente abteilungs-, unternehmens- und systemübergreifende Geschäftsprozesse durch serviceorientierte Anwendungsintegration
reflektieren. Dazu bekommen sie folgende Hinweise:

- Klären Sie die Begriffe.
- Legen Sie den Schwerpunkt auf abteilungs-, unternehmens- und systemübergreifende Geschäftsprozesse.

- Arbeiten Sie die Gemeinsamkeiten und Unterschiede mit den Konzepten von SOA, EAI und BPM heraus, indem Sie die Historie, die Ziele, die verwendeten Technologien und bekannte Produkte vergleichen.
- Arbeiten Sie den Unterschied von Service im Sinne von Komponente und im Sinne von Dienstleistung heraus.
- Stellen Sie Anspruch und Wirklichkeit gegenüber.
- Reflektieren Sie die eigenen Erfahrungen aus den Übungen und Projekten.
- Verwenden Sie Fachliteratur.
- Beachten Sie die Grundsätze wissenschaftlichen Arbeitens.
- Veranschaulichen Sie mit Bildern.

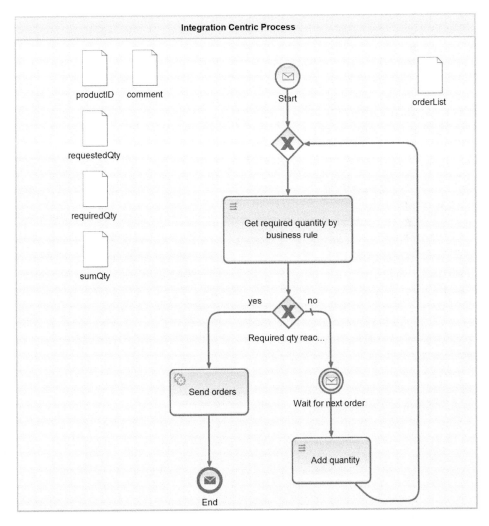

Abb. 10.7 Regelbasierte Zusammenfassung von Bestellungen

Erst in der Hausaufgabe wird deutlich, wer die Konzepte wirklich verstanden hat. Viele der Arbeiten haben einen größeren Umfang als die geforderten 10 bis 15 Seiten – aber überwiegend durch umfangreiche Darstellung der Begriffsdefinitionen und der drei Konzepte SOA, EAI und BPM. Viele vergleichen dann SOA mit EAI, EAI mit BPM und SOA mit BPM, wofür es auch viele gute Quellen gibt (z. B. [7, 8, 9, 10, 11]). Einige setzen nach kurzer Google-Suche Anwendungsintegration aber einfach mit EAI gleich. Nur wenigen gelingt es, das Thema vom Geschäftsprozess her zu denken und sich der Integrationsmerkmale nach Mertens [12] und der grundsätzlichen Integrationskonzepte (z. B. [13, 14]) zu bedienen. Dabei sollte sie die Aufforderung, sich mit den Begriffen – der Aufgabenstellung – auseinanderzusetzen und den Schwerpunkt zu beachten, gerade darauf führen – abgesehen davon, dass in den Seminaren immer wieder darauf hingewiesen wurde. Auch die Serviceorientierung war immer ein zentrales Element der Seminare. Das Zusammenspiel von betriebswirtschaftlich orientiertem und technologieorientiertem Servicebegriff (vgl. [15, 16]) finden trotzdem nicht alle heraus. Die Technologien (XML, SOAP, UDDI, ESB) werden wiederum immer sehr umfangreich beschrieben, da sie leicht im Netz zu finden sind. Die Gegenüberstellung von Anspruch und Wirklichkeit und das Reflektieren der eigenen Erfahrungen verwechseln doch sehr viele. Da werden vermeintliche Probleme mit der Usability der verwendeten Software stark betont. Dass diese Software aber gerade durch ihre SOA-Architektur (Anbieten und Konsumieren von Webservices), die zusätzliche EAI-Fähigkeit (ESB und Adapter) und das BPM-Konzept (Modellierung, Implementierung, Ausführung und Überwachung) der Enabler für die serviceorientierte Anwendungsintegration ist, so dass abteilungs- und unternehmensübergreifende Geschäftsprozesse, auch wenn sie systemübergreifend stattfinden, effektiv und effizient ablaufen, wird leider selten erkannt. Die Grundsätze des wissenschaftlichen Arbeitens werden zwar in der Regel beachtet und die Mindeststandards eingehalten, aber die Fachliteratur wird deswegen noch lange nicht gelesen. Bilder werden zuhauf verwendet, aber aus den unterschiedlichsten Quellen in verschiedenen Stilen einfach kopiert. Manchmal werden sie aber auch in einem einheitlichen Stil nachgezeichnet. Eigene Bilder findet man dagegen nur ganz selten. So dienen die Hausarbeiten auch zur Differenzierung in der individuellen Bewertung der Lehrveranstaltung. Im praktischen Teil, in dem sich die Studierenden wirklich sehr engagieren und beachtliche Projektergebnisse erzielen, die auch meist sehr gut präsentiert werden, gibt es fast nur sehr gute Bewertungen.

10.5   Schlussbemerkungen

Abschließend kann festgestellt werden, dass die Lehrveranstaltung ein voller Erfolg ist. Sie macht sowohl den Studierenden als auch dem Dozenten Spaß. Für beide Seiten ist es zwar viel Arbeit und insbesondere, wenn Fehler auftreten, kommt auch mal Frust auf. Aber dies wird überwiegend als Herausforderung angenommen. Die Freude über ein gelöstes Problem kompensiert beides. Das Konzept, die der Lehrveranstaltung zugrund liegenden Thematik zuerst praktisch zu erleben und daran anschließend in einer Hausaufgabe zu reflektieren anstelle einer klassischen Aufteilung in Vorlesung und Übung, hat sich bewährt. Auch die Nutzung einer vorhandenen Infrastruktur ist sehr zu empfehlen, so dass sich jeder Teilnehmer von Anfang an auf die eigentliche Aufgabe konzentrieren kann. Wenn es bereits Fallstudien bzw. Tutorials zur Einarbeitung gibt, dann sollten diese verwendet werden, denn der Aufwand für deren Erstellung ist sehr hoch, und man kann kaum allein für eine ausreichende Qualitätssicherung sorgen. Auch wenn nichts ganz den eigenen Ansprüchen genügt, kann durch eine Kombination und kleine Ergänzungen das Gewünschte erreicht werden. In diesem Fall ist das jedenfalls sehr gut gelungen. Das auf Basis dieser Fallstudien erworbene Know-how erlaubt es, in Projekten die Szenarien fast beliebig zu erweitern. So könnte der Auftrag vom Kunden auch per Mail eingehen, so dass erst mit dem Mail-Adapter die Nachricht empfangen und aufbereitet werden muss. Mit Business Rules könnte eine Lieferantenauswahl nach Lieferzeit und Preis erfolgen, und die Ermittlung des Auslieferungslagers ist auch komplexer möglich. Es könnten aber auch ganz neue Szenarien erstellt werden, wie das Anlegen von Materialstämmen, der Verkauf von Dienstleistungen unter Einbeziehung von Sub-Dienstleistern oder die Handwerkerkopplung im Immobilienmanagement, bei denen es auf schnelle Kommunikation in einem abteilungs-, unternehmens- und anwendungsübergreifenden Geschäftsprozess ankommt, so dass dieser effektiv und effizient ist. Wenn man auch noch die Entwicklung von Apps und die Anbindung von Sensoren einbezieht, ist das Potenzial für die Themen Mobile Computing und Industrie 4.0 offensichtlich.

Literatur

1. Heilig B, Möller M (2014) Business Process Management mit SAP NetWeaver BPM. Galileo Press, Bonn
2. Gadatsch A (2012) Grundkurs Geschäftsprozess-Management. Springer Vieweg, Wiesbaden, S 264
3. Allweyer T (2005) Geschäftsprozessmanagement. W3L Verlag, Herdecke, S 65 ff
4. Slama D, Nelius R (2011) Enterprise BPM: Erfolgsrezepte für unternehmensweites Prozessmanagement. dpunkt.verlag, Heidelberg, S 29
5. Weske M (2012) Business process management: concepts, languages, architectures. Springer, Berlin/Heidelberg, S 19 f
6. Koch S (2015) Einführung in das Management von Geschäftsprozessen. Springer Vieweg, Berlin, S 8
7. Tiedemann M (2006) Konzept und Technologien zur Anwendungsintegration. Dissertation, Universität Lübeck
8. Becker J et al (2009) Geschäftsprozessmanagement. Springer, Berlin/Heidelberg
9. Josuttis N (2008) SOA in der Praxis. System-Design für verteilte Geschäftsprozesse. dpunkt. verlag, Heidelberg
10. BITKOM (2010) Geschäftsinnovationen durch BPM-Technologien und SOA. BITKOM, Berlin
11. Schmelzer H, Sesselmann W (2013) Geschäftsprozessmanagement in der Praxis. Carl Hanser Verlag, München
12. Mertens P (2012) Integrierte Informationsverarbeitung 1. Springer Gabler, Wiesbaden
13. Weber R (2012) Technologie von Unternehmenssoftware. Mit SAP-Beispielen. Springer, Berlin/Heidelberg

14. Stegemerten B (2010) Anwendungsintegration. In: Abts D, Mülder W (Hrsg) Masterkurs Wirt-
    schaftsinformatik. Vieweg + Teubner, Wiesbaden
15. Stähler D et al (2009) Enterprise Architecture, BPM und SOA für Business Analysten. Leitfaden
    für die Praxis. Carl Hanser Verlag, München, S 154
16. Buhl H-U et al (2008) Service science. Wirtschaftsinformatik 1:62 ff

Prozessoptimierung als Mittel der Kapazitätsmaximierung von Fernbusterminals

11

Philip Michalk, Conrad Schmidt und Martin Jung

Zusammenfassung

Im Rahmen des EU-geförderten Forschung- und Entwicklungs-Projektes DISBUS wird, unter Beteiligung der Technischen Hochschule Wildau, ein Prozesssteuerungssystem für Fernbusterminals entwickelt. Das explosive Wachstum des Fernbusmarktes nach der Liberalisierung in Deutschland, hat auch die Nachfrage nach Abfertigungskapazitäten in Fernbusterminals stark steigen lassen. Gerade städtische Fernbusbahnhöfe sind aber aufgrund ihrer Innenstadtlage häufig in ihrem baulichen Wachstum beschränkt. Umso wichtiger wird die Optimierung von Prozessen mit dem Ziel der Kapazitätsmaximierung, auf der ein besonderes Augenmerk im Projekt liegt.

Schlüsselwörter

Fernbus Terminal • Prozesssteuerung • Optimierung • Personenverkehr • Stadtplanung

11.1 Problemstellung

Bis zum Anfang des Jahres 2013 war der Buslinienfernverkehr in Deutschland reguliert. Die im Personenbeförderungsgesetz geregelte „entgeltliche oder geschäftsmäßige Beförderung von Personen mit Straßenbahnen, mit Oberleitungsomnibussen (Obussen) und mit Kraftfahrzeugen" [1] sah für den Buslinienfernverkehr sowohl subjektive als auch objektive Kriterien zur Erfüllung vor. Letztere boten der Deutschen Bahn AG einen

P. Michalk (✉) • C. Schmidt • M. Jung
Technische Hochschule Wildau, Wildau, Deutschland
E-Mail: michalk@th-wildau.de; conrad.schmidt@th-wildau.de; martin.jung@th-wildau.de

© Springer Fachmedien Wiesbaden GmbH 2017
T. Barton et al. (Hrsg.), *Geschäftsprozesse*, Angewandte Wirtschaftsinformatik,
DOI 10.1007/978-3-658-17297-8_11

jahrzehntelangen Konkurrenzschutz, der mit der Fernbusliberalisierung weitestgehend aufgehoben wurde. Seitdem dürfen Buslinienverkehre angeboten werden, wenn zwischen zwei Haltestellen mehr als 50 km Abstand liegen und auf dieser Strecke kein Schienenpersonennahverkehr mit einer Reisezeit bis zu einer Stunde betrieben wird [2].

Die Liberalisierung hatte eminente Auswirkungen auf den Personenfernverkehrsmarkt. Die geringen Markteintrittsbarrieren im Markt für den Buslinienfernverkehr bewirkten zunächst, neben der Stärkung des intermodalen Wettbewerbs mit der Bahn, dem Auto und dem Flugzeug auch einen starken intramodalen Wettbewerb zwischen verschiedenen Busunternehmen. Dieser Umstand zeichnet sich auch bei der Entwicklung der Anzahl der angebotenen Fernbuslinien ab, die sich von 62 im 1. Quartal 2013 auf 328 im 4. Quartal 2015 mehr als verfünffacht hat. Mittlerweile konsolidiert der Fernbusmarkt bei 293 angebotenen Linien (Stand: 3. Quartal 2016) und einem Marktanteil von fast 80 % durch Flixbus, das nacheinander die Konkurrenten MeinFernbus, Megabus und das Fernbusgeschäft des Anbieters Postbus übernommen hat [3].

Die Anzahl der Fahrgäste nimmt jedoch kontinuierlich zu. Von 2,95 Mio. beförderten Personen im Jahr 2012 (vor der Liberalisierung) konnten die Passagierzahlen in den Jahren 2013 (8,2 Mio.), 2014 (15,9 Mio.) und 2015 (23,2 Mio.) deutlich erhöht werden; rund ein Drittel der Fahrgäste nutzt dabei Angebote im grenzüberschreitenden Verkehr. Der auf die Fahrgastzahl (2015 insgesamt 154,7 Mio.) bezogene Marktanteil der Fernbusse am gesamten Linienfernverkehr mit Bussen und Bahnen wuchs somit binnen vier Jahren von 2,2 % (2012) auf fast 15 % (2015). Der durchschnittliche Auslastungsgrad der Fernbusse lag im Jahr 2015 bei 59 % und damit oberhalb des Niveaus der Fernverkehrszüge der Deutschen Bahn AG (51,8 %) [4].

Die zunehmende Bedeutung der Fern – und Reisebusse für die Anbindung der Großstädte an den überregionalen und internationalen Verkehr und die Einbindung der Fernbusse in das gesamtstädtische Verkehrsnetz erfordert ein rasches Handeln sowohl zur Steigerung der Leistungsfähigkeit von Busterminals als auch bei der zu forcierenden Integration der Informationen an den Fahrgast. Eine höhere Leistungsfähigkeit der Terminals kann durch die Erhebung und Integration von Informationen in Planungsabläufe erreicht werden. Für den Terminalbetreiber wird die Basis für ein effizientes Slot-Management-System mit einer erhöhten Leistungsfähigkeit der Terminals gelegt. Die Busgesellschaft profitiert durch kürzere Aufenthalts- und Abfertigungszeiten an den Terminals durch geringere Umlaufzeiten.

11.2 Bestimmung der Kapazität von Fernbusterminals

Die Kapazität C eine Fernbusterminals, ausgedrückt als die Zahl der Fernbusse, die in einem Zeitfenster T_{Open} abgefertigt werden kann, hängt grundsätzlich von der Zahl der verfügbaren Busbuchten n und der durchschnittlichen Belegzeit einer Busbucht t_{ass} (assigned time) ab:

$$C = n * \frac{T_{Open}}{t_{ass}}$$

Die Belegzeit selbst setzt sich aus der tatsächlichen Abfertigungszeit t_{occ} (occupied time) und der Zeit, die die Busbucht freigehalten werden muss t_{res} (reserved time), weil der Bus nicht zu erwarteten Zeit angekommen ist oder früher ankommt als erwartet. Also der Differenz zwischen geplanter Ankunftszeit T_{sched} und der tatsächlichen Ankunftszeit T_{act}:

$$t_{ass} = t_{occ} + t_{res}$$

Mit:

$$t_{res} = \left| T_{act} - T_{sched} \right|$$

Für jeden Fall i, in dem ein Bus eine tatsächliche Belegzeit $t_{ass,i}$ aufweist, die kleiner ist als die reserved time $t_{res,j}$, die für die Busbucht vorgesehen ist, ergibt sich eine theoretische weitere Kapazitätserhöhung C_{extra}:

$$C_{extra,i,j} = \llcorner \frac{t_{res,j}}{t_{ass,i}} \lrcorner$$

Allerdings setzt dies voraus, dass die tatsächliche Belegzeit (und damit die tatsächliche Ankunftszeit) im Fall i vorab bekannt ist.

Die tatsächliche zusätzlichen Kapazitäten hängen vom Anteil der Busse a_{prog} ab, für die eine genaue Prognose der Ankunftszeit möglich ist und der Anzahl k der Busse für die tatsächlich $t_{ass,i} < t_{res,j}$ gilt:

$$C_{extra} = a_{prog} * \sum_{k=1}^{k} \llcorner \frac{t_{res,j}}{t_{ass,i}} \lrcorner$$

Damit lässt sich die Gesamtkapazität eines Fernbusterminals näherungsweise berechnen zu:

$$C = n * \llcorner \frac{T_{Open}}{t_{occ} + \left| T_{act\_noprog} - T_{sched\_noprog} \right|} \lrcorner + a_{prog} * \sum_{k=1}^{k} \llcorner \frac{t_{res,j}}{t_{ass,i}} \lrcorner$$

Wobei in diesem Fall davon ausgegangen wird, dass die zusätzlichen Kapazitäten C_{extra} erst nach der planerischen Belegung berechnet werden und sich daher aus der Anzahl der prognostizierbaren Busse ergibt.

Auf diese Weise lässt sich auch die tatsächliche Effektivität eines Prognosesystems für die Ankunftszeit von Fernbussen abschätzen (Abb. 11.1).

Das eigentliche Optimierungspotenzial für die Kapazität eines Busterminals liegt damit offensichtlich, in der korrekten Prognose der tatsächlichen Ankunftszeit und damit in der

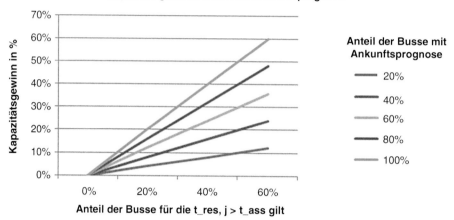

Abb. 11.1 Kapazitätsgewinne durch Ankunftszeitprognose in Abhängigkeit vom Anteil der Verspätungen größer als die Abfertigungszeit

Minimierung der Vorhaltezeit t_{res}. Die Optimierung der Belegung der Busbuchten hingegen ist relativ einfach durch eine Minimierung der Zeiten zu erreichen, in der die Busbucht nicht belegt ist.

11.3 Belegungsplanung Busbuchten und Use Cases

Grundsätzlich lassen sich die Prozesse an Fernbusterminals in vier Prozessgruppen aufteilen:

Registration and authorization (Registrierung und Genehmigung): Die Registrierung und Genehmigung der regelmäßigen Fahrt (in Deutschland üblicherweise durch eine Genehmigungsbehörde) zum Terminal.

Scheduling (Fahrplan): Die tatsächliche Entwicklung des Fahrplans.

Bus arrival, handling and departure (Ankunft, Abfertigung und Abfahrt): Die physischen Prozesse, die den Bus am Terminal betreffen.

Accounting an Billing (Rechnungswesen): Die Erfassung der abzurechnenden Leistungen und die Rechnungstellung an den Busbetreiber.

Die Registrierungs-, Genehmigungs- und Fahrplanungsprozesse am Terminal können zunächst unabhängig vom operativen Ablauf durchgeführt werden. Auch existiert hier in aller Regel nur wenig Optimierungspotenzial. Die Abfertigungszeit t_{occ} ist an den meisten Terminals genormt und beträgt (je nach Terminal) in aller Regel zwischen 15 und 45 Minuten. In aller Regel können also Busbuchten fahrplanmäßig nacheinander ankommenden Bussen im Abstand t_{occ} + x zugeordnet werden. Wobei x ein – häufig auf Erfahrungswerten basierender – Wert ist, der geringe Fahrplanabweichungen auffangen soll.

Als Basis für die Planung kann in einem automatisierten System die sogenannte „Disposition Database" dienen. Eine Datenbank, die alle fahrplanmäßigen Belegungen der vorhandenen Busbuchten, für einen bestimmten Zeitraum enthält. Dabei wird diese Datenbank sukzessive mit den angefragten Fahrplanslots gefüllt und (in der Basisausführung) die jeweils chronologisch nächste freie Busbucht, die zur angefragten Ankunftszeit für den Zeitraum t_{occ} + x frei ist, belegt. Zur Optimierung ist dabei eine Minimierung des Zeitraums anzustreben, in dem die Busbucht nicht belegt ist. Daher sollte die Zuordnung der Busbuchten in Reihenfolge der geplanten Ankunftszeiten T_{sched} erfolgen. Außerdem muss geprüft werden, ob die jeweilige Busankunft b einem Busunternehmen m zugeordnet werden kann, für das präferierte Haltebuchten reserviert sind. In diesem Fall erfolgt die Zuordnung zunächst auf die präferierte Bucht n_m und erst bei Nicht-Verfügbarkeit auf eine andere Haltebucht $n_{\neg m}$.

Innerhalb der Prozessgruppe, die Ankunft, Abfertigung und Abfahrt umfasst, finden die meisten Abweichungen statt. Hier existiert auch das größte Optimierungspotenzial durch die Minimierung von t_{res}, also dem Zeitraum innerhalb dessen unplanmäßig eine Busbucht freigehalten werden muss, weil ein Bus mit Fahrplanabweichung erwartet wird. Wäre t_{res} für einen Bus bekannt, könnte eine Busbucht zur dann erwarteten Ankunftszeit zugeordnet werden.

Grundsätzlich lassen sich für die planmäßige und außerplanmäßige Ankunft verschiedene Use Cases definieren:

Use Case 1: Bus kommt planmäßig an: Der Bus würde in diesem Fall dem vorgeplanten Fahrplan entsprechend eintreffen und auf die bereits vorgeplante Busbucht allokieren.

Use Case 2: Bus kommt verspätet an: Sobald die verspätete Ankunft registriert wurde, kann geprüft werden, ob die vorgeplante Busbucht für den nun zu erwartenden Abfertigungszeitraum noch frei ist. In diesem Fall würde der Bus auf die vorgeplante Busbucht fahren. Ist die Busbucht nicht mehr frei, muss eine andere Busbucht zugeordnet werden, die für den Abfertigungszeitraum frei ist. Da ein mit Fahrgästen ankommender Bus zügig entladen werden muss, kommt eine Allokation des Busses auf eine erst später frei werdende Busbucht nicht in Frage. Dabei ist zu beachten, dass es an vielen Busterminals präferierte Haltebuchten für bestimmte Busunternehmen gibt, somit wäre zunächst zu prüfen, ob der Bus einem Busunternehmen gehört, für das präferierte Haltebuchten im System hinterlegt sind. Sollte dies der Fall sein, müssten zunächst die präferierten Haltebuchten auf eine mögliche Belegbarkeit geprüft werden, und (falls keine präferierte Haltebucht frei ist) danach alle weiteren Haltebuchten. Sollte der Bus keinem Busunternehmen gehören, dem präferierte Haltebuchten zugeordnet wurden, verläuft der Zuordnungsprozess umgekehrt: Zuerst werden nicht präferenzgebundene Busbuchten auf ihre Verfügbarkeit geprüft, danach die präferenzgebundenen.

Use Case 3: Der Bus kommt früher als erwartet an: Dieser Fall ist analog zum Use Case 2 zu behandeln.

Use Case 4: Bus kommt nicht an: Die Herausforderung in diesem Fall liegt vor allem in der Detektion des Use Cases. Ohne entsprechende Information müsste für einen nicht ankommenden Bus zunächst eine Verspätung angenommen werden. Ggf. könnte die vorgesehene Busbucht nach einer gewissen Zeit für eine Neubelegung freigegeben werden. Liegt die Information, dass ein Bus nicht kommt rechtzeitig vor, kann die vorgeplante Busbucht sofort freigegeben werden.

Use Case 5: Ein unbekannter Bus kommt an. In aller Regel muss zunächst geprüft werden, ob der Bus bekannt ist. Wird festgestellt, dass keine entsprechende Ankunft im Fahrplansystem vorgesehen ist, muss zunächst geprüft werden ob dem angekommenen Bus eine freie Busbucht für die vorgesehene Abfertigungszeit t_{occ} zugeordnet werden kann.

Die Prüfung und Auswahl der zu belegenden Busbucht geschieht dabei prinzipiell analog zum in Abb. 11.2 dargestellten Ablauf.

11.4 Systemauslegung

Ein Planungssystem würde um eine zentrale Datenbank herum entwickelt werden. Die Datenbank (die sogenannte „Disposition Database") würde alle relevanten Fahrplan- und Zuordnungsdaten enthalten. Fahrplandaten würden grundsätzlich zunächst manuell oder durch eine Schnittstelle zum Busunternehmen mit Fahrplandaten beschickt werden. Ein Graphical User Interface ermöglicht die manuelle Änderung der Fahrplandaten und stellt die Busbuchtbelegung grafisch (zum Beispiel in Form von Balkendiagrammen) dar. Busankünfte könnten automatisch (durch geeignete Sensoren an der Terminaleinfahrt) oder manuell registriert werden. Ankunftsregistrierungen würden zu einer Änderung der Einträge in der Disposition Database führen. So würde eine rechtzeitige Ankunft in der Disposition Database registriert werden. Eine verspätete Ankunft hätte Auswirkungen auf den Belegungsplan, der dann wie in Kapitel Abschn. 11.3 beschrieben, geändert werden würde.

Der entscheidende Optimierungsansatz für die Terminalkapazitäten ergibt sich aus einer Schnittstelle zwischen der Disposition Database und einer Echtzeit-Ankunftsauskunft, die durch den Busbetreiber gestellt werden würde (Abb. 11.3).

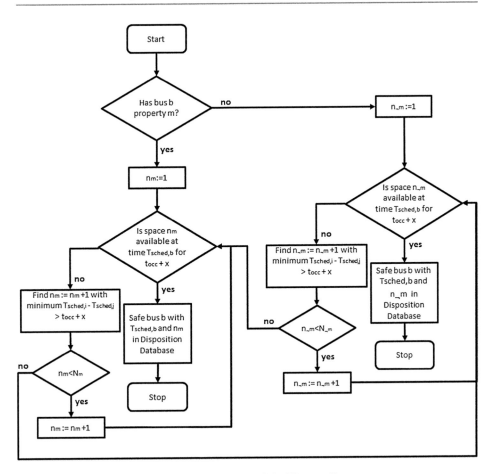

Abb. 11.2 Prozessablauf Busbucht – Zuordnung bei der Planerstellung

11.5   Fazit

Das im Rahmen des Projektes DISBUS entwickelte System strebt in erster Linie eine Automatisierung der bislang vor allem manuell durchgeführten Fahrplansteuerung an. Für den Effizienzgewinn ist dabei vor allem ein hoher Automatisierungsgrad auf der Input-Seite entscheidend. Eine Algorithmus gesteuerte Busbucht-Belegung birgt zwar bereits ein gewisses Optimierungspotenzial, da es die Arbeitsbelastung der Disponenten signifikant reduzieren kann, aber Fahrplanabweichungen würden bei einer manuellen Behandlung immer noch zu erheblichen Arbeitsaufwänden führen. Eine weitere Optimierung von Abfertigungs-Kapazitäten ist darüber hinaus kaum durch reine Planungsfunktionen zu erreichen. Hier ist zwingend eine genauere Ankunftszeitprognose notwendig, die beispielsweise durch eine Schnittstelle zum Busbetreiber realisiert werden kann.

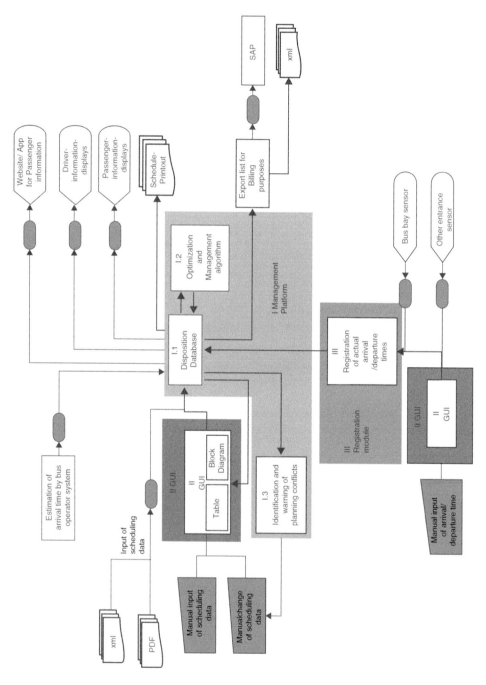

Abb. 11.3 Systemauslegung mit externen Subsystemen (grau)

Literatur

1. Personenbeförderungsgesetz (PBefG), § 1 Abs. 1
2. Personenbeförderungsgesetz (PBefG), § 42a
3. Statista Angebotene Fernbuslinien in Deutschland bis Q3 2016, https://de.statista.com/statistik/daten/studie/267402/umfrage/fernbuslinien-in-deutschland/. Zugegriffen am 21.11.2016
4. StBA Boom bei Linienfernbussen hält an: 23 Millionen Fahrgäste im Jahr 2015, https://www.destatis.de/DE/PresseService/Presse/Pressemitteilungen/2016/10/PD16_361_461.html. Zugegriffen am 21.11.2016

Anforderungen der Praxis an das Geschäftsprozessmanagement – Berufsbilder, Kompetenzen und Tätigkeitsfelder

12

Frank Bensberg und Gandalf Buscher

Zusammenfassung

Zur erfolgreichen Umsetzung des Geschäftsprozessmanagements sind in Unternehmen unterschiedliche Kompetenzen erforderlich. Um die Kompetenzanforderungen im Umfeld des Geschäftsprozessmanagements transparent zu machen, stellt dieser Beitrag die Ergebnisse einer explorativen Arbeitsmarktstudie vor. Insgesamt wurden sechs Berufsbilder identifiziert, die im Kontext des Geschäftsprozessmanagements von zentraler Bedeutung sind. Die Aufgabenfelder und Tätigkeiten dieser Berufsbilder werden detailliert und im Hinblick auf praktischen Anforderungen dokumentiert. Die Ergebnisse sind einerseits für Akteure von Interesse, die an Hochschulen mit der Gestaltung von prozessorientierten Aus- und Weiterbildungsangeboten betraut sind. Andererseits können sie als Basis für das betriebliche Kompetenzmanagement dienen, um die Entwicklung und Akquisition personeller Ressourcen im Umfeld des Geschäftsprozessmanagements zu unterstützen.

Schlüsselwörter

Geschäftsprozessmanagement • Berufsbilder • Tätigkeitsfelder • Kompetenzen • Arbeitsmarkt • Stellenanzeigen • Job Mining • Datenanalyse

F. Bensberg (✉)
Hochschule Osnabrück, Osnabrück, Deutschland
E-Mail: F.Bensberg@hs-osnabrueck.de

G. Buscher
Hochschule für Telekommunikation Leipzig, Leipzig, Deutschland
E-Mail: gandalf.buscher@hft-leipzig.de

© Springer Fachmedien Wiesbaden GmbH 2017
T. Barton et al. (Hrsg.), *Geschäftsprozesse*, Angewandte Wirtschaftsinformatik,
DOI 10.1007/978-3-658-17297-8_12

12.1   Problemstellung

Die Umsetzung des Geschäftsprozessmanagements (GPM) erfordert in der betrieblichen Praxis ein breites Spektrum unterschiedlicher Fertigkeiten und Fähigkeiten, die insbesondere betriebswirtschaftliche und informationstechnische Kompetenzfelder betreffen [18, 11, 1]. Dementsprechend werden in der Literatur unterschiedliche Rollen diskutiert, die im Kontext des Prozessmanagements von Bedeutung sind und unterschiedliche Kompetenzen bündeln. Beispielsweise schlagen Schmelzer/Sesselmann insgesamt sieben GPM-Rollen vor, die neben dem Prozesssponsor und GPM-Projektleiter auch den Prozessberater, Prozessmanager, Prozessverantwortlichen, Prozesscontroller sowie Prozessmitarbeiter umfassen [21]. Allerdings ist festzustellen, dass bezüglich der GPM-Rollen zahlreiche unterschiedliche Strukturierungsvorschläge existieren, die sich am Arbeitsmarkt nur partiell nachweisen lassen. So führen etwa Lohmann/Zur Mühlen aufbauend auf einer inhaltsanalytischen Auswertung englischsprachiger Stellenanzeigen sechs GPM-Rollen ein, die ein breites Spektrum unterschiedlicher Stellenbezeichnungen umfassen [16].

Damit wird die Frage aufgeworfen, welche Berufsbilder, Kompetenzen und Tätigkeitsgebiete im GPM-Umfeld arbeitsmarktrelevant sind. Diese Fragestellung ist einerseits für das betriebliche *Kompetenzmanagement* (Skill Management) relevant, da dieses durch Anwendung personalwirtschaftlicher Maßnahmen (z. B. Personalentwicklung, Personalbeschaffung) für die Bereitstellung adäquat qualifizierter Mitarbeiter zu sorgen hat [9]. Andererseits ist die Kenntnis des Arbeitsmarkts für GPM-Fachkräfte auch für die Gestaltung von Aus- und Weiterbildungsangeboten wichtig, um den aktuellen Anforderungen sowie den sich abzeichnenden Entwicklungstrends entsprechen zu können.

Zur Deckung dieses Informationsbedarfs ist an der Hochschule Osnabrück eine empirische Arbeitsmarktstudie für das Tätigkeitsfeld des Geschäftsprozessmanagements durchgeführt worden. Die Zielsetzung bestand darin, relevante Berufsbilder und damit einhergehende Kompetenzen im Umfeld des Geschäftsprozessmanagements zu identifizieren. Aus methodischer Perspektive wurde zu diesem Zweck eine *explorative Stellenanzeigenanalyse* durchgeführt, in deren Fokus deutschsprachige Stellenanzeigen standen. Mithilfe von Stellenanzeigenanalysen können Aussagen über aktuelle berufliche und personenbezogene Kompetenzanforderungen von Institutionen an Bewerbergruppen geliefert werden, so dass detaillierte Anforderungsprofile entstehen [19]. Neben diesen inhaltlichen Eigenschaften ist diese Methode auch aus forschungsökonomischer Perspektive attraktiv, da die empirische Basis über Jobportale in digitaler Form öffentlich zugänglich ist und zeitnahe Analysen ermöglicht [12].

Zwar liegen mittlerweile zahlreiche Stellenanzeigenanalysen zu IT-Kernberufen und IT-Randberufen vor (vgl. z. B. [3, 4, 5, 14, 15]), allerdings existieren bislang keine großzahligen Studien für den deutschsprachigen Raum, die sich dediziert mit der fachlichen Domäne des Geschäftsprozessmanagements auseinandersetzen.

Der folgende Abschnitt führt zunächst in den grundlegenden Analyseprozess ein. Als analytischer Bezugsrahmen wird das Konzept des *Job Mining* zugrunde gelegt, dessen

Zielsetzung in der Gewinnung interessanter, bislang unbekannter Informationen auf der Basis von Stellenanzeigen (Job Postings) besteht [6]. Aufbauend auf der Beschreibung des Job Mining-Prozesses wird die Datenbasis erläutert und die Analysemethodik skizziert. Im Anschluss werden in Form einer Ergebnisdarstellung zentrale Berufsbilder dokumentiert und typische Tätigkeitsfelder identifiziert. Der Beitrag schließt mit einer zusammenfassenden Diskussion der erzielten Resultate.

12.2 Analysemethodik und empirische Basis

12.2.1 Job Mining als Analyseprozess

Zur analytischen Erschließung von Stellenanzeigen kann der Prozess des Job Mining herangezogen werden, der in Abb. 12.1 im Überblick dargestellt wird.

Ausgangspunkt des Job-Mining-Prozesses bilden öffentliche oder unternehmensspezifische Jobportale als Datenquellen. Im Umfeld der *öffentlichen Jobportale* haben sich neben generellen Jobportalen (z. B. Arbeitsagentur, Monster) auch spezialisierte Portale etablieren können. *Unternehmensspezifische Jobportale* werden von Unternehmen zur Ausschreibung des eigenen Personalbedarfs eingesetzt. Nahezu sämtliche Großunternehmen betreiben eigene Jobportale, die meist nahtlos in den Internetauftritt des Unternehmens integriert sind. Im Folgenden werden die in Abb. 12.1 skizzierten Schritte des Job-Mining-Prozesses in enger Anlehnung an [6] kurz erläutert.

Die Zielsetzung der Extraktion besteht darin, ein Monitoring der analyserelevanten Jobportale durchzuführen und neue Stellenanzeigen in Form eines lokalen Datenbestands verfügbar zu machen. Mithilfe entsprechender Web Crawler werden Jobportale periodisch (z. B. werktäglich) nach Stellenanzeigen durchsucht und diese automatisch in einen lokalen Datenbestand überführt.

Die extrahierten Stellenanzeigen werden in einem weiteren Schritt bereinigt. Auf der syntaktischen Ebene ist z. B. dafür zu sorgen, dass sämtliche Attribute einheitlich codiert sind, während aus inhaltlicher Perspektive sicherzustellen ist, dass keine fehlenden Werte (Missing Values) für analyserelevante Attribute auftreten.

Abb. 12.1 Job-Mining-Prozess im Überblick [6]

Da Stellenanzeigen überwiegend aus Textdaten bestehen, kommt der Vorverarbeitung mithilfe von Techniken der Computerlinguistik zentrale Bedeutung zu. Gängige Verfahren zur Vorbereitung von Textdaten sind etwa die Zerlegung in grundlegende Einheiten (Tokenizing), die Bestimmung der einzelnen Wortarten (Part-of-Speech-Tagging), sowie die Zerlegung zusammengesetzter Wörter in ihre elementaren Bestandteile [13].

Die so vorbereitete Datenbasis kann anschließend mit Verfahren der Textanalyse untersucht werden. Forschungsmethodisch stehen dabei zwei unterschiedliche Herangehensweisen zur Verfügung. Traditionell werden Stellenanzeigen mithilfe der quantitativen Inhaltsanalyse [7] erschlossen. In quantitativen Inhaltsanalysen wird mit a priori definierten Kategoriensystemen und Wörterbüchern gearbeitet, um die Texteinheiten theoriegeleitet klassifizieren zu können [12]. Daraus entsteht allerdings die Problematik, dass strukturelle Entwicklungen in der Datenbasis – wie etwa das Auftreten neuer, bislang unbekannter Kompetenzanforderungen – nicht erkannt werden können.

Demgegenüber gestattet ein lexikometrischer, korpusgetriebener Forschungsansatz, bislang unbekannte sprachliche Strukturen und Zusammenhänge in Texten aufzudecken. Zu diesem Zweck können beispielsweise die folgenden Analysemethoden eingesetzt werden [10]:

- Mithilfe von *Frequenzanalysen* kann die absolute oder relative Häufigkeit des Auftretens von Wörtern oder Wortfolgen in Texten ermittelt werden.
- Die Untersuchung von *Kookkurrenzen* zeigt auf, welche Wörter oder Wortfolgen in dem zugrunde liegenden Textkorpus häufig gemeinsam auftreten.
- Mithilfe der *Teilkorpusanalyse* können Aussagen darüber abgeleitet werden, welche Wörter oder Wortfolgen in einer Teilmenge von Texten (Subgruppe) im Vergleich zum Gesamtkorpus über- bzw. unterrepräsentiert sind.

Aufgrund der explorativen Zielsetzung sind im Rahmen der hier vorgestellten Arbeitsmarktstudie überwiegend korpusgetriebene Analysemethoden zur Anwendung gelangt. Deren Datengrundlage wird im Folgenden erörtert.

12.2.2 Datenstruktur und Datenbasis

Stellenanzeigen aus Jobportalen umfassen eine Reihe von Attributen, die in Tab. 12.1 in Anlehnung an [20] beschrieben werden. In dem skizzierten Beispiel wird eine Vakanz für einen IT-Prozessmanager (*JobTitle*) bei der Siemens AG (*HiringOrganziation*) in

Tab. 12.1 Attribute von Stellenanzeigen

Attributname	Beschreibung	Exemplarischer Inhalt
JobTitle	Stellenbezeichnung	IT Prozessmanager (m/w) für den Controllingbereich […]
Employment Type	Beschäftigungs-verhältnis	Vollzeit
Hiring Organization	Einstellende Institution	Siemens AG Recruiting Center Talent Acquisition
JobLocation	Beschäftigungsort	91056 Erlangen, Bayern, Deutschland

(Fortsetzung)

Tab. 12.1 (Fortsetzung)

Attributname	Beschreibung	Exemplarischer Inhalt
Spider	Ausgelesenes Jobportal	Bundesagentur für Arbeit
JobDescription	Stellenbeschreibung im Langtext mit Aufgaben und Anforderungen	[...] Werden Sie jetzt Teil unseres Teams von Siemens Healthineers als IT Prozessmanager (m/w) für den Controllingbereich in Erlangen. Ihr neues Aufgabenfeld – herausfordernd und zukunftsorientiert • Sie unterstützen bei der Entwicklung neuer harmonisierter „Best Practice" Prozesse im Controlling Umfeld mit unseren Business Partnern, den Demand Managern und weiteren Implementierungsteams • Sie kümmern sich um das Change Request Design und die Implementierung aller Anforderungen in den Controlling Prozessen unserer Business-Kollegen. Hierzu arbeiten Sie hauptsächlich als Sparrings-Partner für das Controlling und definieren gemeinsam die besten und kosteneffizientesten Lösungen • Sie übernehmen die Verantwortung dafür, unsere Lösungsansätze stets auf dem neuesten Stand zu halten • Zu Ihren Aufgaben gehört die Erstellung von „Requirements und/oder Functional Specifications" und Abnahmekriterien mit den Business Partnern und Koordination der umsetzenden Entwicklerteams • In Ihren Tätigkeitsbereich fällt außerdem das Management des Dienstleisters, der die technische Implementierung und technischen Tests als Service erbringt • Sie arbeiten in internationalen Projekten und in Zusammenarbeit mit unserem Implementierungs-Partner mit Ihre Qualifikationen – fundiert und adäquat • Sie haben erfolgreich ein Hochschulstudium der Fachrichtung Betriebswirtschaft, Wirtschaftsinformatik oder eines vergleichbaren Fachbereichs abgeschlossen • Alternativ haben Sie eine Berufsausbildung abgeschlossen und bringen mehrjährige Berufserfahrung im Bereich Controlling mit • Sie besitzen umfassende Kenntnisse und erste Erfahrung im Bereich der Controlling- und Finanzprozesse in SAP und den dazugehörigen Modulen CO und FI mit • Sie können idealerweise technische Kenntnisse im Umgang mit SAP ABAP/4 vorweisen • Sie bringen Erfahrung im Anforderungsmanagement (Definition und Beschreibung von Anforderungen an IT Systeme) mit und haben erste Erfahrung in und zeigen Bereitschaft zu internationaler Projektarbeit • Ihre sehr guten Deutsch- und Englischkenntnisse zeichnen Sie aus • [...]

Erlangen (*JobLocation*) in Vollzeitbeschäftigung (*EmploymentType*) ausgeschrieben. Diese Stellenanzeige verfügt über eine detaillierte Beschreibung (*JobDescription*) und wurde aus dem Jobportal der Bundesagentur für Arbeit (*Spider*) ausgelesen.

Zur Generierung einer Datenbasis für die Stellenanzeigenanalyse sind mithilfe von Web Crawlern zwischen Juni 2014 und Oktober 2016 insgesamt mehr als 5,5 Mio. Stellenanzeigen gesammelt worden. Diese Stellenanzeigen stammen aus öffentlichen Jobportalen (z. B. Jobserve, LinkedIn, Arbeitsagentur) und unternehmensspezifischen Jobportalen (z. B. IBM, Amazon, SAP, Microsoft). Neben den Jobportalen führender Unternehmen des ICT-Sektors wurden auch die Jobportale der DAX30-Unternehmen regelmäßig ausgelesen, um Transparenz bezüglich der Arbeitsmarktnachfrage deutscher Großunternehmen herstellen zu können.

12.2.3 Datenselektion

Zur Auswahl relevanter Stellenanzeigen aus dem skizzierten Datenpool sind anschließend deutsch- und englischsprachige Fachbegriffe aus der Domäne des Geschäftsprozessmanagements als Deskriptoren formuliert worden. Tab. 12.2 zeigt die entsprechenden Substantive bzw. Substantivfolgen sowie das Attribut, das zur Selektion verwendet worden ist.

Tab. 12.2 Deskriptoren zur Auswahl von Stellenanzeigen

Deskriptor	Attribut
bpm	JobTitle, JobDescription
bpmn, dmn	JobDescription
prozess, process	JobTitle
prozessanalyse, process analysis	JobDescription
prozessautomatisierung, process automation	JobDescription
prozessdesign, process design	JobDescription
prozessimplementierung, process implementation	JobDescription
prozessintegration, process integration	JobDescription
prozessmanagement, process management	JobDescription
prozessmodell, process model	JobDescription
prozessoptimierung, process optimization	JobDescription
prozessqualität, process quality	JobDescription
prozesssteuerung, process control	JobDescription
prozesstransformation, process transformation	JobDescription
prozessunterstützung, process support,	JobDescription
workflowmanagement, workflow management	JobDescription

Wie aus der Tabelle deutlich wird, wurden sämtliche Stellenanzeigen ausgewählt, die in der *Stellenbezeichnung* durch die Deskriptoren *prozess*, *process* und *bpm* einen expliziten Prozessbezug herstellen oder aber zumindest einen komplexeren Fachbegriff aus der Domäne des Geschäftsprozessmanagements in der *Stellenbeschreibung* aufweisen. Aus der Abfrage resultierten insgesamt 228.522 deutsch- und englischsprachige Stellenanzeigen. Im Rahmen der Duplikaterkennung wurden anschließend 54,95 % der ausgewählten Stellenanzeigen eliminiert, so dass 125.582 Stellenanzeigen zur Verfügung standen. Aus diesem Datensatz wurden mithilfe von Techniken der automatischen Spracherkennung sämtliche deutschsprachigen Stellenanzeigen ausgewählt (21,7 %), so dass insgesamt n = 27.250 Stellenanzeigen die empirische Basis der Analyse bilden.

12.2.4 Analysemethodik

Zur explorativen Analyse der empirischen Basis ist eine Top-Down-Vorgehensweise gewählt worden, die zunächst an den *Stellenbezeichnungen* (JobTitle) ansetzt. Dieser Analyseschritt basiert auf der informationsökonomisch begründeten Hypothese, dass Stellenbezeichnungen von Unternehmen so gewählt werden, dass relevante Tätigkeitsfelder prägnant signalisiert und somit die Screening-Prozesse potenzieller Interessenten unterstützt werden [17]. Gemäß dieser Vorgehensweise sind sämtliche Stellenbezeichnungen einer Frequenz- und Kookkurrenzanalyse auf Wortebene unterzogen worden. Auf diese Weise wurden zunächst frequente Begriffe und Begriffspaare identifiziert, die die Fachkräftenachfrage in der selektierten Datenbasis thematisch prägen.

Aus der Analyse, die mithilfe des Korpusanalyseprogramms AntConc [2] durchgeführt worden ist, resultieren die in Tab. 12.3 dargestellten GPM-Berufsbilder. Dabei sind nur solche Berufsbilder fokussiert worden, die aufgrund der Nennung des Prozessbegriffs auch einen expliziten Prozessbezug aufweisen.

Tab. 12.3 GPM-Berufsbilder

Nr.	Berufsbild	Abfragemuster für die Stellenbezeichnung	Anzahl Stellenanzeigen	Anteil Stellenanzeigen
1	Prozessmanager	(prozess OR process) AND manage*	2.386	8,76 %
2	Prozessberater	(prozess OR process) AND (berat* OR consultant)	1.601	5,88 %
3	Prozessexperte	(prozess OR process) AND (spezialist OR specialist OR expert*)	687	2,52 %
4	Prozessanalyst	(prozess OR process) AND analys*	320	1,10 %
5	Prozessoptimierer	(prozess OR process) AND optimier*	224	0,82 %
6	Prozessarchitekt	(prozess OR process) AND archite*	109	0,40 %

Neben den in Tab. 12.3 dargestellten Berufsbildern konnten noch weitere Berufsbilder in der Datenbasis identifiziert werden, die nicht weiterführend untersucht worden sind:

- Das Berufsbild des *Prozessingenieurs* (*process engineer*) tritt in der Datenbasis auf (3,09 %). Allerdings liegen die Tätigkeitsschwerpunkte dieses Berufsbilds im industriellen Fertigungsumfeld, so dass es nicht in die Analyse aufgenommen wurde.
- Außerdem können in der Datenbasis dedizierte Ausschreibungen für *Prozessentwickler* bzw. für die *Prozessentwicklung* identifiziert werden (0,44 %). Da auch hier der Schwerpunkt auf der Steuerung und Gestaltung der Abläufe von (Serien-)Produktionsprozessen liegt, ist diese Subgruppe nicht weiter untersucht worden.
- Ferner konnten Stellenbezeichnungen identifiziert werden (0,38 %), in denen die Begriffe *Controlling* bzw. *Controller* und *Prozess* gemeinsam auftreten. Eine Sichtung dieser Subgruppe hat allerdings ergeben, dass damit primär solche Tätigkeitsfelder adressiert werden, die Kompetenzen über *Controllingprozesse* erfordern.

Die in Tab. 12.3 gebildeten Subgruppen sind in einem anschließenden Schritt separat untersucht und dokumentiert worden. Dabei wurden für jedes Berufsbild folgende Angaben erhoben und in Form eines *Steckbriefs* zusammengeführt:

- *Basisdaten* zum Berufsbild (Bezeichnung des Berufsbilds, Anzahl der Stellenanzeigen, Zeitangabe zur Extraktion der Stellenanzeigen).
- *Institutionen*, die dieses Berufsbild per Stellenanzeige am häufigsten suchen (Top 5).
- *Stellenbezeichnungen*, mit denen das Berufsbild am häufigsten ausgeschrieben wird (Top 5).
- *Soft Skills*, die in den Stellenbeschreibungen des Berufsbilds am häufigsten artikuliert werden (Top 5).
- *Ausbildungshintergrund* (Studium) in Bezug auf die einschlägigen Studiengänge im GPM-Umfeld (Wirtschaftswissenschaften, Informatik, Wirtschaftsinformatik, Wirtschaftsingenieurwesen).

Darüber hinaus wurden auch die zentralen *Arbeitsobjekte* bzw. *Aufgabenfelder* für jedes einzelne Berufsbild analysiert. Zu diesem Zweck sind zunächst frequente Substantive für die jeweilige Subgruppe ermittelt (z. B. Projekt) und auf Basis einer fachlichen Interpretation ausgewählt worden (Top 10). Für jedes dieser Substantive sind anschließend entsprechende *Substantivfolgen* (z. B. Projektleitung), *Substantiv-Adjektiv-Kombinationen* (z. B. internationale Projekte) und *Verb-Substantiv-Kombinationen* (z. B. koordinieren… Projekt) ermittelt worden. Aufgrund deren Häufigkeit und Korrelation in Bezug auf die jeweilige Subgruppe sind ausgewählte Resultate in die Beschreibung der zentralen Tätigkeitsfelder des entsprechenden Berufsbilds eingeflossen.

Die skizzierten Analysen wurden mithilfe des Text Mining-Systems IBM Watson Explorer Content Analytics realisiert [22]. Im Folgenden werden die gewonnenen Ergebnisse für die sechs GPM-Berufe vorgestellt.

12.3 Berufsbilder für das Geschäftsprozessmanagement – Ergebnisdarstellung

12.3.1 Prozessmanager

Das Berufsbild des Prozessmanagers wird durch den Steckbrief in Abb. 12.2 konkretisiert und zeichnet sich im Hinblick auf die zentralen Tätigkeitsfelder dadurch aus, dass die kontinuierliche Optimierung und Analyse bestehender und auch neuer Prozesse zu leisten ist. Im Vordergrund stehen dabei operative Unternehmensprozesse, wobei in den Stellenanzeigen auch logistische Prozesse, Finanzprozesse und Vertriebsprozesse als ein charakteristisches Arbeitsgebiet nachgewiesen werden können. Typischerweise ist mit diesem Berufsbild auch die Leitungsfunktion in (Teil-)Projekten verknüpft, die auch internationalen Charakter besitzen können und teils mithilfe agiler Projektmanagementmethoden zu realisieren sind. Dabei sollen Prozessmanager neue fachliche und gesetzliche Anforderungen an Prozesse erheben und in Zusammenarbeit mit dem IT-Bereich für die erfolgreiche, operative Umsetzung dieser Anforderungen sorgen, um das Qualitätsmanagement bzw. die Qualitätssicherung zu unterstützen. Notwendige Grundlage hierfür ist auch die

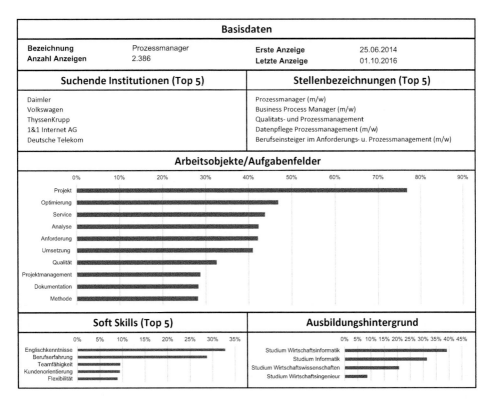

Abb. 12.2 Steckbrief für das Berufsbild Prozessmanager

Erstellung der (verfahrens-)technischen Prozessdokumentation und Prozesslandkarten mithilfe von Methoden der Prozessmodellierung. Prozessmanager fungieren außerdem als Ansprechpartner für die Prozessverantwortliche und erkennen prozessbezogene Schulungsbedarfe.

12.3.2 Prozessberater

Das Berufsbild des Prozessberaters (Abb. 12.3) weist zunächst eine hohe Affinität zum Prozessmanager auf, da die kundenorientierte Optimierung, Harmonisierung und Analyse von Prozessen im Vordergrund stehen. Dabei müssen prozessuale Kundenanforderungen mithilfe von Anforderungsanalysen systematisch erhoben werden, wobei neue, fachliche Anforderungen im Mittelpunkt stehen. Allerdings stehen im Beratungsumfeld neben Vertriebsprozessen und logistischen Prozessen insbesondere SAP-Prozesse im Fokus. Dies wird in den Stellenanzeigen insbesondere auch durch die Nennung entsprechender SAP-Module deutlich, wobei SAP FI, SD, MM, ERP, PP, CRM und Retail angeführt werden. Prozessberater werden häufig für Inhouse-Positionen gesucht und sind für die erfolgreiche, technische Umsetzung von Projekten verantwortlich. Diese umfassen auch die entsprechenden Anwendungssysteme und -architekturen, so dass die

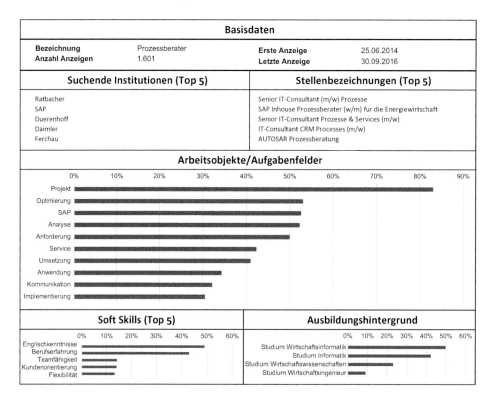

Abb. 12.3 Steckbrief für das Berufsbild Prozessberater

Implementierung von Informationssystemen ebenfalls zum Tätigkeitsfeld zu zählen ist. Prozessberater benötigen aktuelles Wissen über moderne Methoden des Prozessmanagements.

12.3.3 Prozessexperte

Prozessexperten (Abb. 12.4) werden für die Leitung von Umsetzungs-, Analyse- und Optimierungsprojekten im Umfeld des Prozessmanagements gesucht, wobei ein Schwerpunkt auf der selbständigen Durchführung internationaler, anspruchsvoller Projekte liegt. Im Rahmen der dabei durchzuführenden Prozesserhebungen besitzen Daten- und Wertstromanalysen in Zusammenarbeit mit den Key Usern des Prozesses eine besondere Bedeutung. Aus funktionaler Perspektive spielen Logistik-, Finanz-, Personal- und Einkaufsprozesse eine Rolle, insbesondere auch in den Branchen Chemie und Medizin. Das Tätigkeitsfeld von Prozessexperten umfasst auch SAP-Technologien im internationalen Anwendungskontext, wobei die SAP-Module HCM, MM, FI und PI häufig gefordert werden. Von Prozessexperten sind neue fachliche, organisatorische und rechtliche Anforderungen im Rahmen des Requirements Managements systematisch zu erheben und durch die Erstellung adäquater Konzepte zu implementieren.

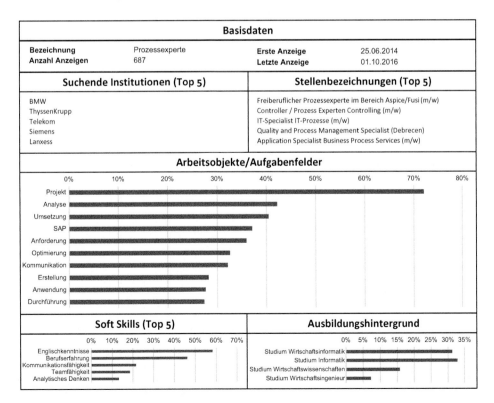

Abb. 12.4   Steckbrief für das Berufsbild Prozessexperte

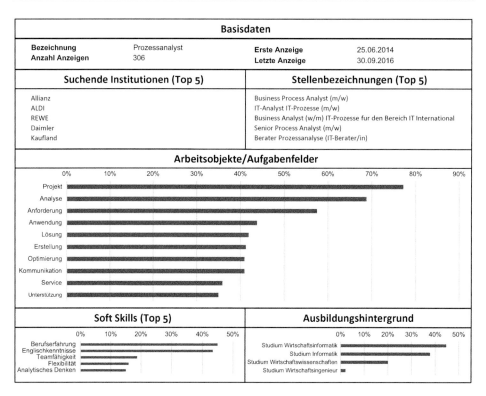

Basisdaten			
Bezeichnung	Prozessanalyst	**Erste Anzeige**	25.06.2014
Anzahl Anzeigen	306	**Letzte Anzeige**	30.09.2016

Suchende Institutionen (Top 5)	**Stellenbezeichnungen (Top 5)**
Allianz	Business Process Analyst (m/w)
ALDI	IT-Analyst IT-Prozesse (m/w)
REWE	Business Analyst (w/m) IT-Prozesse fur den Bereich IT International
Daimler	Senior Process Analyst (m/w)
Kaufland	Berater Prozessanalyse (IT-Berater/in)

Abb. 12.5   Steckbrief für das Berufsbild Prozessanalyst

12.3.4 Prozessanalyst

Zu den Kernaufgabenfeldern des Prozessanalysten (Abb. 12.5) gehören Prozess-, Geschäfts-, Risiko- und Fehleranalysen, wobei kontinuierliche, statistische und betriebswirtschaftliche Auswertungen im Mittelpunkt stehen. Gesucht werden Prozessanalysten beispielsweise für Abrechnungs-, Zahlungs-, Verkaufs-, Logistik- und Vertriebsprozesse. Aufbauend auf der Erfassung neuer Kundenanforderungen werden Prozesse nachhaltig optimiert und auch Lösungsvorschläge für Softwareanwendungen erarbeitet. Sie verfügen neben ausgeprägten kommunikativen Fähigkeiten und Geschäftsverständnis auch über fundiertes Methodenwissen zur Analyse von Prozessdaten (z. B. Process Mining) und können internationale Analyseprojekte zuverlässig steuern und eigenverantwortlich durchführen. Außerdem beherrschen Prozessanalysten die Methoden zur Modellierung von Prozessen und Anforderungen.

12.3.5 Prozessoptimierer

Im Fokus dieses Berufsbilds (Abb. 12.6) steht die Optimierung bzw. kontinuierliche Verbesserung bestehender und neuer Geschäftsprozesse, wobei aus funktionaler Perspektive insbesondere Produktions-, Fertigungs-, Auftragsabwicklungs- und Vertriebsprozesse im

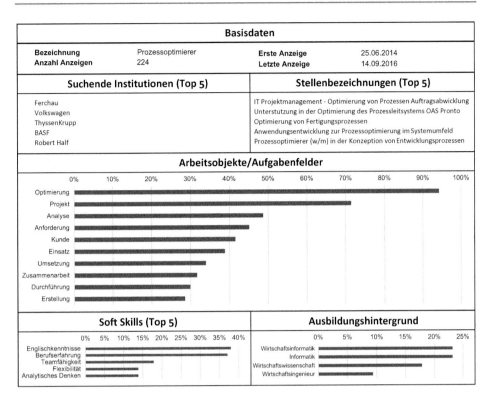

Basisdaten			
Bezeichnung	Prozessoptimierer	**Erste Anzeige**	25.06.2014
Anzahl Anzeigen	224	**Letzte Anzeige**	14.09.2016

Suchende Institutionen (Top 5)	Stellenbezeichnungen (Top 5)
Ferchau Volkswagen ThyssenKrupp BASF Robert Half	IT Projektmanagement - Optimierung von Prozessen Auftragsabwicklung Unterstutzung in der Optimierung des Prozessleitsystems OAS Pronto Optimierung von Fertigungsprozessen Anwendungsentwicklung zur Prozessoptimierung im Systemumfeld Prozessoptimierer (w/m) in der Konzeption von Entwicklungsprozessen

Abb. 12.6 Steckbrief für das Berufsbild Prozessoptimierer

Vordergrund stehen. Weitere Tätigkeitsfelder werden durch die Optimierung von IT-Prozessen (z. B. ITIL-Prozesse) aufgespannt. Prozessoptimierer werden in anspruchsvollen, teils auch ressortübergreifenden Projekten eingesetzt, um Prozess-, Fehler- und Datenanalysen durchzuführen und – teils unter Anwendung von Methoden der Prozesssimulation – systematisch Verbesserungsmaßnahmen für Produktionsabläufe zu erarbeiten. Darüber hinaus gehören auch die Durchführung von Schulungen und die Erstellung von Prozessdokumentationen zum Tätigkeitsfeld. Ferner verfügen Prozessoptimierer auch über Kenntnisse zur Konzeptionierung von Planungsprozessen.

12.3.6 Prozessarchitekt

Das Tätigkeitsfeld des Prozessarchitekten (Abb. 12.7) fokussiert Projekte zum Entwurf und zur Umsetzung von System- und Prozessarchitekturen, wobei insbesondere serviceorientierte Architekturen zur Bereitstellung innovativer, technischer Lösungen eine prägende Rolle spielen. Prozessarchitekten führen methodisch fundierte Prozess-, Informations- und Anforderungsanalysen aus, um fachliche und formale Kunden- bzw. Prozessanforderungen zur Unterstützung bestehender oder neuer Geschäftsmodelle zu erheben. Sie beherrschen moderne, agile Methoden der Softwareentwicklung

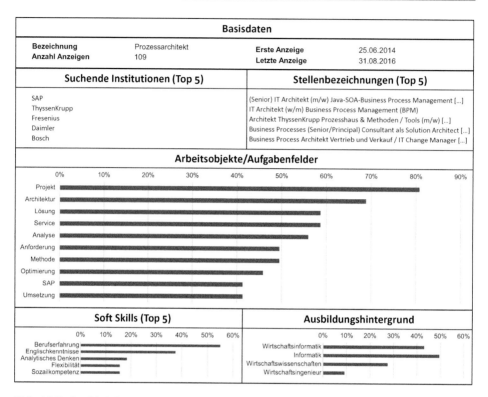

Abb. 12.7 Steckbrief für das Berufsbild Prozessarchitekt

(z. B. Design-Methoden), der Prozessmodellierung und des Projektmanagements. Durch die Steuerung von Umsetzungsprojekten sorgen sie außerdem für eine optimale, termingerechte Implementierung von Prozessarchitekturen auf der Basis neuer, internationaler Technologieplattformen. Dabei besitzen auch unterschiedliche SAP-Plattformen eine hohe Bedeutung, insbesondere SAP ERP und SAP HANA.

12.4   Diskussion der Ergebnisse

Wie die Ergebnisdarstellung gezeigt hat, können auf Basis von Stellenanzeigen für die Domäne des Geschäftsprozessmanagements Berufsbilder mit unterschiedlichen Tätigkeitsschwerpunkten abgeleitet werden. Aus quantitativer Perspektive spielen insbesondere die Job-Profile des *Prozessmanagers*, des *Prozessberaters* und des *Prozessexperten* eine große Rolle. Demgegenüber werden *Prozessanalysten*, *Prozessoptimierer* und *Prozessarchitekten* in deutlich geringerem Umfang am Arbeitsmarkt nachgefragt (Tab. 12.3). Obwohl diese Berufsbilder singulär anhand der Stellenbezeichnungen identifiziert worden sind, bestätigt dieses Ergebnis zunächst die praktische Relevanz der in der Literatur diskutierten *GPM-Rollen* des *Prozessmanagers* und des *Prozessberaters* [21].

Aus inhaltlicher Perspektive ist festzustellen, dass die untersuchten Berufsbilder in Bezug auf die genannten Arbeitsobjekte und Aufgabenfelder eine relativ hohe Ähnlichkeit aufweisen. So besitzen neben der projektorientierten Arbeitsorganisation vor allem die Tätigkeiten der Analyse und Optimierung bei sämtlichen GPM-Berufen eine hohe Bedeutung. Darüber hinaus ist auch die Erhebung von Anforderungen an neue oder bestehende Unternehmensprozesse als eine relevante Tätigkeit im Umfeld des Geschäftsprozessmanagements zu sehen. Unterschiede ergeben sich dabei einerseits in Bezug auf funktionale und sektorale Schwerpunkte. Dies wird insbesondere beim Prozessexperten deutlich (Abschn. 12.3.3), dessen Kompetenzen bestimmte Branchen und/oder betriebswirtschaftliche Funktionsbereiche abdecken sollen. Andererseits lassen sich deutliche Unterschiede in Bezug auf die Bedeutung von SAP als technologische Plattform für das Prozessmanagement nachweisen. So haben SAP-Technologien bei Prozessberatern, Prozessexperten und Prozessarchitekten eine hohe Relevanz. In Bezug auf das Berufsbild des Prozessberaters ergänzt dies die Auffassung in der Literatur, der zufolge Prozessberater lediglich eine konzeptionelle und methodische Unterstützung in der Einführungsphase des Geschäftsprozessmanagements leisten (vgl. Schmelzer/Sesselmann, S. 182, [21]).

Diese Unterschiede sind allerdings auch vor dem Hintergrund der jeweils ausschreibenden Unternehmen zu reflektieren. Wie aus den vorgestellten Steckbriefen zu entnehmen ist, wird die Nachfrage von GPM-Fachkräften vornehmlich von Großunternehmen des DAX angeführt. In Bezug auf das Job-Profil des Prozessberaters (Abschn. 12.3.2) ist allerdings festzustellen, dass in diesem Segment in hohem Maße IT- und Personaldienstleister engagiert sind. Es ist davon auszugehen, dass gerade von diesen Institutionen ein hoher Bedarf von SAP-Fachkräften artikuliert wird, der in kundenorientierten Praxisprojekten zur Anpassung von SAP-Plattformen an die Geschäftsprozesse (z. B. per Customizing) eingesetzt wird.

Im Hinblick auf den gewünschten Ausbildungsstand ist zu betonen, dass bei den GPM-Berufen *Prozessmanager*, *Prozessberater* und *Prozessanalyst* ein Studium der Wirtschaftsinformatik präferiert wird, wobei in Bezug auf die Soft Skills insbesondere Berufserfahrung und Englischkenntnisse gefordert werden. Diese Befunde können in normative Handlungsempfehlungen zur Ausbildung von Wirtschaftsinformatikern umgesetzt werden, um deren Beschäftigungsbefähigung nachhaltig zu sichern. Eine exemplarische Maßnahme besteht in der Stärkung praxisintegrierter Lehrformen, die durch englischsprachige Lehrangebote in den Themenfeldern des Prozessmanagements flankiert werden.

Als grundsätzliches Phänomen der untersuchten Stellenanzeigen ist festzuhalten, dass hinsichtlich der gesuchten Kompetenzen im Umfeld des Geschäftsprozessmanagements nur sehr selten konkrete Konzepte (z. B. Process Mining), Methoden (z. B. Six Sigma), Referenzmodelle (z. B. eTOM), Standards (z. B. BPMN, EPK) und Softwareprodukte (z. B. ARIS) artikuliert werden. So wird etwa die Modellierungsnotation BPMN explizit nur in 3,6 % der Stellenanzeigen für Prozessmanager genannt. Stellenanzeigenanalysen für andere fachliche Domänen der Wirtschaftsinformatik, wie etwa *Big Data*, *Business Intelligence*, *Data Science*, *Internet der Dinge* und *Cloud Computing*, gelangen hingegen zu deutlich spezifischeren Aussagen in Bezug auf die berufsfeldspezifischen Kompetenzanforderungen (vgl. [3, 4, 5]). Dies kann einerseits dafür sprechen, dass aus Perspektive der Personalbeschaffung eher betriebswirtschaftlich-organisatorische Kompetenzen mit der Domäne des Geschäftsprozessmanagements verknüpft werden (z. B. Projektmanagement). Andererseits ist es auch möglich, dass auf eine spezifische Artikulation der fachlichen Kompetenzanforderungen im Rahmen der Stellenanzeigen bewusst verzichtet wird, z. B. um ein möglichst großes oder auch diverses Bewerberpotenzial zu adressieren.

Im Hinblick auf die untersuchte Datenbasis ist außerdem zu unterstreichen, dass die fachlichen Inhalte des Geschäftsprozessmanagements auch für solche Berufsbilder relevant sind, die aufgrund ihrer Stellenbezeichnung über keinen expliziten Prozessbezug verfügen. So repräsentieren die Stellenanzeigen für die sechs Berufsbilder nur 19,54 % der untersuchten Datenbasis (Abschn. 12.2.3). Dies deutet darauf hin, dass GPM-Konzepte in unterschiedlichen Berufsfeldern von Bedeutung sind und potenziell Querschnittscharakter besitzen. Diese Hypothese wird dadurch erhärtet, dass das Tätigkeitsfeld *Prozessmodellierung* besonders häufig in Stellenbezeichnungen für *Softwareentwickler* und *Geschäftsanalysten* (Business Analyst) auftritt. Im Zuge weiterer Job Mining-Studien ist daher zu klären, welche Konzepte und Techniken des Geschäftsprozessmanagements in welchen Berufsbildern, Branchen, Sektoren und Regionen relevant sind, um entsprechende Anhaltspunkte zur marktorientierten Aus- und Weiterbildung zu gewinnen.

Bei der weiteren Untersuchung arbeitsmarktbezogener Daten zum Themenfeld des Geschäftsprozessmanagements sollten auch gesellschaftliche Trends berücksichtigt werden, die den Arbeitsmarkt der Zukunft prägen werden. So werden unter dem Begriff *Arbeiten 4.0* derzeit Entwicklungslinien des zukünftigen Arbeitsmarkts diskutiert, der durch fortschreitende Digitalisierung der Wirtschaft, nachhaltiges Wirtschaften, neue Arbeitsformen und veränderte Altersstrukturen geprägt sein wird [8]. Dabei dürfte der genauen Kenntnis der Qualifikationsanforderungen an Arbeitnehmer gesteigerte wirtschaftliche Bedeutung zukommen, insbesondere um eine *Früherkennung laufender Entwicklungen* zu gewährleisten.

Literatur

1. Alpar P, Alt R, Bensberg F, Grob HL, Weimann P, Winter R (2016) Anwendungsorientierte Wirtschaftsinformatik – Strategische Planung, Entwicklung und Nutzung von Informationssystemen. Springer, Wiesbaden
2. Anthony L (2013) Developing AntConc for a new generation of corpus linguists. Corpus Linguistics Conference (CL 2013), 22.–26. Juli 2013. Lancaster University, Lancaster
3. Bensberg F, Buscher G (2014) BI-Stellenanzeigenanalyse 2014 – Was der Arbeitsmarkt von BI-Fachkräften erwartet. In: BI-Spektrum, Online Karriere Special 2014. http://www.tdwi.eu/fileadmin/user_upload/zeitschriften//2014/Online_Karriere_Special/bensberg_buscher_OKS_2014.pdf. Zugegriffen am 01.12.2016
4. Bensberg F, Buscher G (2016) Auswirkungen von Big Data auf den Arbeitsmarkt für IT-Fachkräfte – Ergebnisse einer explorativen Stellenanzeigenanalyse. In: Barton T et al (Hrsg) Angewandte Forschung in der Wirtschaftsinformatik – Prozesse, Technologie, Anwendungen, Systeme und Management 2016, Tagungsband zur 29. AKWI-Jahrestagung vom 11.09.2016 bis 14.09.2016 an der Technischen Hochschule Brandenburg. mana-Buch, Heide, S 141–150

5. Bensberg F, Buscher G (2016) Digitale Transformation und IT-Zukunftsthemen im Spiegel des Arbeitsmarkts für IT-Berater – Ergebnisse einer explorativen Stellenanzeigenanalyse. In: Nissen V, Stelzer D, Straßburger S, Fischer D (Hrsg) Tagungsband zur Multikonferenz Wirtschaftsinformatik (MKWI) 2016: Technische Universität Ilmenau, 09.-11.03.2016, Bd 2, Ilmenau, S 1007–1018
6. Bensberg F, Buscher G (2016) Job Mining als Analyseinstrument für das Human-Resource-Management. HMD 53:815. doi:10.1365/s40702-016-0256-3
7. Berelson B (1952) Content analysis in communication research. Foundations of communication research, Bd 1. Free Press, Glencoe
8. Bundesministerium für Arbeit und Soziales (2015) Grünbuch Arbeiten 4.0. Bundesministerium für Arbeit und Soziales (Hrsg), Berlin
9. Chen S (2016) Training and qualification: essentials of skill management. In: Zeuch M (Hrsg) Handbook of human resource management. Springer, Berlin, S 213–224
10. Dzudzek I, Glasze G, Mattissek A, Schirmel H (2009) Verfahren der lexikometrischen Analyse von Textkorpora. In: Glasze G, Mattissek A (Hrsg) Handbuch Diskurs und Raum: Theorien und Methoden für die Humangeographie sowie die sozial- und kulturwissenschaftliche Raumforschung, 2. Aufl. Transcript, Bielefeld, S 233–260
11. Eicker S, Kochbeck J, Schuler PM (2008) Employee competencies for business process management. In: Abramowicz W, Fensel D (Hrsg) Business information systems: 11th international conference, BIS 2008, Innsbruck, Austria, May 5–7, 2008. Proceedings. Springer, Berlin/Heidelberg, S 251–262
12. Harper R (2012) The collection and analysis of job advertisements: a review of research methodology. Library Inf Res 36:29–54
13. Heyer G, Quasthoff U, Wittig T (2012) Text Mining: Wissensrohstoff Text. W3L Verlag, Herdecke
14. Litecky CR, Arnett KP, Prabhakar B (2004) The paradox of soft skills versus technical skills in IS hiring. J Comput Inf Syst 45(1):69–77
15. Litecky C, Igou AJ, Aken A (2012) Skills in the management oriented IS and enterprise system job markets. In: Adya M, Horton R, Huang H, Quesenberry J (Hrsg) Proceedings of the 50th annual conference on computers and people research (SIGMIS-CPR '12). ACM, New York, S 35–44
16. Lohmann P, Zur Mühlen M (2013) Business process management skills and roles: an investigation of the demand and supply side of BPM professionals. In: 13th international conference, BPM 2015, Innsbruck, Austria, 31.08–03.09.2015, Proceedings, S 317–332. doi:10.1007/978-3-319-23063-4_22
17. Posthumus J (2015) Use of market data in the recruitment of high potentials: segmentation and targeting in human resources in the pharmaceutical industry. Springer Gabler, Wiesbaden
18. Rosemann M, vom Brocke J (2015) The six core elements of business process management. In: vom Brocke J, Rosemann M (Hrsg) Handbook on business process management 1. Springer, Berlin, S 105–122
19. Sailer M (2009) Anforderungsprofile und akademischer Arbeitsmarkt: Die Stellenanzeigenanalyse als Methode der empirischen Bildungs- und Qualifikationsforschung. Waxmann, Münster
20. Schema.org (2016) http://schema.org/JobPosting. Zugegriffen am 01.12.2016
21. Schmelzer HJ, Sesselmann W (2013) Geschäftsprozessmanagement in der Praxis, 8. Aufl. Hanser Verlag, München
22. Zhu W, Foyle B, Gagné D, Gupta V, Magdalen J, Mundi A, Nasukawa T, Paulis M, Singer J, Triska M (2014) IBM Watson content analytics: discovering actionable insight from your content, 3. Aufl. IBM Corp., Poughkeepsie

Stichwortverzeichnis

© Springer Fachmedien Wiesbaden GmbH 2017
T. Barton et al. (Hrsg.), *Geschäftsprozesse*, Angewandte Wirtschaftsinformatik,
DOI 10.1007/978-3-658-17297-8

Printed in the United States
By Bookmasters